A.M. LE COMTE DE LA LUZERNE

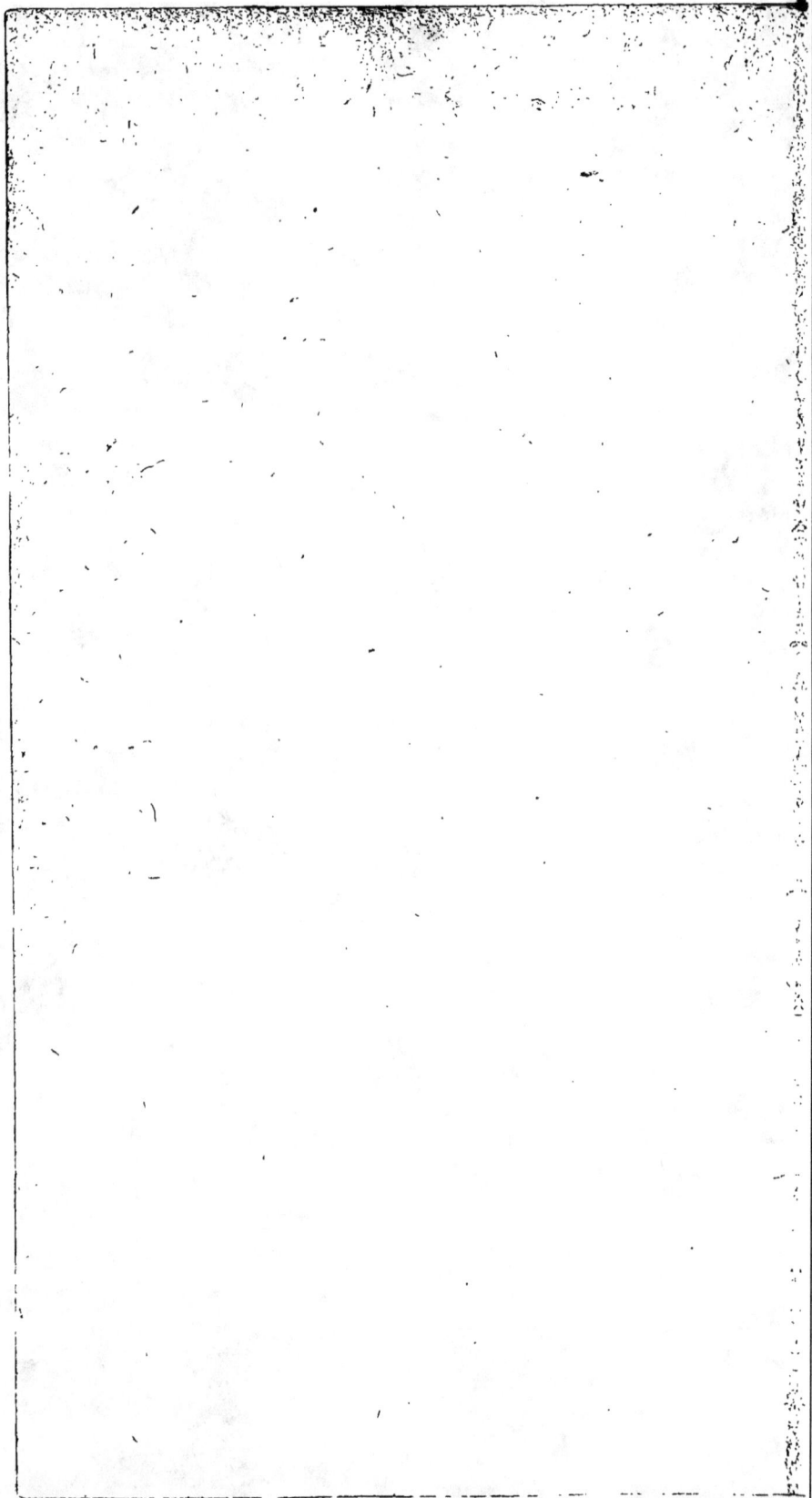

DE L'ESPRIT

DES

LOIX.

TOME TROISIÉME.

DE L'ESPRIT

DES

LOIX.

NOUVELLE ÉDITION,

Revue, corrigée, & considérablement aug-
mentée par l'auteur.

TOME TROISIEME.

.... *Prolem sine matre creatam.*
OVID.

 A LONDRES.

M. DCC. LVII.

TABLE

DES

LIVRES ET CHAPITRES

contenus en ce second volume.

LIVRE XXII.

Des loix, dans le rapport qu'elles ont
avec l'usage de la monnoie.

a iij

LIVRE XXIII.

Des loix, dans le rapport qu'elles ont
avec le nombre des habitans.

a iv

LIVRE XXIV.

Des loix, dans le rapport qu'elles ont avec la religion établie dans chaque pays, confidérée dans fes pratiques, & en elle-même.

L I V R E X X V.

Des loix, dans le rapport qu'elles ont avec l'établissement de la religion de chaque pays, & sa police extérieure.

LIVRE XXVI.

Des loix , dans le rapport qu'elles doivent avoir avec l'ordre des chofes fur lefquelles elles ftatuent.

LIVRE XXVII.

LIVRE XXVIII.

De l'origine & des révolutions des loix
civiles chez les François.

DES CHAPITRES. xxj

LIVRE XXIX.

De la manière de compofer les loix.

FIN DE LA TABLE DU TOME III.

DE L'ESPRIT

DE L'ESPRIT
DES
LOIX.

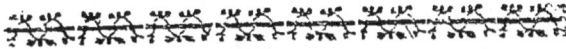

LIVRE XXII.

Des loix, dans le rapport qu'elles
ont avec l'ufage de la monnoie.

CHAPITRE PREMIER.

Raifon de l'ufage de la monnoie.

LES peuples qui ont peu de marchandifes pour le commerce, comme les
fauvages, & les peuples policés qui
n'en ont que de deux ou trois efpeces,
négocient par échange. Ainfi les cara-
vannes de Maures qui vont à Tombouc-
tou, dans le fond de l'Afrique, troquer
du fel contre de l'or, n'ont pas befoin

Tome III.   A

de monnoie. Le Maure met son sel dans
un monceau ; le Negre, sa poudre dans
un autre : s'il n'y a pas assez d'or, le
Maure retranche de son sel , ou le Negre ajoute de son or , jusqu'à ce que les
parties conviennent.

Mais lorsqu'un peuple trafique sur un
très-grand nombre de marchandises , il
faut nécessairement une monnoie, parce
qu'un métal facile à transporter épargne bien des frais, que l'on seroit obligé
de faire si l'on procédoit toujours par
échange.

Toutes les nations ayant des besoins
réciproques , il arrive souvent que l'une
veut avoir un très-grand nombre de
marchandises de l'autre, & celle-ci
très-peu des siennes ; tandis qu'à l'é-
gard d'une autre nation , elle est dans
un cas contraire. Mais lorsque les nations ont une monnoie, & qu'elles pro-
cedent par vente & par achat, celles qui
prennent plus de marchandises se sol-
dent ou paient l'excédent avec de l'argent : & il y a cette différence , que
dans le cas de l'achat, le commerce se
fait à proportion des besoins de la nation qui demande le plus ; & que dans
l'échange, le commerce se fait seule-

ment dans l'étendue des befoins de la nation qui demande le moins , fans quoi cette derniere feroit dans l'impoffibilité de folder fon compte.

CHAPITRE II.

De nature de la monnoie.

La monnoie eft un figne qui repréfente la valeur de toutes les marchandifes. On prend quelque métal pour que le figne foit durable (a) ; qu'il fe confomme peu par l'ufage ; & que , fans fe détruire , il foit capable de beaucoup de divifions. On choifit un métal précieux , pour que le figne puiffe aifément fe tranfporter. Un métal eft très-propre à être une mefure commune , parce qu'on peut aifément le réduire au même titre. Chaque état y met fon empreinte , afin que la forme réponde du titre & du poids , & que l'on connoiffe l'un & l'autre par la feule infpection.

Les Athéniens n'ayant point l'ufage des métaux , fe fervirent de bœufs (b) ;

(a) Le fel , dont on fe fert en Abyffinie , a ce défaut , qu'il fe confomme continuellement.

(b) Herodote , *in Clio* , nous dit que les Lydiens trouverent l'art de battre la monnoie ; les Grecs le

A ij

& les Romains de brebis : mais un bœuf n'eſt pas la même choſe qu'un autre bœuf, comme une piéce de métal peut être la même qu'une autre.

Comme l'argent eſt le ſigne des valeurs des marchandiſes, le papier eſt un ſigne de la valeur de l'argent ; & lorſqu'il eſt bon, il le repréſente tellement, que, quant à l'effet, il n'y a point de différence.

De même que l'argent eſt un ſigne d'une choſe, & la repréſente ; chaque choſe eſt un ſigne de l'argent, & le repréſente : & l'état eſt dans la proſpérité ſelon que d'un côté l'argent repréſente bien toutes choſes ; & que d'un autre, toutes choſes repréſentent bien l'argent, & qu'ils ſont ſignes les uns des autres ; c'eſt-à-dire, que, dans leur valeur relative, on peut avoir l'un ſitôt que l'on a l'autre. Cela n'arrive jamais que dans un gouvernement modéré, mais n'arrive pas toujours dans un gouvernement modéré : par exemple, ſi les loix favoriſent un débiteur injuſte, les choſes qui lui appartiennent ne repré-

prirent d'eux : les monnoies d'Athènes eurent pour empreinte leur ancien bœuf. J'ai vu une de ces monnoies dans le cabinet du Comte de Pembrocke.

fentent point l'argent, & n'en font point
un figne. A l'égard du gouvernement
defpotique, ce feroit un prodige fi les
chofes y repréfentoient leur figne : la
tyrannie & la méfiance font que tout le
monde y enterre (a) fon argent : les
chofes n'y repréfentent donc point l'argent.

Quelquefois les légiflateurs ont em-
ployé un tel art, que non-feulement les
chofes repréfentoient l'argent par leur
nature, mais qu'elles devenoient monnoie comme l'argent même. *Céfar* (*b*)
dictateur, permit aux débiteurs de donner en payement à leurs créanciers des
fonds de terre au prix qu'ils valoient
avant la guerre civile. *Tibere* (*c*) ordonna que ceux qui voudroient de l'argent,
en auroient du tréfor public, en obligeant des fonds pour le double. Sous
Céfar, les fonds de terre furent la monnoie qui paya toutes les dettes ; fous
Tibere, dix mille festerces en fonds devinrent une monnoie commune comme
cinq mille festerces en argent.

(*a*) C'eft un ancien ufage à Alger, que chaque
pere de famille ait un tréfor enterré. *Logier de Taf-
fis*, hiftoire du royaume d'Alger.
(*b*) Voyez *Céfar*, de la guerre civile, liv. III.
(*c*) *Tacite*, liv. VI.

La grande chartre d'Angleterre défend de saisir les terres ou les revenus d'un débiteur ; lorsque ses biens mobiliers ou personnels suffisent pour le payement, & qu'il offre de les donner : pour lors tous les biens d'un Anglois représentoient de l'argent.

Les loix des Germains apprécierent en argent les satisfactions pour les torts que l'on avoit faits , & pour les peines des crimes. Mais comme il y avoit très-peu d'argent dans le pays , elles réapprécierent l'argent en denrées ou en bétail. Ceci se trouve fixé dans la loi des Saxons , avec de certaines différences suivant l'aisance & la commodité des divers peuples. D'abord (a) la loi déclare la valeur du sou en bétail : le sou de deux trémisses se rapportoit à un bœuf de douze mois ou à une brebis avec son agneau ; celui de trois trémisses valoit un bœuf de seize mois. Chez ces peuples la monnoie devenoit bétail , marchandise , ou denrée ; & ces choses devenoient monnoie.

Non-seulement l'argent est un signe des choses ; il est encore un signe de l'ar-

(1) Loi des Saxons , ch. XVIII.

gént & repréfente l'argent , comme
nous le verrons au chapitre du change.

CHAPITRE III.
Des monnoies idéales.

IL y a des monnoies réelles & des
monnoies idéales. Les peuples policés,
qui fe fervent prefque tous de monnoies idéales, ne le font que parce qu'ils
ont converti leurs monnoies réelles en
idéales. D'abord leurs monnoies réelles
font un certain poids & un certain titre
de quelque métal : mais bientôt la mauvaife foi ou le befoin font qu'on retranche une partie du métal de chaque piéce
de monnoie, à laquelle on laiffe le même nom : par exemple d'une piece du
poids d'une livre d'argent, on retranche la moitié de l'argent, & on continue de l'appeller livre; la piece qui étoit
une vingtiéme partie de la livre d'argent on continue de l'appeller fou, quoiqu'elle ne foit plus la vingtiéme partie
de cette livre. Pour lors, la livre eft
une livre idéale, & le fou un fou idéal ;
ainfi des autres fubdivifions : & cela
peut aller au point que ce qu'on appel-

lera livre ne fera plus qu'une très-petite portion de la livre, ce qui la rendra encore plus idéale. Il peut même
arriver que l'on ne fera plus de piece de
monnoie qui vaille précifement une livre, & qu'on ne fera pas non plus de
piece qui vaille un fou : pour lors la livre & le fou feront des monnoies purement idéales. On donnera à chaque piece
de monnoie la dénomination d'autant
de livres & d'autant de fous que l'on
voudra; la variation pourra être continuelle, parce qu'il eſt auffi aifé de donner un autre nom à une chofe, qu'il eſt
difficile de changer la chofe même.

Pour ôter la fource des abus, ce fera
une très-bonne loi dans tous les pays
où l'on voudra faire fleurir le commerce, que celle qui ordonnera qu'on em-
ploiera des monnoies réelles; & que l'on
ne fera point d'opération qui puiſſe les
rendre idéales.

Rien ne doit être fi exempt de variation, que ce qui eſt la mefure commune
de tout.

Le négoce par lui-même eſt très-in-
certain; & c'eſt un grand mal d'ajouter
une nouvelle incertitude à celle qui eſt
fondée fur la nature de la chofe.

CHAPITRE IV.

De la quantité de l'or & de l'argent.

Lorsque les nations policées font les maîtresses du monde, l'or & l'argent augmentent tous les jours, foit qu'elles le tirent de chez elles, foit qu'elles l'aillent chercher là où il eft. Il diminue au contraire lorfque les nations barbares prennent le deffus. On fçait quelle fut la rareté de ces métaux, lorfque les Goths & les Vandales d'un côté, les Sarrafins & les Tartares de l'autre, eurent tout envahi.

CHAPITRE V.

Continuation du même fujet.

L'argent tiré des mines de l'Amérique, tranfporté en Europe, de-là encore envoyé en orient, a favorifé la navigation de l'Europe ; c'eft une marchandife de plus que l'Europe reçoit en troc de l'Amérique & qu'elle envoie en troc aux Indes. Une plus grande quantité d'or & d'argent eft donc favo-

A v

rable, lorfqu'on regarde ces métaux commme marchandife ; elle ne l'eſt point lorfqu'on les regarde comme ſigne , parce que leur abondance choque leur qualité de ſigne qui eſt beaucoup fondée ſur la rareté.

Avant la premiere guerre Punique, le cuivre étoit à l'argent comme (*a*) 960 eſt à 1 ; il eſt aujourd'hui à peu près comme 73 $\frac{1}{2}$ eſt à 1 (*b*). Quand la proportion feroit comme elle étoit autrefois, l'argent n'en feroit que mieux ſa fonction de ſigne.

(*a*) Voyez ci-deſſous le chap. XII.

(*b*) En ſuppofant l'argent à 49 livres le marc, & le cuivre à vingt fols la livre.

CHAPITRE VI.

Par quelle raiſon le prix de l'uſure diminua de la moitié , lors de la découverte des Indes.

L'YNCA *Garcilaſſo* (*a*) dit qu'en Eſpagne, après la conquête des Indes , les rentes qui étoient au denier dix tomberent au denier vingt. Cela devoit être ainſi. Une grande quantité d'argent fut

(*a*) Hiſtoire des guerres civiles des Eſpagnols dans les Indes.

tout-à-coup portée en Europe : bientôt moins de perfonnes eurent befoin d'argent ; le prix de toutes chofes augmenta, & celui de l'argent diminua : la proportion fut donc rompue, toutes les anciennes dettes furent éteintes. On peut fe rappeller le temps du fyftême (a) où toutes les chofes avoient une grande valeur, excepté l'argent. Après la conquête des Indes, ceux qui avoient de l'argent furent obligés de diminuer le prix ou le louage de leur marchandife, c'eft-à-dire l'intérêt.

Depuis ce temps, le prêt n'a pu revenir à l'ancien taux, parce que la quantité de l'argent a augmenté toutes les années en Europe. D'ailleurs, les fonds publics de quelques états, fondés fur les richeffes que le commerce leur a procurées, donnant un intérêt très-modique, il a fallu que les contrats des particuliers fe réglaffent là-deffus. Enfin le change ayant donné aux hommes une facilité finguliere de tranfporter l'argent d'un pays à un autre, l'argent n'a pu être rare dans un lieu, qu'il n'en vînt de tous côtés de ceux où il étoit commun.

(1) On appelloit ainfi le projet de M. Law en France.

CHAPITRE VII.

*Comment le prix des choses se fixe dans
la variation des richesses de signe.*

L'ARGENT est le prix des marchandises ou denrées. Mais, comment se
fixera ce prix? c'est-à-dire, par quelle
portion d'argent chaque chose sera-t'elle
représentée?

Si l'on compare la masse de l'or & de
l'argent qui est dans le monde, avec la
somme des marchandises qui y sont, il
est certain que chaque denrée ou marchandise en particulier pourra être com-
parée à une certaine portion de la masse
entiere de l'or & de l'argent. Comme le
total de l'une est au total de l'autre, la
partie de l'une sera à la partie de l'autre.
Supposons qu'il n'y ait qu'une seule denrée ou marchandise dans le monde, ou
qu'il n'y en ait qu'une seule qui s'achet-
te, & qu'elle se divise comme l'argent;
cette partie de cette marchandise répondra à une partie de la masse de l'argent; la moitié du total de l'une à la
moitié du total de l'autre; la dixiéme,
la centiéme, la milliéme de l'une, à la

dixiéme, à la centiéme, à la milliéme
de l'autre : Mais comme ce qui forme
la propriété parmi les hommes, n'eſt pas
tout à la fois dans le commerce; & que
les métaux ou les monnoies, qui en ſont
les ſignes, n'y ſont pas auſſi dans le même temps ; les prix ſe fixeront en raiſon
compoſée du total des choſes avec le
total des ſignes, & de celle du total
des choſes qui ſont dans le commerce avec le total des ſignes qui y ſont
auſſi : & comme les choſes qui ne ſont
pas dans le commerce aujourd'hui
peuvent y être demain, & que les ſignes qui n'y ſont point aujourd'hui
peuvent y rentrer tout de même, l'établiſſement du prix des choſes dépend
toujours fondamentalement de la raiſon
du total des choſes au total des ſignes.

Ainſi le prince ou le magiſtrat ne peuvent pas plus taxer la valeur des marchandiſes, qu'établir par une ordonnance que le rapport d'un à dix eſt égal à
celui d'un à vingt. *Julien* (a) ayant baiſſé
les denrées à Antioche, y cauſa une
affreuſe famine.

(a) Hiſtoire de l'égliſe, par *Socrate*, liv. II.

CHAPITRE VIII.

Continuation du même sujet.

LES noirs de la côte d'Afrique ont un signe des valeurs sans monnoie; c'est un signe purement idéal, fondé sur le le dégré d'estime qu'ils mettent dans leur esprit à chaque marchandise, à proportion du besoin qu'ils en ont. Une certaine denrée ou marchandise vaut trois macutes ; une autre, six macutes ; une autre, dix macutes : c'est comme s'ils disoient simplement trois, six, dix. Le prix se forme par la comparaison qu'ils font de toutes les marchandises entr'elles ; pour lors il n'y a point de monnoie particuliere, mais chaque portion de marchandise est monnoie de l'autre.

Transportons pour un moment parmi nous cette maniere d'évaluer les choses, & joignons-la avec la nôtre : Toutes les marchandises & denrées du monde, ou bien toutes les marchandises ou denrées d'un état en particulier considéré comme séparé de tous les autres, vaudront un certain nombre de macutes;

& divifant l'argent de cet état en autant de parties qu'il y a de macutes, une partie divifée de cet argent fera le figne d'une macute.

Si l'on fuppofe que la quantité de l'argent d'un état double, il faudra pour une macute le double de l'argent : mais fi en doublant l'argent, vous doublez auffi les macutes, la proportion reftera telle qu'elle étoit avant l'un & l'autre doublement.

Si depuis la découverte des Indes, l'or & l'argent ont augmenté en Europe en raifon d'un à vingt, le prix des denrées & marchandifes auroit dû monter en raifon d'un à vingt : mais fi d'un autre côté, le nombre des marchandifes a augmenté comme un à deux, il faudra que le prix de ces marchandifes & denrées ait hauffé d'un côté en raifon d'un à vingt, & qu'il ait baiffé en raifon d'un à deux, & qu'il ne foit par conféquent qu'en raifon d'un à dix.

La quantité de marchandifes & denrées croît par une augmentation de commerce; l'augmentation de commerce, par une augmentacion d'argent qui arrive fucceffivement, & par de nouvelles communications avec de nouvelles ter-

res & de nouvelles mers, qui nous donnent de nouvelles denrées & de nouvelles marchandises.

CHAPITRE IX.

De la rareté relative de l'or & de de l'argent.

OUTRE l'abondance & la rareté positive de l'or & de l'argent, il y a encore une abondance & une rareté relative d'un de ces métaux à l'autre.

L'avarice garde l'or & l'argent, parce
que, comme elle ne veut pas consom-
mer, elle aime des signes qui ne se dé-
truisent point. Elle aime mieux garder
l'or que l'argent, parce qu'elle craint
toujours de perdre, & qu'elle peut
mieux cacher ce qui est en plus petit volume. L'or disparoît donc quand l'argent est commun, parce que chacun en
a pour le cacher; il reparoît quand l'argent est rare, parce qu'on est obligé de
le retirer de ses retraites.

C'est donc une regle : l'or est commun quand l'argent est rare, & l'or est
rare quand l'argent est commun. Cela
fait sentir la différence de l'abondance

& de la rareté relative, d'avec l'abondance de la rareté réelle ; chose dont je vais beaucoup parler.

CHAPITRE X.

Du change.

C'E S T l'abondance & la rareté relative des monnoies des divers pays, qui forment ce qu'on appelle le change.

Le change est une fixation de la valeur actuelle & momentanée des monnoies.

L'argent, comme métal, a une valeur comme toutes les autres marchandises ; & il a encore une valeur qui vient de ce qu'il est capable de devenir le signe des autres marchandises : & s'il n'étoit qu'une simple marchandise, il ne faut pas douter qu'il ne perdît beaucoup de son prix.

L'argent, comme monnoie, a une valeur que le prince peut fixer dans quelques rapport, & qu'il ne sçauroit fixer dans d'autres.

Le prince établit une proportion entre une quantité d'argent comme métal, & la même quantité comme mon-

noie. 2°. Il fixe celle qui eſt entre divers
métaux employés à la monnoie. 3°. Il
établit le poids & le titre de chaque
piece de monnoie. Enfin il donne à chaque piece cette valeur idéale dont j'ai
parlé. J'appellerai la valeur de la monnoie dans ces quatre rapports *valeur poſitive* ; parce qu'elle peut être fixée par
une loi.

Les monnoies de chaque état ont de
plus une *valeur relative*, dans le ſens
qu'on les compare avec les monnoies
des autres pays : c'eſt cette valeur relative que le change établit. Elle dépend
beaucoup de la valeur poſitive. Elle eſt
fixée par l'eſtime la plus générale des négocians, & ne peut l'être par l'ordonnance du prince, parce qu'elle varie
ſans ceſſe & dépend de mille circonſtances.

Pour fixer la valeur relative, les diverſes nations ſe régleront beaucoup ſur
celle qui a le plus d'argent. Si elle a autant d'argent que toutes les autres enſemble, il faudra bien que chacune aille
ſe meſurer avec elle ; ce qui fera qu'elles
ſe régleront à peu près entr'elles comme
elles ſe ſont meſurées avec la nation principale.

Dans l'état actuel de l'univers, c'eſt la Hollande (*a*) qui eſt cette nation dont nous parlons. Examinons le change par rapport à elle.

Il y a en Hollande une monnoie qu'on appelle un florin : le florin vaut vingt ſous, ou quarante demi ſous, ou gros. Pour ſimplifier les idées, imaginons qu'il n'y a point de florins en Hollande, qu'il n'y ait que des gros : un homme qui aura mille florins, aura quarante mille gros, ainſi du reſte. Or le change avec la Hollande, conſiſte à ſçavoir combien vaudra de gros chaque piece de monnoie des autres pays ; & comme l'on compte ordinairement en France par écu de trois livres, le change demandera combien un écu de trois livres vaudra de gros. Si le change eſt à cinquante-quatre, l'écu de trois livres vaudra cinquante-quatre gros ; s'il eſt à ſoixante, il vaudra ſoixante gros ; ſi l'argent eſt rare en France, l'écu de trois livres vaudra plus de gros ; s'il eſt en abondance, il vaudra moins de gros.

Cette rareté ou cette abondance d'où

(*a*) Les Hollandois reglent le change de preſque toute l'Europe par une eſpece de délibération entre eux, ſelon qu'il convient à leurs intérêts.

réfulte la mutation du change, n'eſt pas la rareté ou l'abondance réelle ; c'eſt une rareté ou une abondance relative : par exemple, quand la France a plus beſoin d'avoir des fonds en Hollande, que les Hollandois n'ont beſoin d'en avoir en France, l'argent eſt appellé commun en France, & rare en Hollande, & *vice versâ*.

Suppoſons que le change avec la Hollande ſoit à cinquante-quatre. Si la France & la Hollande ne compoſoient qu'une ville, on feroit comme l'on fait quand on donne la monnoie d'un écu : le François tireroit de ſa poche trois livres, & le Hollandois tireroit de la ſienne cinquante-quatre gros. Mais comme il y a de la diſtance entre Paris & Amſterdam, il faut que celui qui me donne pour mon écu de trois livres cinquante-quatre gros qu'il a en Hollande, me donne une lettre de change de cinquante-quatre gros ſur la Hollande. Il n'eſt plus ici queſtion de cinquante-quatre gros, mais d'une lettre de cinquante-quatre gros. Ainſi pour juger (*a*) de la rareté

(*a*) Il y a beaucoup d'argent dans une place, lorſqu'il y a plus d'argent que de papier ; il y en a peu, lorſqu'il y a plus de papier que d'argent.

ou

ou de l'abondance de l'argent, il faut
fçavoir s'il y a en France plus de lettres
de cinquante-quatre gros deſtinées pour
la France, qu'il n'y a d'écus deſtinés
pour la Hollande. S'il y a beaucoup de
lettres offertes par les Hollandois &
peu d'écus offerts par les François, l'argent eſt rare en France & commun en
Hollande; & il faut que le change hauſſe,
& que pour mon écu on me donne plus
de cinquante-quatre gros; autrement je
ne le donnerois pas, & *vice verſâ*.

On voit que les diverſes opérations
du change forment un compte de recet-
te & de dépenſe qu'il faut toujours ſol-
der; & qu'un état qui doit, ne s'acquit-
te pas plus avec les autres par le change,
qu'un particulier ne paye une dette en
changeant de l'argent.

Je ſuppoſe qu'il n'y ait que trois états
dans le monde, la France, l'Eſpagne &
la Hollande; que divers particuliers
d'Eſpagne duſſent en France la valeur
de cent mille marcs d'argent, & que
divers particuliers de France duſſent en
Eſpagne cent dix mille marcs; & que
quelque circonſtance fît que chacun, en
Eſpagne & en France, voulût tout-à-
coup retirer ſon argent: que feroient les

Tome III.   B

opérations du change? Elles acquitte-
roient réciproquement ces deux nations
de la fomme de cent mille marcs : mais la
France devroit toujours dix mille marcs
en Efpagne, & les Efpagnols auroient
toujours des lettres fur la France pour
dix mille marcs; & la France n'en auroit point du tout fur l'Efpagne.

Que fi la Hollande étoit dans un cas
contraire avec la France, & que pour
folde elle lui dût 10000 marcs, la France pourroit payer l'Efpagne de deux
manieres, ou en donnant à fes créanciers
en Efpagne des lettres fur fes débiteurs
de Hollande pour 10000 marcs, ou
bien en envoyant 10000 marcs d'argent en efpeces en Efpagne.

Il fuit de-là, que quand un état a befoin de remettre une fomme d'argent
dans un autre pays, il eft indifférent, par
la nature de la chofe, que l'on y voiture de l'argent, ou que l'on prenne des
lettres de change. L'avantage de ces
deux manieres de payer, dépend uniquement des circonftances actuelles : il
faudra voir ce qui, dans ce moment,
donnera plus de gros en Hollande, ou
l'argent porté en efpeces (a), ou une

(a) Les frais de la voiture & de l'affurance déduits.

lettre fur la Hollande de pareille fomme.

Lorſque même titre & même poids
d'argent en France me rendent même
poids & même titre d'argent en Hollande, on dit que le change eſt au pair.
Dans l'état actuel des monnoies (a), le
pair eſt à peu près à cinquante-quatre
gros par écus : lorſque le change ſera
au-deſſus de cinquante-quatre gros, on
dira qu'il eſt haut ; lorſqu'il ſera au-deſ-
fous, on dira qu'il eſt bas.

Pour ſçavoir ſi, dans une certaine ſituation du change, l'état gagne ou perd ;
il faut le conſidérer comme débiteur,
comme créancier, comme vendeur,
comme acheteur. Lorſque le change eſt
plus bas que le pair, il perd comme débiteur, il gagne comme créancier ; il
perd comme acheteur, il gagne comme
vendeur. On ſent bien qu'il perd comme débiteur : par exemple, la France
devant à la Hollande un certain nombre
de gros, moins ſon écu vaudra de gros,
plus il lui faudra d'écus pour payer : au
contraire, ſi la France eſt créanciere
d'un certain nombre de gros, moins
chaque écu vaudra de gros, plus elle re-

(a) En 1744.

cevra d'écus. L'état perd encore comme acheteur ; car il faut toujours le même nombre de gros pour acheter la même quantité de marchandiſes ; & lorſque le change baiſſe, chaque écu de France donne moins de gros. Par la même raiſon, l'état gagne comme vendeur: je vends ma marchandiſe en Hollande le même nombre de gros que je la vendois ; j'aurai donc plus d'écus en France, lorſqu'avec cinquante gros je me procurerai un écu, que lorſqu'il m'en faudra cinquante-quatre pour avoir ce même écu : le contraire de tout ceci arrivera à l'autre état. Si la Hollande doit un certain nombre d'écus, elle gagnera ; & ſi on les lui doit, elle perdra ; ſi elle vend, elle perdra ; ſi elle achete, elle gagnera.

Il faut pourtant ſuivre ceci : lorſque le change eſt au - deſſous du pair, par exemple, s'il eſt à cinquante au lieu d'être à cinquante-quatre, il devroit arriver que la France envoyant par le change cinquante-quatre mille écus en Hollande, n'acheteroit de marchandiſes que pour cinquante mille ; & que d'un autre côté la Hollande envoyant la valeur de cinquante mille écus en

France, en acheteroit pour cinquante-
quatre mille ; ce qui feroit une différence de huit cinquante-quatriémes, c'eſt-
à-dire, de plus d'un ſeptiéme de perte
pour la France; de ſorte qu'il faudroit envoyer en Hollande un ſeptiéme de plus
en argent ou en marchandiſes, qu'on
ne faiſoit lorſque le change étoit au pair :
& le mal augmentant toujours, parce
qu'une pareille dette feroit encore diminuer le change, la France feroit à la fin
ruinée. Il ſemble, dis-je, que cela devroit être ; & cela n'eſt pas, à cauſe du
principe que j'ai déja établi ailleurs (*a*),
qui eſt que les états tendent toujours à
ſe mettre dans la balance, & à ſe procurer leur libération ; ainſi ils n'emprun-
tent qu'à proportion de ce qu'ils peuvent
payer, & n'achetent qu'à meſure qu'ils
vendent. Et en prenant l'exemple ci-
deſſus, ſi le change tombe en France de
cinquante-quatre à cinquante, le Hollandois qui achetoit des marchandiſes
de France pour mille écus, & qui les
payoit cinquante-quatre mille gros, ne
les payeroit plus que cinquante mille, ſi
le François y vouloit conſentir : mais la
marchandiſe de France hauſſera inſenſi-

(*a*) Voyez le liv. XX, ch. XXI.

B iij

blement, le profit fe partagera entre le
François & le Hollandois; car, lorfqu'un négociant peut gagner, il partage
aifément fon profit : il fe fera donc une
communication de profit entre le François & le Hollandois. De la même maniere, le François qui achetoit des marchandifes de Hollande pour cinquante-
quatre mille gros, & qui les payoit avec
mille écus lorfque le change étoit à
cinquante-quatre, feroit obligé d'ajouter quatre cinquante-quatriémes de plus
en écus de France, pour acheter les mêmes marchandifes : mais le marchand
François qui fentira la perte qu'il feroit,
voudra donner moins de la marchandife
de Hollande; il fe fera donc une communication de perte entre le marchand
François & le marchand Hollandois,
l'état fe mettra infenfiblement dans la
balance, & l'abaiffement du change
n'aura pas tous les inconvéniens qu'on
devoit craindre.

Lorfque le change eft plus bas que le
pair, un négociant peut, fans diminuer
fa fortune, remettre fes fonds dans les
pays étrangers; parce qu'en les faifant
revenir, il regagne ce qu'il a perdu : mais
un prince qui n'envoie dans les pays

étrangers qu'un argent qui ne doit jamais revenir, perd toujours.

Lorsque les négocians font beaucoup d'affaires dans un pays, le change y hausse infailliblement. Cela vient de ce qu'on y prend beaucoup d'engagemens, & qu'on y achete beaucoup de marchandifes ; & l'on tire fur le pays étranger pour les payer.

Si un prince fait de grands amas d'argent dans fon état, l'argent y pourra être rare réellement, & commun relativement ; par exemple, fi dans le même temps cet état avoit à payer beaucoup de marchandifes dans le pays étranger, le change baifferoit, quoique l'argent fût rare.

Le change de toutes les places tend toujours à fe mettre à une certaine proportion, & cela eft dans la nature de la chofe même. Si le change de l'Irlande à l'Angleterre eft plus bas que le pair, & que celui de l'Angleterre à la Hollande foit auffi plus bas que le pair, celui de l'Irlande à la Hollande fera encore plus bas, c'eft-à-dire, en raifon compofée de celui d'Irlande à l'Angleterre, & de celui de l'Angleterre à la Hollande ; car un Hollandois qui peut faire venir

B iv

ſes fonds indirectement d'Irlande par l'Angleterre, ne voudra pas payer plus cher pour les faire venir directement. Je dis que cela devroit être ainſi : mais cela n'eſt pourtant pas exactement ainſi ; il y a toujours des circonſtances qui font varier ces choſes ; & la différence du profit qu'il y a à tirer par une place, ou à tirer par une autre, fait l'art & l'habileté particuliere des banquiers, dont il n'eſt point queſtion ici.

Lorſqu'un état hauſſe ſa monnoie ; par exemple, lorſqu'il appelle ſix livres ou deux écus, ce qu'il n'appelloit que trois livres ou un écu, cette dénomination nouvelle, qui n'ajoute rien de réel à l'écu, ne doit pas procurer un ſeul gros de plus par le change. On ne devroit avoir pour les deux écus nouveaux, que la même quantité de gros que l'on recevoit pour l'ancien ; & ſi cela n'eſt pas, ce n'eſt point l'effet de la fixation en elle-même, mais de celui qu'elle produit comme nouvelle, & de celui qu'elle a comme ſubite. Le change tient à des affaires commencées, & ne ſe met en régle qu'après un certain temps.

Lorſqu'un état, au lieu de hauſſer ſimplement ſa monnoie par une loi, fait une nouvelle refonte afin de faire d'une monnoie forte une monnoie plus foible, il arrive que, pendant le temps de l'opération, il y a deux fortes de monnoie, la forte qui eſt la vieille, & la foible qui eſt la nouvelle ; & comme la forte eſt décriée & ne ſe reçoit qu'à la monnoie, & que par conféquent les lettres de change doivent ſe payer en eſpeces nouvelles, il ſemble que le change devroit ſe régler ſur l'eſpece nouvelle. Si, par exemple, l'affoibliſſement en France étoit de moitié, & que l'ancien écu de trois livres donnât ſoixante gros en Hollande, le nouvel écu ne devroit donner que trente gros ; d'un autre côté, il ſemble que le change devroit ſe régler ſur la valeur de l'eſpece vieille, parce que le banquier qui a de l'argent & qui prend des lettres, eſt obligé d'aller porter à la monnoie des eſpeces vieilles pour en avoir de nouvelles ſur leſquelles il perd : le change ſe mettra donc entre la valeur de l'eſpece nouvelle & celle de l'eſpece vieille ; la valeur de l'eſpece vieille tombe, pour ainſi dire, & parce qu'il y a déja dans le commerce de l'eſpece nouvelle, & parce que le banquier ne peut pas tenir rigueur, ayant

B v.

intérêt de faire fortir promptement l'argent vieux de fa caiffe pour le faire travailler, & y étant même forcé pour faire
fes payemens : d'un autre côté, la valeur
de l'efpece nouvelle s'éleve, pour ainfi
dire, parce que le banquier avec de l'efpece nouvelle fe trouve dans une circonftance où nous allons faire voir qu'il
peut avec un grand avantage s'en procurer de la vieille : le change fe mettra
donc, comme j'ai dit, entre l'efpece
nouvelle & l'efpece vieille. Pour lors les
banquiers ont du profit à faire fortir l'efpece vieille de l'état, parce qu'ils fe pro-
curent par-là le même avantage que
donneroit un change réglé fur l'efpece
vieille, c'eft-à-dire beaucoup de gros
en Hollande, & qu'ils ont un retour en
change réglé entre l'efpece nouvelle &
l'efpece vieille, c'eft-à-dire plus bas ;
ce qui procure beaucoup d'écus en
France.

Je fuppofe que trois livres d'efpece
vieille rendent par le change actuel quarante-cinq gros, & qu'en tranfportant
ce même écu en Hollande, on en ait
foixante : mais avec une lettre de quarante-cinq gros, on fe procurera un écu
de trois livres en France, lequel tranf-

porté en efpeces vieilles en Hollande,
donnera encore foixante gros : toute
l'efpece vieille fortira donc de l'état qui
fait la refonte, & le profit en fera pour
les banquiers.

Pour remédier à cela, on fera forcé
de faire une opération nouvelle. L'état
qui fait la refonte, enverra lui-même une
grande quantité d'efpece vieille chez la
nation qui regle le change ; & s'y pro-
curant un crédit, il fera monter le change au point, qu'on aura, à peu de chofe
près, autant de gros par le change d'un
écu de trois livres, qu'on en auroit en
faifant fortir un écu de trois livres en efpeces vieilles hors du pays. Je dis à peu
de chofe près, parce que, lorfque le profit fera modique, on ne fera point tenté
de faire fortir l'efpece, à caufe des frais
de la voiture, & des rifques de la con-
fifcation.

Il eft bon de donner une idée bien
claire de ceci. Le fieur *Bernard*, ou
tout autre banquier que l'état voudra
employer, propofe fes lettres fur la
Hollande, & les donne à un, deux, trois
gros plus haut que le change actuel ; il
a fait une provifion dans les pays étrangers, par le moyen des efpeces vieilles

qu'il a fait continuellement voiturer ; il
a donc fait hausser le change au point
que nous venons de dire : cependant, à
force de donner de ses lettres, il se saisit
de toutes les especes nouvelles, & force
les autres banquiers qui ont des payemens à faire, à porter leurs especes vieilles à la monnoie ; & de plus, comme il
a eu insensiblement tout l'argent, il contraint à leur tour les autres banquiers à
lui donner des lettres à un change très-
haut : le profit de la fin l'indemnise en
grande partie de la perte du commencement.

On sent que, pendant toute cette opération, l'état doit souffrir une violente
crise. L'argent y deviendra très-rare,
1°. parce qu'il faut en décrier la plus
grande partie ; 2°. parce qu'il en faudra
transporter une partie dans les pays
étrangers ; 3°. parce que tout le monde
le resterrera, personne ne voulant laisser
au prince un profit qu'on espere avoir
soi-même. Il est dangereux de la faire
avec lenteur : il est dangereux de la faire
avec promptitude. Si le gain qu'on suppose est immodéré, les inconvéniens
augmentent à mesure.

On a vu ci-dessus que, quand le change étoit plus bas que l'efpece, il y avoit du profit à faire fortir l'argent : par la même raifon, lorfqu'il eft plus haut que l'efpece, il y a du profit à le faire revenir.

Mais il y a un cas où on trouve du profit à faire fortir l'efpece, quoique le change foit au pair : c'eft lorfqu'on l'envoie dans les pays étrangers, pour la faire remarquer ou refondre. Quand elle eft revenue, on fait, foit qu'on l'emploie dans le pays, foit qu'on prenne des lettres pour l'étranger, le profit de la monnoie.

S'il arrivoit que dans un état on fît une compagnie qui eût un nombre très-confidérable d'actions, & qu'on eût fait dans quelques mois de temps hauffer ces actions vingt ou vingt-cinq fois au-delà de la valeur du premier achat, & que ce même état eût établi une banque dont les billets duffent faire la fonction de monnoie, & que la valeur numéraire de ces billets fût prodigieufe pour répondre à la prodigieufe valeur numéraire des actions (c'eft le fyftême de M. *Law*), il fuivroit de la nature de la chofe que ces actions & billets s'anéantiroient de la même maniere qu'ils fe feroient éta-

blis. On n'auroit pu faire monter toût-
à-coup les actions vingt ou vingt-cinq
fois plus haut que leur premiere valeur,
fans donner à beaucoup de gens le
moyen de fe procurer d'immenfes richeffes en papier : chacun chercheroit à
affurer fa fortune ; & comme le change
donne la voie la plus facile pour la dé-
naturer, ou pour la tranfporter où l'on
veut, on remettroit fans ceffe une partie
de fes effets chez la nation qui regle le
change. Un projet continuel de remettre dans les pays étrangers, feroit baif-
fer le change. Suppofons que, du temps
du fyftême, dans le rapport du titre &
du poids de la monnoie d'argent, le
taux du change fût de quarante gros par
écu ; lorfqu'un papier innombrable fut
devenu monnoie, on n'aura plus voulu
donner que trente - neuf gros par écu,
enfuite que trente - huit, trente - fept,
&c. Cela alla fi loin, que l'on ne donna plus que huit gros, & qu'enfin il n'y
eut plus de change.

C'étoit le change qui devoit en ce cas
régler en France la proportion de l'argent avec le papier. Je fuppofe que,
par le poids & le titre de l'argent, l'écu
de trois livres d'argent valût quarante

gros, & que le change se faisant en papier, l'écu de trois livres en papier ne
valût que huit gros, la différence étoit
de quatre cinquiémes. L'écu de trois
livres en papier valoit donc quatre cinquiémes de moins que l'écu de trois livres en argent.

CHAPITRE XI.

Des opérations que les Romains firent sur les monnoies.

QUELQUES coups d'autorité que
l'on ait faits de nos jours en France sur
les monnoies dans deux ministeres con-
sécutifs, les Romains en firent de plus
grands, non pas dans le temps de cette
république corrompue, ni dans celui de
cette république qui n'étoit qu'une
anarchie ; mais lorsque, dans la force de
son institution, par sa sagesse comme
par son courage, après avoir vaincu
les villes d'Italie, elle disputoit l'empire
aux Carthaginois.

Et je suis bien aise d'approfondir un
peu cette matiere, afin qu'on ne fasse pas
un exemple de ce qui n'en est point un.

Dans la premiere guerre Punique (*a*) l'as, qui devoit être de douze onces de cuivre, n'en pesa plus que deux ; & dans la seconde, il ne fut plus que d'une. Ce retranchement répond à ce que nous appellons aujourd'hui augmentation des monnoies : ôter d'un écu de six livres la moitié de l'argent pour en faire deux , ou le faire valoir douze livres, c'est précisément la même chose.

Il ne nous reste point de monument de la maniere dont les Romains firent leur opération dans la premiere guerre Punique : mais ce qu'ils firent dans la seconde, nous marque une sagesse admirable. La république ne se trouvoit point en état d'acquiter ses dettes ; l'as pesoit deux onces de cuivre ; & le denier valant dix as, valoit vingt onces de cuivre. La république fit des as (*b*) d'une once de cuivre, elle gagna la moitié sur ses créanciers, elle paya un denier avec ces dix onces de cuivre. Cette opération donna une grande secousse à l'état , il falloit la donner la moindre qu'il étoit possible ; elle contenoit une injustice, il falloit qu'elle fût la moindre

(*a*) *Pline*, hist. nat. liv. XXXIII, art. 13.
(*b*) *Ibid.*

qu'il étoit poſſible ; elle avoit pour objet
la libération de la république envers ſes
citoyens, il ne falloit donc pas qu'elle
eût celui de la libération des citoyens
entr'eux : cela fit faire une ſeconde opération ; & l'on ordonna que le denier
qui n'avoit été juſques-là que de dix as,
en contiendroit ſeize ; il réſulta de cette
double opération, que, pendant que les
créanciers de la république perdoient la
moitié (*a*), ceux des particuliers ne perdoient qu'un cinquiéme (*b*), les marchandiſes n'augmentoient que d'un cinquiéme, le changement réel dans la
monnoie n'étoit que d'un cinquiéme : on
voit les autres conſéquences.

Les Romains ſe conduiſirent donc
mieux que nous, qui, dans nos opérations, avons enveloppé & les fortunes
publiques & les fortunes particulieres.
Ce n'eſt pas tout : on va voir qu'ils les
firent dans des circonſtances plus favo-
rables que nous.

(*a*) Ils recevoient dix onces de cuivre pour vingt.
(*b*) Ils recevoient ſeize onces de cuivre pour vingt.

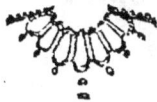

CHAPITRE XII.

Circonstances dans lesquelles les Romains firent leurs opérations sur la monnoie.

IL y avoit anciennement très-peu d'or & d'argent en Italie ; ce pays a peu ou point de mines d'or & d'argent: lorsque Rome fut prise par les Gaulois, il ne s'y trouva que mille (*a*) livres d'or. Cependant les Romains avoient saccagé plusieurs villes puissantes, & ils en avoient transporté les richesses chez eux. Ils ne se servirent long-temps que de monnoie de cuivre : ce ne fut qu'après la paix de *Pyrrhus*, qu'ils eurent assez d'argent pour en faire de la monnoie (*b*) : ils firent des deniers de ce métal, qui valoient dix as (*c*), ou dix livres de cuivre : pour lors la proportion de l'argent au cuivre étoit comme 1 à 960 ; car le denier Romain valant dix as ou dix livres de cuivre, il valoit cent vingt onces de cuivre ; & le même denier valant

(*a*) *Pline*, liv. XXXIII, art. 5.
(*b*) *Freinshemius*, liv. V de la seconde décade.
(*c*) *Ibid. loco citato* : Ils frapperent aussi, dit le même auteur, des demi appellés quinaires, & des quarts appellés sesterces.

un huitiéme (*a*) d'once d'argent, cela faifoit la proportion que nous venons de dire.

Rome devenue maîtreffe de cette partie de l'Italie la plus voifine de la Grèce & de la Sicile, fe trouva peu à peu entre deux peuples riches, les Grecs & les Carthaginois; l'argent augmenta chez elle; & la proportion de 1 à 960 entre l'argent & le cuivre ne pouvant plus fe foutenir, elle fit diverfes opérations fur les monnoies, que nous ne connoiffons pas. Nous fçavons feulement qu'au commencement de la feconde guerre Punique, le denier (*b*) Romain ne valoit plus que vingt onces de cuivre; & qu'ainfi la proportion entre l'argent & le cuivre n'étoit plus que comme 1 eft à 160; la réduction étoit bien confidérable, puifque la république gagna cinq fixiémes fur toute la monnoie de cuivre; mais on ne fit que ce que demandoit la nature des chofes, & rétablir la proportion entre les métaux qui fervoient de monnoie.

La paix qui termina la premiere guer-

(*a*) Un huitiéme felon *Budée*, un feptiéme felon d'autres auteurs.
(*b*) *Pline*, hift. nat. liv. XXXIII, art. 13.

re Punique, avoit laiſſé les Romains maîtres de la Sicile. Bientôt ils entrerent
en Sardaigne, ils commencerent à connoître l'Eſpagne : la maſſe de l'argent
augmenta encore à Rome ; on y fit l'o-
pération qui réduiſit (a) le denier d'argent de vingt onces à ſeize ; & elle eut
cet effet, qu'elle remit en proportion
l'argent & le cuivre ; cette proportion
étoit comme 1 eſt à 160, elle fut comme 1 eſt à 128.

Examinez les Romains ; vous ne les
trouverez jamais ſi ſupérieurs, que dans
le choix des circonſtances dans leſquelles ils firent les biens & les maux.

(a) *Pline*, hiſt. nat. liv. XXXIII, art. 13.

CHAPITRE XIII.

Opérations ſur les monnoies, du temps des empereurs.

D A N S les opérations que l'on fit ſur
les monnoies du temps de la république, on procéda par voie de retranchement : l'état confioit au peuple ſes beſoins, & ne prétendoit pas le ſéduire.
Sous les empereurs, on procéda par voie
d'alliage : ces princes réduits au déſeſ-

poir par leurs libéralités mêmes , se virent obligés d'altérer les monnoies; voie indirecte, qui diminuoit le mal, & sembloit ne le pas toucher : on retiroit une partie du don, & on cachoit la main ; & sans parler de diminution de la paye ou des largesses, elles se trouvoient diminuées.

On voit encore dans les cabinets (*a*) des médailles qu'on appelle fourrées, qui n'ont qu'une lame d'argent qui couvre le cuivre. Il est parlé de cette monnoie dans un fragment du livre 77 de *Dion* (*b*).

Didius Julien commença l'affoiblissement. On trouve que la monnoie (*c*) de *Caracalla* avoit plus de la moitié d'alliage, celle d'*Alexandre Sévere* (*d*) les deux tiers : l'affoiblissement continua ; & sous *Galien* (*e*), on ne voyoit plus que du cuivre argenté.

On sent que ces opérations violentes ne sçauroient avoir lieu dans ces temps-

(*a*) Voyez la science des médailles du P. *Joubert*, édit. de Paris, 1739, p. 59.
(*b*) Extrait des vertus & des vices.
(*c*) Voyez *Savotte*, part. 2 , ch. XII ; & le journal des sçavans du 28 juillet 1681, sur une découverte de 50000 médailles.
(*d*) Voyez Savotte, *ibid.*
(*e*) Id. *ibid.*

ci ; un prince fe tromperoit lui-même ;
& ne tromperoit perfonne. Le change
a appris au banquier à comparer toutes
les monnoies du monde, & à les mettre
à leur jufte valeur ; le titre des monnoies
ne peut plus être un fecret. Si un prince
commence le billon , tout le monde continue , & le fait pour lui ; les efpeces
fortes fortent d'abord, & on les lui ren-
voie foibles. Si, comme les empereurs
Romains , il affoiblifloit l'argent fans affoiblir l'or , il verroit tout-à-coup difparoître l'or, & il feroit réduit à fon
mauvais argent. Le change , comme j'ai
dit au livre précédent (*a*), a ôté les
grands coups d'autorité, ou du moins
le fuccès des grands coups d'autorité.

(a) Chap. XVI.

CHAPITRE XIV.

Comment le change gîne les états defpot.ques.

LA Mofcovie voudroit defcendre de
fon defpotifme, & ne le peut. L'établiffement du commerce demande celui
du change ; & les o, érations du change
contredifent toutes fes loix.

En 1745, la czarine fit une ordonnance pour chasser les Juifs, parce qu'ils avoient remis dans les pays étrangers l'argent de ceux qui étoient relégués en Sibérie, & celui des étrangers qui étoient au service. Tous les sujets de l'empire, comme des esclaves, n'en peuvent sortir, ni faire sortir leurs biens sans permission. Le change, qui donne le moyen de transporter l'argent d'un pays à un autre, est donc contradictoire aux loix de Moscovie.

Le commerce même contredit ses loix. Le peuple n'est composé que d'esclaves attachés aux terres, & d'esclaves qu'on appelle ecclésiastiques ou gentilshommes, parce qu'ils sont les seigneurs de ces esclaves : il ne reste donc guere personne pour le tiers-état, qui doit former les ouvriers & les marchands.

CHAPITRE XV.

Usage de quelques pays d'Italie.

DANS quelques pays d'Italie on a fait des loix pour empêcher les sujets de vendre les fonds de terre pour transporter leur argent dans les pays étrangers. Ces loix pouvoient être bonnes, lorsque les richesses de chaque état étoient tellement à lui, qu'il y avoit beaucoup de difficulté à les faire passer à un autre. Mais depuis que, par l'usage du change, les richesses ne sont en quelque façon à aucun état en particulier, & qu'il y a tant de facilité à les transporter d'un pays à un autre, c'est une mauvaise loi que celle qui ne permet pas de disposer pour ses affaires de ses fonds de terre, lorsqu'on peut disposer de son argent. Cette loi est mauvaise, parce qu'elle donne de l'avantage aux effets mobiliers sur les fonds de terre, parce qu'elle dégoûte les étrangers de venir s'établir dans le pays, & enfin parce qu'on peut l'éluder.

CHAPITRE

CHAPITRE XVI.

Du secours que l'état peut tirer des banquiers.

LES banquiers font faits pour changer
de l'argent, & non pas pour en prêter.
Si le prince ne s'en fert que pour changer fon argent, comme il ne fait que de
groffes affaires, le moindre profit qu'il
leur donne pour leurs remifes devient
un objet confidérable ; & fi on lui demande de gros profits, il peut être fûr
que c'eft un défaut de l'adminiftration.
Quand au contraire ils font employés à
faire des avances, leur art confifte à fe
procurer de gros profits de leur argent,
fans qu'on puiffe les accufer d'ufure.

CHAPITRE XVII.

Des dettes publiques.

QUELQUES gens ont cru qu'il étoit
bon qu'un état dût à lui-même : ils ont
penfé que cela multiplioit les richeffes,
en augmentant la circulation.

Je crois qu'on a confondu un papier

circulant qui repréſente la monnoie, ou un papier circulant qui eſt le ſigne des profits qu'une compagnie a faits ou fera ſur le commerce, avec un papier qui repréſente une dette. Les deux premiers ſont très-avantageux à l'état : le dernier ne peut l'être ; & tout ce qu'on peut en attendre, c'eſt qu'il ſoit un bon gage pour les particuliers de la dette de la nation, c'eſt-à-dire, qu'il en procure le paiement. Mais voici les inconvéniens qui en réſultent.

Si les étrangers poſſedent beaucoup de papiers qui repréſentent une dette, ils tirent tous les ans de la nation une ſomme conſidérable pour les intérêts.

2°. Dans une nation ainſi perpétuellement débitrice, le change doit être très-bas.

3°. L'impôt levé pour le paiement des intérêts de la dette, fait tort aux manufactures, en rendant la main de l'ouvrier plus chere.

4°. On ôte les revenus véritables de l'état à ceux qui ont de l'activité & de l'induſtrie, pour les tranſporter aux gens oiſifs ; c'eſt-à-dire, qu'on donne des commodités pour travailler à ceux qui ne travaillent point, & des difficultés pour travailler à ceux qui travaillent.

Voilà les inconvéniens ; je n'en con-
nois point les avantages. Dix perfonnes
ont chacune mille écus de revenu en
fonds de terre ou en induſtrie ; cela fait
pour la nation, à cinq pour cent, un capital de deux cent mille écus. Si ces dix
perfonnes emploient la moitié de leur
revenu, c'eſt-à-dire cinq mille écus,
pour payer les intérêts de cent mille écus
qu'elles ont empruntés à d'autres, cela
ne fait encore pour l'état que deux cent
mille écus : c'eſt, dans le langage des al-
gébriſtes, 200000 écus $- 100000$
écus $+ 100000$ écus $= 200000$
écus.

Ce qui peut jetter dans l'erreur, c'eſt
qu'un papier qui repréſente la dette
d'une nation, eſt un ſigne de richeſſe ;
car il n'y a qu'un état riche qui puiſſe
ſoutenir un tel papier ſans tomber dans
la décadence : que s'il n'y tombe pas, il
faut que l'état ait de grandes richeſſes
d'ailleurs. On dit qu'il n'y a point de
mal, parce qu'il y a des reſſources contre ce mal ; & on dit que le mal eſt un
bien, parce que les reſſources ſurpaſſent
le mal.

C ij

CHAPITRE XVIII.

Du paiement des dettes publiques.

IL faut qu'il y ait une proportion entre l'état créancier & l'état débiteur. L'état peut être créancier à l'infini, mais il ne peut être débiteur qu'à un certain dégré; & quand on est parvenu à passer ce dégré, le titre de créancier s'évanouit.

Si cet état a encore un crédit qui n'ait point reçu d'atteinte, il pourra faire ce qu'on a pratiqué si heureusement dans un état (a) d'Europe; c'est de se procurer une grande quantité d'especes, & d'offrir à tous les particuliers leur remboursement, à moins qu'ils ne veuillent réduire l'intérêt. En effet, comme, lorsque l'état emprunte, ce sont les particuliers qui fixent le taux de l'intérêt; lorsque l'état veut payer, c'est à lui à le fixer.

Il ne suffit pas de réduire l'intérêt: il faut que le bénéfice de la réduction forme un fonds d'amortissement pour payer chaque année une partie des capitaux; opération d'autant plus heureuse, que le

(a) L'Angleterre.

fuccès en augmente tous les jours.

Lorſque le crédit de l'état n'eſt pas entier, c'eſt une nouvelle raiſon pour chercher à former un fonds d'amortiſſement; parce que ce fonds une fois établi, rend bientôt la confiance.

Si l'état eſt une république, dont le gouvernement comporte par ſa nature que l'on y faſſe des projets pour long-temps, le capital du fonds d'amortiſſement peut être peu conſidérable : il faut, dans une monarchie, que ce capital ſoit plus grand.

2°. Les réglemens doivent être tels, que tous les citoyens de l'état portent le poids de l'établiſſement de ce fonds, parce qu'ils ont tous le poids de l'établiſſement de la dette; le créancier de l'état, par les ſommes qu'il contribue, payant lui-même à lui-même.

3°. Il y a quatre claſſes de gens qui payent les dettes de l'état : les propriétaires des fonds de terre, ceux qui exercent leur induſtrie par le négoce, les laboureurs & artiſans, enfin les rentiers de l'état ou des particuliers. De ces quatre claſſes, la derniere, dans un cas de néceſſité, ſembleroit devoir être la moins ménagée; parce que c'eſt une claſſe

entiérement paffive dans l'état, tandis
que ce même état eft foutenu par la force
active des trois autres. Mais, comme on
ne peut la charger plus, fans détruire la
confiance publique, dont l'état en général & ces trois claffes en particulier
ont un fouverain befoin; comme la foi
publique ne peut manquer à un certain
nombre de citoyens, fans paroître manquer à tous; comme la claffe des créanciers eft toujours la plus expofée aux
projets des miniftres, & qu'elle eft toujours fous les yeux & fous la main; il
faut que l'état lui accorde une finguliere
protection, & que la partie débitrice
n'ait jamais le moindre avantage fur celle qui eft créanciere.

CHAPITRE XIX.

Des prêts à intérêt.

L'ARGENT eft le figne des valeurs. Il
eft clair que celui qui a befoin de ce figne, doit le louer, comme il fait toutes
les chofes dont il peut avoir befoin. Toute la différence eft, que les autres chofes
peuvent, ou fe louer, ou s'acheter; au
lieu que l'argent, qui eft le prix des cho-

fes, fe loue & ne s'achete pas (a).

C'est bien une action très-bonne de prêter à un autre son argent sans intérêt: mais
on sent que ce ne peut être qu'un conseil
de religion, & non une loi civile.

Pour que le commerce puisse se bien
faire, il faut que l'argent ait un prix,
mais que ce prix soit peu considérable.
S'il est trop haut, le négociant, qui voit
qu'il lui en coûteroit plus en intérêts
qu'il ne pourroit gagner dans son commerce, n'entreprend rien ; si l'argent n'a
point de prix, personne n'en prête, & le
négociant n'entreprend rien non plus.

Je me trompe, quand je dis que personne n'en prête. Il faut toujours que les
affaires de la société aillent ; l'usure s'é-
tablit, mais avec les désordres que l'on
a éprouvés dans tous les temps.

La loi de Mahomet confond l'usure
avec le prêt à intérêt. L'usure augmente
dans les pays Mahométans à proportion
de la sévérité de la défense : le prêteur
s'indemnise du péril de la contravention.

Dans ces pays d'orient, la plupart
des hommes n'ont rien d'assuré ; il n'y
a presque point de rapport entre la pos-

_____

(a) On ne parle point des cas où l'or & l'argent
font considérés comme marchandises.

C iv

session actuelle d'une somme, & l'espérance de la r'avoir après l'avoir prêtée : l'usure y augmente donc à proportion du péril de l'insolvabilité.

CHAPITRE XX.

Des usures maritimes.

L A grandeur de l'usure maritime est fondée sur deux choses ; le péril de la mer, qui fait qu'on ne s'expose à prêter son argent que pour en avoir beaucoup davantage ; & la facilité que le commerce donne à l'emprunteur, de faire promptement de grandes affaires, & en grand nombre : au lieu que les usures de terre n'étant fondées sur aucune de ces deux raisons, sont ou proscrites par les législateurs, ou, ce qui est plus sensé, réduites à de justes bornes.

CHAPITRE XXI.

Du prêt par contrat, & de l'ufure chez les Romains.

OUTRE le prêt fait pour le commerce, il y a encore une efpece de prêt fait par un contrat civil, d'où réfulte un intérêt ou ufure.

Le peuple, chez les Romains, augmentant tous les jours fa puiffance, les magiftrats chercherent à le flatter, & à lui faire faire les loix qui lui étoient les plus agréables. Il retrancha les capitaux; il diminua les intérêts; il défendit d'en prendre; il ôta les contraintes par corps: enfin l'abolition des dettes fut mife en queftion toutes les fois qu'un tribun voulut fe rendre populaire.

Ces continuels changemens, foit par des loix, foit par des plébifcites, naturaliferent à Rome l'ufure; car les créanciers voyant le peuple leur débiteur, leur légiflateur & leur juge, n'eurent plus de confiance dans les contrats. Le peuple, comme un débiteur décrédité, ne tentoit à lui prêter que par de gros profits; d'autant plus que, fi les loix ne

C v

venoient que de temps en temps, les
plaintes du peuple étoient continuelles
& intimidoient toujours les créanciers.
Cela fit que tous les moyens honnêtes de
prêter & d'emprunter furent abolis à
Rome, & qu'une usure affreuse, toujours foudroyée (a) & toujours renais-
sante, s'y établit. Le mal venoit de
ce que les choses n'avoient pas été
ménagées. Les loix extrêmes dans le
bien font naître le mal extrême : il fallut payer pour le prêt de l'argent, &
pour le danger des peines de la loi.

(a) *Tacite*, annal. liv. VI.

CHAPITRE XXII.

Continuation du même sujet.

LES premiers Romains n'eurent point
de loix pour régler le taux de (a) l'usure. Dans les démêlés qui se formerent
là-dessus entre les plébéiens & les pa-
triciens, dans la sédition (b) même du
mont Sacré, on n'allégua d'un côté que
la foi, & de l'autre que la dureté des
contrats.

(a) Usure & intérêt signifioient la même chose chez
les Romains.
(b) Voyez *Denys d'Halic*. qui l'a si bien décrite.

On suivoit donc les conventions particulieres ; & je crois que les plus ordinaires étoient de douze pour cent par an.
Ma raison est que dans le langage (a)
ancien chez les Romains, l'intérêt à six
pour cent étoit appellé la moitié de
l'usure, l'intérêt à trois pour cent le
quart de l'usure : l'usure totale étoit
donc l'intérêt à douze pour cent.

Que si l'on demande comment de si
grosses usures avoient pu s'établir chez
un peuple qui étoit presque sans commerce, je dirai que ce peuple, très-souvent obligé d'aller sans solde à la guerre, avoit très-souvent besoin d'emprunter ; & que faisant sans cesse des expé-
ditions heureuses, il avoit très-souvent
la facilité de payer. Et cela se sent bien
dans le récit des démêlés qui s'éleverent à cet égard : on n'y disconvient
point de l'avarice de ceux qui prêtoient ;
mais on dit que ceux qui se plaignoient,
auroient pu payer s'ils avoient eu une
conduite réglée (b).

(a) *Usuræ semisses, trientes, quadrantes.* Voyez là-
dessus les divers traités du digeste & du code *de usu-
ris* ; & surtout la loi XVII, avec sa note, au ff. *de usu-
ris.*

(b) Voyez les discours d'*Appius* là-dessus, dans *Denys d'Halicarnasse.*

C vj

On faisoit donc des loix qui n'influoient que sur la situation actuelle : on ordonnoit, par exemple, que ceux qui s'enrôleroient pour la guerre que l'on avoit à soutenir, ne seroient point poursuivis par leurs créanciers ; que ceux qui étoient dans les fers seroient délivrés ; que les plus indigens seroient menés dans les colonies : quelquefois on ouvroit le trésor public. Le peuple s'appaisoit par le soulagement des maux présens ; & comme il ne demandoit rien pour la suite, le sénat n'avoit garde de le prévenir.

Dans le temps que le sénat défendoit avec tant de constance la cause des usures, l'amour de la pauvreté, de la frugalité, de la médiocrité, étoit extrême chez les Romains : mais telle étoit la constitution, que les principaux citoyens portoient toutes les charges de l'état, & que le bas peuple ne payoit rien. Quel moyen de priver ceux-là du droit de poursuivre leurs débiteurs, & de leur demander d'acquitter leurs charges, & de subvenir aux besoins pressans de la république ?

Tacite (a) dit que la loi des douze ta-

(a) Annales, liv. VI.

bles fixa l'intérêt à un pour cent par an.
Il est visible qu'il s'est trompé, & qu'il
a pris pour la loi des douze tables une
autre loi dont je vais parler. Si la loi
des douze tables avoit réglé cela, comment, dans les disputes qui s'éleverent
depuis entre les créanciers & les débiteurs, ne se seroit-on pas servi de son
autorité ? On ne trouve aucun vestige
de cette loi sur le prêt à intérêt : &
pour peu qu'on soit versé dans l'histoire
de Rome, on verra qu'une loi pareille
ne devoit point être l'ouvrage des dé-
cemvirs.

La loi Licinienne (a) faite quatre-
vingt-cinq ans après la loi des douze
tables, fut une de ces loix passageres
dont nous avons parlé. Elle ordonna
qu'on retrancheroit du capital ce qui
avoit été payé pour les intérêts, & que
le reste seroit acquité en trois paiemens
égaux.

L'an 398 de Rome, les tribuns *Duel-
lius* & *Menenius* firent passer une loi qui
réduisoit les intérêts à un (b) pour cent
par an. C'est cette loi que *Tacite* (c)

(a) L'an de Rome 388. *Tite-Live*, liv. VI.
(b) *Unciaria usura*. Tite-Live, liv. VII. Voyez la
défense de l'esprit des loix, art. *usure*.
(c) Annal. liv. VI.

confond avec la loi des douze tables, &
c'eſt la premiere qui ait été faite chez
les Romains pour fixer le taux de l'intérêt. Dix ans après (a), cette uſure fut
réduite à la moitié (b) ; dans la ſuite on
l'ôta tout-à-fait (c) : & ſi nous en
croyons quelques auteurs qu'avoit vus
Tite-Live, ce fut ſous le conſulat (d) de
C. *Martius Rutilius* & de Q. *Servilius*
l'an 413 de Rome.

Il en fut de cette loi comme de toutes celles où le légiſlateur a porté les
choſes à l'excès : on trouva un moyen
de l'éluder. Il en fallut faire beaucoup
d'autres pour la confirmer, corriger,
tempérer. Tantôt on quitta les loix
pour ſuivre les uſages (e), tantôt on
quitta les uſages pour ſuivre les loix :
mais dans ce cas l'uſage devoit aiſément
prévaloir. Quand un homme emprunte,
il trouve un obſtacle dans la loi même
qui eſt faite en ſa faveur : cette loi a

(a) Sous le conſulat de L. *Manlius Torquatus*, &
de C. *Plautius*, ſelon *Tite-Live*, liv. VII ; & c'eſt la
loi dont parle *Tacite*, annal. liv. VI.

(b) *Semiunciaria uſura*.

(c) Comme le dit *Tacite*, annal. liv. VI.

(d) La loi en fut faite à la pourſuite de M. *Genu-
cius*, tribun du peuple : *Tite-Live*, liv. VII, *à la fin*.

(e) *Veteri jam more fœnus receptum erat*. Appien,
de la guerre civile, liv. I.

contr'elle, & celui qu'elle secourt, & celui qu'elle condamne. Le préteur *Sempronius Asellus* ayant permis (a) aux débiteurs d'agir en conséquence des loix, fut tué par les créanciers (b), pour avoir voulu rappeller la mémoire d'une rigidité qu'on ne pouvoit plus soutenir.

Je quitte la ville, pour jetter un peu les yeux sur les provinces.

J'ai dit ailleurs (c), que les provinces Romaines étoient désolées par un gouvernement despotique & dur. Ce n'est pas tout : elles l'étoient encore par des usures affreuses.

Cicéron dit (d) que ceux de Salamine vouloient en prunter de l'argent à Rome, & qu'ils ne le pouvoient pas à cause de la loi Gabinienne. Il faut que je cherche ce que c'étoit que cette loi.

Lorsque les prêts à intérêt eurent été défendus à Rome, on imagina (e) toutes sortes de moyens pour éluder la loi : & comme les alliés (f) & ceux de la na-

(a) *Permisit eos legibus agere.* Appien, de la guerre civile, liv. 1 ; & l'épitome de *Tite-Live*, livre LXIV.

(b) L'an de Rome 563.

(c) Liv. XI, ch. XIX.

(d) Lettres à *Atticus*, liv. V, lett. 21.

(e) *Tite-Live.*

(f) *Ibid.*

tion Latine n'étoient point affujettis aux loix civiles des Romains, on fe fervit d'un Latin, ou d'un allié, qui prétoit fon nom, & paroiffoit être le créancier. La loi n'avoit donc fait que foumettre les créanciers à une formalité, & le peuple n'étoit pas foulagé.

Le peuple fe plaignit de cette fraude ; & *Marcus Sempronius*, tribun du peuple, par l'autorité du fénat, fit faire un plébifcite (*a*) qui portoit, qu'en fait de prêts, les loix, qui défendoient les prêts à ufure entre un citoyen Romain & un autre citoyen Romain, auroient également lieu entre un citoyen & un allié, ou un Latin.

Dans ces temps-là, on appelloit alliés les peuples de l'Italie proprement dite, qui s'étendoit jufqu'à l'Arno & le Rubicon, & qui n'étoit point gouvernée en provinces Romaines.

Tacite (*b*) dit qu'on faifoit toujours de nouvelles fraudes aux loix faites pour arrêter les ufures. Quand on ne put plus prêter ni emprunter fous le nom d'un allié, il fut aifé de faire paroître un homme des provinces, qui prêtoit fon nom.

(*a*) L'an 561 de Rome. Voyez Tite-Live.
(*b*) Ann. l. VI.

Il falloit une nouvelle loi contre ces abus : & *Gabinius* (*a*) faifant la loi fa-meufe qui avoit pour objet d'arrêter la corruption dans les fuffrages, dut natu-rellement penfer que le meilleur moyen pour y parvenir, étoit de décourager les emprunts : ces deux chofes étoient naturellement liées ; car les ufures aug-mentoient (*b*) toujours au temps des élections, parce qu'on avoit befoin d'ar-gent pour gagner des voix. On voit bien que la loi Gabinienne avoit étendu le fé-natus-confulte Sempronien aux provin-ciaux, puifque les Salaminiens ne pou-voient emprunter de l'argent à Rome à caufe de cette loi. *Brutus* fous des noms empruntés, leur en prêta (*c*) à quatre pour cent par mois (*d*), & obtint pour cela deux fénatus-confultes ; dans le premier defquels il étoit dit que ce prêt ne feroit pas regardé comme une frau-de (*e*) faite à la loi, & que le gouver-

(*a*) L'an 615 de Rome.

(*b*) Voyez les lettres de *Cicéron* à Atticus, liv. IV, lett. 15 & 16.

(*c*) *Cicéron* à Atticus, liv. VI, lett. 1.

(*d*) Pompée, qui avoit prêté au roi Ariobarfarne fix cent talens, fe faifoit payer trente-trois talens Attiques tous les trente jours. *Cicéron* à Atticus, liv. III, lett. 21 : liv. VI, lett. 1.

(*e*) *Ut neque Salaminis, neque cui eis dediſſet, fraudi eſſet.* Ibid.

neur de Silicie jugeroit en conformité des conventions portées par le billet des Salaminiens.

Le prêt à intérêt étant interdit par la loi Gabinienne entre les gens des provinces & les citoyens Romains, & ceux-ci ayant pour lors tout l'argent de l'univers entre leurs mains, il fallut les tenter par de grosses usures, qui fissent disparoître aux yeux de l'avarice le danger de perdre la dette. Et comme il y avoit à Rome des gens puissans, qui intimidoient les magistrats, & faisoient taire les loix, ils furent plus hardis à prêter & plus hardis à exiger de grosses usures. Cela fit que les provinces furent tour à tour ravagées par tous ceux qui avoient du crédit à Rome : & comme chaque gouverneur faisoit son édit (*a*) en entrant dans sa province, dans lequel il mettoit à l'usure le taux qu'il lui plaisoit, l'avarice prêtoit la main à la législation, & la législation à l'avarice.

(*a*) L'édit de Cicéron la fixoit à un pour cent par mois, avec l'usure de l'usure au bout de l'an. Quant aux fermiers de la république, il les engageoit à donner un délai à leurs débiteurs : Si ceux-ci ne payoient pas au temps fixé, il adjugeoit l'usure portée par le billet. *Cicéron à Atticus*, liv. VI, lett. I.

Il faut que les affaires aillent ; & un
état eſt perdu, ſi tout y eſt dans l'inaction. Il y avoit des occaſions où il falloit que les villes, les corps, les ſociétés
des villes, les particuliers empruntaſ-
ſent : & on n'avoit que trop beſoin
d'emprunter, ne fut-ce que pour ſubve-
nir aux ravages des armées, aux rapi-
nes des magiſtrats, aux concuſſions des
gens d'affaires, & aux mauvais uſages
qui s'établiſſoient tous les jours ; car on
ne fut jamais ſi riche, ni ſi pauvre. Le
ſénat, qui avoit la puiſſance exécutrice,
donnoit, par néceſſité, ſouvent par faveur, la permiſſion d'emprunter des
citoyens Romains, & faiſoit là-deſſus
des ſénatus-conſultes. Mais ces ſénatus-
conſultes mêmes étoient décrédités par
la loi : ces ſénatus-conſultes (*a*) pouvoient donner occaſion au peuple de demander de nouvelles tables ; ce qui,
augmentant le danger de la perte du capital, augmentoit encore l'uſure. Je le
dirai toujours ; c'eſt la modération qui
gouverne les hommes, & non pas les
excès.

(a) Voyez ce que dit *Luccéius*, lett. 21 à Atticus,
liv. V. Il y eut même un ſénatus-conſulte général,
pour fixer l'uſure à un pour cent par mois. Voyez la
même lettre.

Celui-là paie moins, dit *Ulpien (a)*, qui paie plus tard. C'est ce principe qui conduisit les législateurs après la destruction de la république Romaine.

(a) *Leg. XII, ff. de verber. signif.*

✕✕✕✕✕✕✕✕✕✕✕✕✕✕✕✕✕✕✕✕✕✕✕

LIVRE XXIII.

Des loix, dans le rapport qu'elles ont avec le nombre des habitans.

CHAPITRE PREMIER.

Des hommes & des animaux, par rapport à la multiplication de leur espece.

O Vénus! ô mere de l'Amour!

. . . .

Dès le premier beau jour que ton astre ramene,
Les zéphirs font sentir leur amoureuse haleine ;
La terre orne son sein de brillantes couleurs ;
Et l'air est parfumé du doux esprit des fleurs.
On entend les oiseaux, frappés de ta puissance,
Par mille sons lascifs célébrer ta présence :
Pour la belle génisse, on voit les fiers taureaux,
Ou bondir dans la plaine, où traverser les eaux.
Enfin, les habitans des bois & des montagnes,
Des fleuves & des mers, & des vertes campagnes,
Brûlant à ton aspect d'amour & de desir,
S'engagent à peupler par l'attrait du plaisir :
Tant on aime à te suivre, & ce charmant empire
Que donne la beauté sur tout ce qui respire. (*a*)

L es femelles des animaux ont à peu près une fécondité constante. Mais dans l'espece humaine, la maniere de penser,

(*a*) Traduction du commencement de *Lucrece* par le sieur d'Hesnaut.

le caractere, les paffions, les fantaifies ;
les caprices, l'idée de conferver fa beauté, l'embarras de la groffeffe, celui d'u-
ne famille trop nombreufe, troublent la
propagation de mille manieres.

CHAPITRE II.

Des mariages.

L'OBLIGATION naturelle qu'a le
pere de nourrir fes enfans, a fait établir
le mariage, qui déclare celui qui doit
remplir cette obligation. Les peuples (a)
dont parle *Pomponius Mela* (b) ne le fixoient que par la reffemblance.

Chez les peuples bien policés, le pere (c) eft celui que les loix, par la cérémonie du mariage, ont déclaré devoir être tel, parce qu'elles trouvent en
lui la perfonne qu'elles cherchent.

Cette obligation, chez les animaux,
eft telle que la mere peut ordinairement
y fuffire. Elle a beaucoup plus d'étendue chez les hommes : leurs enfans ont
de la raifon ; mais elle ne leur vient que

(a) Les Garamantes.
(b) Liv. 1, ch. 111.
(c) *Pater eft quem nuptiæ demonftrant.*

par dégrés : il ne suffit pas de les nourrir, il faut encore les conduire : déja ils
pourroient vivre, & ils ne peuvent pas
se gouverner.

Les conjonctions illicites contribuent
peu à la propagation de l'espece. Le pere, qui a l'obligation naturelle de nourrir & d'élever les enfans, n'y est point
fixé ; & la mere, à qui l'obligation reste, trouve mille obstacles, par la honte,
les remords, la gêne de son sexe, la rigueur des loix : la plupart du tems elle
manque de moyens.

Les femmes qui se font soumises à une
prostitution publique, ne peuvent avoir
la commodité d'élever leur enfans. Les
peines de cette éducation font même
incompatibles avec leur condition : &
elles font si corrompues, qu'elles ne
sçauroient avoir la confiance de la loi.

Il suit de tout ceci, que la continence publique est naturellement jointe à la
propagation de l'espece.

CHAPITRE III.

De la condition des enfans.

C'EST la raison qui dicte, que, quand il y a un mariage, les enfans suivent la condition du pere; & que, quand il n'y en a point, ils ne peuvent concerner que la mere (a).

(a) C'est pour cela que chez les nations qui ont des esclaves, l'enfant suit presque toujours la condition de la mere.

CHAPITRE IV.

Des familles.

IL est presque reçu partout que la femme passe dans la famille du mari. Le contraire est, sans aucun inconvénient, établi à *Formose* (a), où le mari va former celle de la femme.

Cette loi, qui fixe la famille dans une suite de personnes du même sexe, contribue beaucoup, indépendamment des premiers motifs, à la propagation de l'espece humaine. La famille est une

(a) Le P. *du Halde*, tome I, p. 156.

forte

forte de propriété : un homme qui a des
enfans du fexe qui ne la perpétue pas,
n'eft jamais content qu'il n'en ait de
celui qui la perpétue.

Les noms qui donnent aux hommes
l'idée d'une chofe qui femble ne devoir
pas périr, font très-propres à infpirer à
chaque famille le defir d'étendre fa du-
rée. Il y a des peuples chez lefquels les
noms diftinguent les familles : il y en
a où ils ne diftinguent que les perfonnes ;
ce qui n'eft pas fi bien.

CHAPITRE V.

De divers ordres de femmes légitimes.

QUELQUEFOIS les loix & la religion ont établi plufieurs fortes de conjonctions civiles ; & cela eft ainfi chez
les Mahométans, où il y a divers ordres de femmes, dont les enfans fe reconnoiffent par la naiffance dans la maifon, ou par des contrats civils, ou même par l'efclavage de la mere, & la re-
connoiffance fubféquente du pere.

Il feroit contre la raifon, que la loi
flétrît dans les enfans ce qu'elle a ap-
prouvé dans le pere : tous ces enfans y

doivent donc fuccéder, à moins que quelque raifon particuliere ne s'y oppofe, comme au *Japon*, où il n'y a que les enfans de la femme donnée par l'empereur qui fuccedent. La politique y exige que les biens que l'empereur donne ne foient pas trop partagés, parce qu'ils font foumis à un fervice, comme étoient autrefois nos fiefs.

Il y a des pays où une femme légitime jouit dans la maifon, à peu près, des honneurs qu'a dans nos climats une femme unique : là, les enfans des concubines font cenfés appartenir à la premiere femme. Cela eft ainfi établi à la Chine. Le refpect filial (*a*), la cérémonie d'un deuil rigoureux, ne font point dus à la mere naturelle, mais à cette mere que donne la loi.

A l'aide d'une telle fiction (*b*), il n'y a plus d'enfans bâtards : & dans les pays où cette fiction n'a pas lieu, on voit bien que la loi qui légitime les enfans des concubines, eft une loi forcée ; car

(*a*) Le P. *du Halde*, tome II, p. 124.

(*b*) On diftingue les femmes en grandes & petites ; c'eft-à-dire, en légitimes ou non ; mais il n'y a point une pareille diftinction entre les enfans. C'eft la grande doctrine de l'empire, eft-il dit dans un ouvrage Chinois fur la morale, traduit par le même pere, p. 140.

ce feroit le gros de la nation qui feroit flétri par la loi. Il n'eft pas queftion non plus dans ces pays d'enfans adultérains. Les féparations des femmes, la clôture, les eunuques, les verroux, rendent la chofe fi difficile, que la loi la juge impoffible. D'ailleurs, le même glaive extermineroit la mere & l'enfant.

CHAPITRE VI.

Des bâtards dans les divers gouvernemens.

ON ne connoît donc guere les bâtards dans les pays où la polygamie eft permife ; on les connoît dans ceux où la loi d'une feule femme eft établie. Il a fallu, dans ces pays, flétrir le concubinage ; il a donc fallu flétrir les enfans qui en étoient nés.

Dans les républiques, où il eft néceffaire que les mœurs foient pures, les bâtards doivent être encore plus odieux que dans les monarchies.

On fit peut-être à Rome des difpofitions trop dures contr'eux. Mais les inftitutions anciennes mettant tous les citoyens dans la néceffité de fe marier, les

D ij

mariages étant d'ailleurs adoucis par la
permiffion de répudier ou de fairé divorce, il n'y avoit qu'une très-grande corruption de mœurs qui pût porter au
concubinage,

Il faut remarquer, que la qualité de
citoyen étant confidérable dans les dé-
mocraties, où elle emportoit avec elle
la fouveraine puiffance, il s'y faifoit fouvent des loix fur l'état des bâtards, quî
avoient moins de rapport à la chofe même & à l'honnêteté du mariage, qu'à la
conftitution particuliere de la république. Ainfi, le peuple a quelquefois reçu
pour citoyens (*a*) les bâtards, afin d'augmenter fa puiffance contre les grands.
Ainfi, à Athènes le peuple retrancha les
bâtards du nombre des citoyens, pour
avoir une plus grande portion du bled
que lui avoit envoyé le roi d'Egypte.
Enfin, *Ariftote* (*b*) nous apprend que,
dans plufieurs villes, lorfqu'il n'y avoit
pas affez de citoyens, les bâtards fuccédoient; & que, quand il y en avoit
affez, ils ne fuccédoient pas.

(*a*) Voyez *Ariftote*, politique, liv. VI, ch. IV.
(*b*) Ibid. liv. III, ch. III.

CHAPITRE VII.

Du conſentement des peres au mariage.

Le conſentement des peres eſt fondé ſur leur puiſſance, c'eſt-à-dire, ſur leur droit de propriété ; il eſt encore fondé ſur leur amour, ſur leur raiſon, & ſur l'incertitude de celle de leurs enfans, que l'âge tient dans l'état d'ignorance, & les paſſions dans l'état d'yvreſſe.

Dans les petites républiques ou inſtitutions ſingulieres dont nous avons parlé, il peut y avoir des loix qui donnent aux magiſtrats une inſpection ſur les mariages des enfans des citoyens, que la nature avoit déja donnée aux peres. L'amour du bien public y peut être tel, qu'il égale ou ſurpaſſe tout autre amour. Ainſi *Platon* vouloit que les magiſtrats réglaſſent les mariages : ainſi les magiſtrats Lacédémoniens les dirigeoient-ils.

Mais, dans les inſtitutions ordinaires, c'eſt aux peres à marier leurs enfans : leur prudence à cet égard ſera toujours audeſſus de toute autre prudence. La nature donne aux peres un déſir de procurer à leurs enfans des ſucceſſeurs, qu'ils fentent à peine pour eux-mêmes : dans les divers dégrés de progéniture, ils fe voient avancer infenfiblement vers l'a-venir. Mais que feroit-ce, fi la vexation & l'avarice alloient au point d'ufurper l'autorité des peres? Ecoutons *Thomas Gage* (*a*) fur la conduite des Efpagnols dans les Indes.

» Pour augmenter le nombre des gens » qui paient le tribut, il faut que tous » les Indiens qui ont quinze ans fe ma-» rient ; & même on a reglé le temps du » mariage des Indiens à quatorze ans pour » les mâles, & à treize pour les filles. On » fe fonde fur un canon qui dit, que la » malice peut fuppléer à l'âge. « Il vit fai-re un de ces dénombremens : c'étoit, dit-il, une chofe honteufe. Ainfi, dans l'action du monde qui doit être la plus libre, les Indiens font encore efclaves.

(*a*) Relation de *Thomas Gage*, p. 171.

CHAPITRE VIII.
Continuation du même fujet.

E N Angleterre, les filles abufent fou-vent de la loi, pour fe marier à leur fan-taifie, fans confulter leurs parens. Je ne

fçais pas fi cet ufage n'y pourroit pas être
plus toléré qu'ailleurs, par la raifon que
les loix n'y ayant point établi un célibat
monaftique, les filles n'y ont d'état à
prendre que celui du mariage, & ne
peuvent s'y refufer. En France, au
contraire, où le monachifme eft établi,
les filles ont toujours la reffource du célibat; & la loi qui leur ordonne d'attendre le confentement des peres, y pourroit être plus convenable. Dans cette
idée, l'ufage d'Italie & d'Efpagne feroit le moins raifonnable : le monachifme y eft établi, & l'on peut s'y marier
fans le confentement des peres.

CHAPITRE IX.

Des filles.

LES filles, que l'on ne conduit que par
le mariage aux plaifirs & à la liberté, qui
ont un efprit qui n'ofe penfer, un cœur
qui n'ofe fentir, des yeux qui n'ofent
voir, des oreilles qui n'ofent entendre,
qui ne fe préfentent que pour fe montrer ftupides, condamnées fans relâche
à des bagatelles & à des préceptes, font

D iv

affez portées au mariage : ce font les gaɛ çons qu'il faut encourager.

CHAPITRE X.

Ce qui détermine au mariage.

PARTOUT où il fe trouve une place où deux perfonnes peuvent vivre commodément, il fe fait un mariage. La nature y porte affez, lorfqu'elle n'eft point arrêtée par la difficulté de la fubfiftance.

Les peuples naiffans fe multiplient & croiffent beaucoup. Ce feroit chez eux une grande incommodité de vivre dans le célibat : ce n'en eft point une d'avoir beaucoup d'enfans. Le contraire arrive , lorfque la nation eft formée.

CHAPITRE XI.

De la dureté du gouvernement.

LES gens qui n'ont abfolument rien , comme les mendians , ont beaucoup d'enfans. C'eft qu'ils font dans le cas des peuples naiffans : il n'en coûte rien au pere, pour donner fon art à fes en-

fans, qui même font en naiffant des inf-
trumens de cet art. Ces gens, dans un
pays riche ou fuperftitieux, fe multiplient, parce qu'ils n'ont pas les charges
de la fociété, mais font eux-mêmes les
charges de la fociété. Mais les gens qui
ne font pauvres que parce qu'ils vivent
dans un gouvernement dur, qui regardent leur champ moins comme le fondement de leur fubfiftance que comme un
prétexte à la vexation; ces gens-là, dis-
je, font peu d'enfans : ils n'ont pas même
leur nourriture ; comment pourroient-
ils fonger à la partager ? ils ne peuvent
fe foigner dans leurs maladies ; comment pourroient-ils élever des créatu-
res qui font dans une maladie continuelle, qui eft l'enfance ?

C'eft la facilité de parler, & l'impuif-
fance d'examiner, qui ont fait dire que
plus les fujets étoient pauvres, plus les
familles étoient nombreufes; que plus
on étoit chargé d'impôts, plus on fe mettoit en état de les payer : deux fophif-
mes qui ont toujours perdu, & qui per-
dront à jamais les monarchies.

La dureté du gouvernement peut aller jufqu'à détruire les fentimens naturels, par les fentimens naturels mêmes.

D v

Les femmes de l'Amérique (a) ne se fai-
soient-elles pas avorter, pour que leurs
enfans n'eussent pas des maîtres aussi
cruels ?

(a) Relation de *Thomas Gage*, p. 58.

CHAPITRE XII.

Du nombre des filles & des garçons, dans différens pays.

J'AI déja dit (a) qu'en Europe il naît
un peu plus de garçons que de filles. On
a remarqué qu'au Japon (b), il naissoit
un peu plus de filles que de garçons :
toutes choses égales, il y aura plus de
femmes fécondes au Japon qu'en Europe, & par conséquent plus de peuple.

Des relations (c) disent qu'à Bantam
il y a dix filles pour un garçon : une dis-
proportion pareille, qui feroit que le
nombre des familles y feroit au nombre
de celles des autres climats comme un
est à cinq & demi, seroit excessive. Les
familles y pourroient être plus grandes

(a) Au liv. XVI, ch. IV.
(b) Voyez Kempfer, qui rapporte un dénombre-
ment de Méaco.
(c) Recueil des voyages qui ont servi à l'établissement de la compagnie des Indes, tom. I, p. 347.

à la vérité : mais il y a peu de gens affez aifés pour pouvoir entretenir une fi grande famille.

CHAPITRE XIII.

Des ports de mer.

D A N S les ports de mer , où les hommes s'expofent à mille dangers , & vont mourir ou vivre dans des climats reculés , il y a moins d'hommes que de femmes ; cependant on y voit plus d'enfans qu'ailleurs : cela vient de la facilité de la fubfiftance. Peut-être même que les parties huileufes du poiffon font plus propres à fournir cette matiere qui fert à la génération. Ce feroit une des caufes de ce nombre infini de peuple qui eft au Japon (a) & à la Chine (b) , où l'on ne vit prefque que de poiffon (c). Si cela étoit , de certaines régles monaftiques , qui obligent de vivre de poiffon, feroient contraires à l'efprit du légiflateur même.

(a) Le Japon eft compofé d'ifles ; il y a beaucoup de rivages, & la mer y eft très-poiffonneufe.

(b) La Chine eft pleine de ruiffeaux.

(c) Voyez le P. du Halde, tom. II, p. 139, 142 & fuivantes.

D vj

CHAPITRE XIV.

Des productions de la terre, qui deman-
dent plus ou moins d'hommes.

LES pays de pâturages font peu peu-
plés, parce que peu de gens y trouvent
de l'occupation ; les terres à bled oc-
cupent plus d'hommes, & les vignobles
infiniment davantage.

En Angleterre (*a*) on s'eft fouvent
plaint que l'augmentation des pâturages
diminuoit les habitans ; & on obferve en
France, que la grande quantité de vignobles y eft une des grandes caufes de
la multitude des hommes.

Les pays où des mines de charbon
fourniffent des matieres propres à brûler, ont cet avantage fur les autres, qu'il
n'y faut point de forêts, & que toutes
les terres peuvent être cultivées.

Dans les lieux où croît le riz, il faut

_____

(*a*) La plupart des propriétaires des fonds de terre,
dit *Burnet*, trouvant plus de profit en la vente de leur
laine, que de leur bled, enfermerent leurs pofcf-
fions ; les communes, qui mouroient de faim, fe fou-
leverent : on propofa une loi agraire ; le jeune roi
écrivit même là-deffus : on fit des proclamations contre ceux qui avoient renfermé leurs terres. *Abrégé de*
l'hiftoire de la réform. p. 44 & 82.

de grands travaux pour ménager les eaux : beaucoup de gens y peuvent donc être occupés. Il y a plus : il y faut moins de terre pour fournir à la subsistance d'une famille, que dans ceux qui produisent d'autres grains : enfin, la terre qui est employée ailleurs à la nourriture des animaux, y sert immédiatement à la subsistance des hommes ; le travail que font ailleurs les animaux, est fait là par les hommes ; & la culture des terres devient pour les hommes une immense manufacture.

CHAPITRE XV.

Du nombre des habitans par rapport aux arts.

Lorsqu'il y a une loi agraire, & que les terres sont également partagées, le pays peut être très-peuplé, quoiqu'il y ait peu d'arts, parce que chaque citoyen trouve dans le travail de sa terre précisément de quoi se nourrir, & que tous les citoyens ensemble consomment tous les fruits du pays ; cela étoit ainsi dans quelques anciennes républiques.

Mais dans nos états d'aujourd'hui, les

fonds de terre font inégalement diſtri-
bués ; ils produiſent plus de fruits que
ceux qui les cultivent n'en peuvent con-
ſommer ; & ſi l'on y néglige les arts,
& qu'on ne s'attache qu'à l'agriculture,
le pays ne peut être peuplé. Ceux qui
cultivent ou font cultiver, ayant des
fruits de reſte, rien ne les engage à travailler l'année d'enſuite : les fruits ne ſeroient point conſommés par les gens oiſifs, car les gens oiſifs n'auroient pas de
quoi les acheter. Il faut donc que les arts
s'établiſſent, pour que les fruits ſoient
conſommés par les laboureurs & les artiſans. En un mot, ces états ont beſoin
que beaucoup de gens cultivent au-delà
de ce qui leur eſt néceſſaire : pour cela,
il faut leur donner envie d'avoir le ſuper-
flu ; mais il n'y a que les artiſans qui le
donnent.

Ces machines, dont l'objet eſt d'abréger l'art, ne ſont pas toujours utiles. Si
un ouvrage eſt à un prix médiocre, &
qui convienne également à celui qui l'a-
chete & à l'ouvrier qui l'a fait, les machines qui en ſimplifieroient la manufacture, c'eſt-à-dire qui diminueroient le
nombre des ouvriers, ſeroient pernicieu-
ſes ; & ſi les moulins à eau n'étoient pas

partout établis, je ne les croirois pas
auſſi utiles qu'on le dit, parce qu'ils ont
fait repoſer une infinité de bras, qu'ils
ont privé bien des gens de l'uſage des
eaux, & on fait perdre la fécondité à
beaucoup de terres.

CHAPITRE XVI.

*Des vues du légiſlateur ſur la propagation
de l'eſpece.*

LES réglemens ſur le nombre des citoyens dépendent beaucoup des circonſtances. Il y a des pays où la nature
a tout fait; le légiſlateur n'y a donc rien
à faire. A quoi bon engager par des loix
à la propagation, lorſque la fécondité
du climat donne aſſez de peuple? Quelquefois le climat eſt plus favorable que
le terrein; le peuple s'y multiplie, &
les famines le détruiſent : c'eſt le cas où
ſe trouve la Chine; auſſi un pere y vend-
t'il ſes filles, & expoſe ſes enfans. Les
mêmes cauſes operent au Tonquin (a)
les mêmes effets; & il ne faut pas, comme les voyageurs Arabes dont *Re-*
naudot nous a donné la relation, aller

(a) Voyages de *Dampierre*, tom. II, p. 41.

chercher l'opinion (*a*) de la métempfycofe pour cela.

Les mêmes raifons font que, dans
l'ifle Formofe (*b*), la religion ne permet pas aux femmes de mettre des enfans
au monde qu'elles n'aient trente-cinq
ans : avant cet âge, la prêtreffe leur foule ventre, & les fait avorter.

(*a*) Pag. 167.
(*b*) Voyez le recueil des voyages qui ont fervi à
l'établiffement de la compagnie des Indes, tom. V,
part. I, p. 182 & 188.

CHAPITRE XVII.

De la Grèce, & du nombre de fes habi-tans.

CET effet qui tient à des caufes phy-
fiques dans de certains pays d'orient,
la nature du gouvernement le produifit
dans la Grèce. Les Grecs étoient une
grande nation, compofée de villes qui
avoient chacune leur gouvernement &
leurs loix. Elles n'étoient pas plus con-
quérantes que celles de Suiffe, de Hollande & d'Allemagne ne le font aujour-
d'hui : dans chaque république, le légiflateur avoit eu pour objet le bon-

heur des citoyens au dedans, & une puiſſance au dehors qui ne fût pas inférieure à celle des villes voiſines (*a*). Avec un petit territoire & une grande félicité, il étoit facile que le nombre des citoyens augmentât, & leur devînt à charge : auſſi firent-ils ſans ceſſe des (*b*) colonies ; ils ſe vendirent pour la guerre, comme les Suiſſes font aujourd'hui : rien ne fut négligé de ce qui pouvoit empêcher la trop grande multiplication des enfans.

Il y avoit chez eux des républiques dont la conſtitution étoit ſinguliere. Des peuples ſoumis étoient obligés de fournir la ſubſiſtance aux citoyens : les Lacédémoniens étoient nourris par les Ilotes ; les Crétois, par les Périéciens ; les Theſſaliens, par les Péneſtes. Il ne devoit y avoir qu'un certain nombre d'hommes libres, pour que les eſclaves fuſſent en état de leur fournir la ſubſiſtance. Nous diſons aujourd'hui qu'il faut borner le nombre des troupes réglées ; or Lacédémone étoit une armée entretenue par des payſans, il falloit

(*a*) Par la valeur, la diſcipline, & les exercices militaires.

(*b*) Les Gaulois, qui étoient dans le même cas, firent de même.

donc borner cette armée ; fans cela, les
hommes libres, qui avoient tous les
avantages de la fociété, fe feroient mul-
tipliés fans nombre, & les laboureurs auroient été accablés.

Les politiques Grecs s'attacherent
donc particuliérement à régler le nombre des citoyens. *Platon* (*a*) le fixe à
cinq mille quarante ; & il veut que l'on
arrête, ou que l'on encourage la propagation, felon le befoin, par les honneurs, par la honte, & par les avertif-
femens des vieillards ; il veut même (*b*)
que l'on régle le nombre des mariages,
de maniere que le peuple fe répare fans
que la république foit furchargée.

Si la loi du pays, dit *Ariftote* (*c*),
défend d'expofer les enfans, il faudra
borner le nombre de ceux que chacun
doit engendrer. Si l'on a des enfans au-
delà du nombre défini par la loi, il con-
feille (*d*) de faire avorter la femme avant
que le fœtus ait vie.

Le moyen infâme qu'employoient les
Crétois pour prévenir le trop grand
nombre d'enfans, eft rapporté par *Arif-*

(*a*) Dans fes loix, liv. V.
(*b*) République, liv. V.
(*c*) Polit. liv. VII, ch. XVI.
(*d*) Ibid.

tote ; & j'ai fenti la pudeur effrayée ,
quand j'ai voulu le rapporter.

Il y a des lieux, dit encore *Ariftote* (a),
où la loi fait citoyens les étrangers, ou
les bâtards, ou ceux qui font feulement
nés d'une mere citoyenne : mais dès
qu'ils ont affez de peuple , ils ne le font
plus. Les fauvages de Canada font brûler leurs prifonniers : mais lorfqu'ils ont
des cabanes vuides à leur donner , ils les
reconnoiffent de leur nation.

Le chevalier *Petty* a fuppofé , dans fes
calculs, qu'un homme en Angleterre
vaut ce qu'on le vendroit à Alger (b).
Cela ne peut être bon que pour l'Angleterre : il y a des pays où un homme
ne vaut rien, il y en a où il vaut moins
que rien.

(a) Polit. liv. III, ch. III.
(b) Soixante livres fterlings.

CHAPITRE XVIII.

De l'état des peuples avant les Romains.

L'I T A L I E , la Sicile , l'Afie mineure,
l'Efpagne , la Gaule, la Germanie ,
étoient à peu près comme la Grèce
pleines de petits peuples,& regorgeoient

d'habitans : n'on y avoit pas befoin de loix pour en augmenter le nombre.

CHAPITRE XIX.

Dépopulation de l'univers.

TOUTES ces petites républiques furent englouties dans une grande, & l'on vit infenfiblement l'univers fe dépeupler : il n'y a qu'à voir ce qu'étoient l'Italie & la Grèce, avant & après les victoires des Romains.

» On me demandera, dit *Tite-Live* (a), » où les Volfques ont pu trouver affez de » foldats pour faire la guerre, après avoir » été fi fouvent vaincus. Il falloit qu'il y » eût un peuple infini dans ces contrées, » qui ne feroient aujourdhui qu'un défert, » fans quelques foldats & quelques efcla-» ves Romains. «

» Les oracles ont ceffé, dit *Plutar-* » *que* (b), parce que les lieux où ils par-» loient font détruits ; à peine trouve-» roit-t'on aujourd'hui dans la Grèce trois » mille hommes de guerre. «

(a) Liv. VI.
(b) Œuvres morales, des oracles qui ont ceffé.

» Je ne décrirai point, dit *Strabon* (a), «
l'Epire & les lieux circonvoifins, parce «
que ces pays font entiérement déferts. «
Cette dépopulation, qui a commencé «
depuis long-temps, continue tous les «
jours; de forte que les foldats Romains «
ont leur camp dans les maifons aban- «
données. « Il trouve la caufe de ceci
dans *Polybe*, qui dit que *Paul-Emile*
après fa victoire, détruifit foixante &
dix villes de l'Epire, & en emmena cent
cinquante mille efclaves.

(a) Lɪᴠ, VII, p. 496.

CHAPITRE XX.

Que les Romains furent dans la néceffité
de faire des loix pour la propagation de
l'efpece.

Lᴇs Romains, en détruifant tous les
peuples, fe détruifoient eux-mêmes:
fans ceffe dans l'action, l'effort & la
violence, ils s'ufoient, comme une ar-
me dont on fe fert toujours.

Je ne parlerai point ici de l'attention
qu'ils eurent à fe donner des citoyens (a)

(a) J'ai traité ceci dans les Confidérations fur les
caufes de la grandeur des Romains, &c.

à mefure qu'ils en perdoient, des affo-
ciations qu'ils firent, des droits de cité
qu'ils donnerent, & de cette pépiniere
immenfe de citoyens qu'ils trouverent
dans leurs efclaves. Je dirai ce qu'ils
firent, non pas pour réparer la perte des
citoyens, mais celle des hommes ; &
comme ce fut le peuple du monde qui
fçut le mieux accorder fes loix avec fes
projets, il n'eft point indifférent d'examiner ce qu'il fit à cet égard.

CHAPITRE XXI.

Des loix des Romains fur la propagation de l'efpece.

LES anciennes loix de Rome chercherent beaucoup à déterminer les citoyens au mariage. Le fénat & le peuple firent fouvent des réglemens là-deffus, comme le dit *Augufte* dans fa harangue rapportée par *Dion* (a).

Denys d'Halicarnaffe (b) ne peut croire, qu'après la mort des trois cent cinq
Fabiens exterminés par les Véiens, il ne
fût refté de cette race qu'un feul enfant ;
parce que la loi ancienne, qui ordon-

(a) Liv. LVI.   (b) Liv. II.

nʹoit à chaque citoyen de ſe marier &
d'élever tous ſes enfans, étoit encore
dans ſa vigueur (a).

Indépendamment des loix, les cenſeurs eurent l'œil ſur les mariages; &,
ſelon les beſoins de la république, ils y
engagerent (b) & par la honte & par les
peines.

Les mœurs, qui commencerent à ſe
corrompre, contribuerent beaucoup à
dégoûter les citoyens du mariage, qui
n'a que des peines pour ceux qui n'ont
plus de ſens pour les plaiſirs de l'innocence. C'eſt l'eſprit de cette (c) harangue que *Metellus Numidicus* fit au peuple dans ſa cenſure. » S'il étoit poſſible «
de n'avoir point de femme, nous nous «
délivrerions de ce mal : mais comme la «
nature a établi que l'on ne peut guere «
vivre heureux avec elles, ni ſubſiſter «
ſans elles, il faut avoir plus d'égards à «
notre conſervation, qu'à des ſatisfac- «
tions paſſageres. «

La corruption des mœurs détruiſit la

(a) L'an de Rome 277.

(b) Voyez, ſur ce qu'ils firent à cet égard, *Tite-Live*, liv. XLV; l'épitôme de *Tite-Live*, liv. LIX; *Aulugelle*, liv. I, ch. VI; *Valere Maxime*, liv. II, ch. XIX.

(c) Elle eſt dans Aulugelle, liv. I, ch. VI.

cenfure, établie elle-même pour détruire la corruption des mœurs : mais lorfque cette corruption devient génerale,
la cenfure n'a plus de force (*a*).

Les difcordes civiles, les triumvirats,
les profcriptions, affoiblirent plus Rome
qu'aucune guerre qu'elle eût encore faite : il reftoit peu de citoyens (*b*) , & la
plupart n'étoient pas mariés. Pour remédier à ce dernier mal , *Céfar & Augufte* rétablirent la cenfure , & voulu-
rent (*c*) même être cenfeurs. Ils firent
divers réglemens : *Céfar* (*d*) donna des
récompenfes à ceux qui avoient beaucoup d'enfans ; il défendit (*e*) aux femmes qui avoient moins de quarante-cinq
ans , & qui n'avoient ni maris ni enfans ,
de porter des pierreries , & de fe fervir
de litieres : méthode excellente d'attaquer le célibat par la vanité. Les loix
d'*Augufte* (*f*) furent plus preffantes :
il impofa (*g*) des peines nouvelles à ceux

(*a*) Voyez ce que j'ai dit au liv. V, ch. XIX.
(*b*) Céfar, après la guerre civile, ayant fait faire
le cens, il ne s'y trouva que cent cinquante mille
chefs de famille. Epitôme de *Florus* fur *Tite-Live* ,
douziéme décade.
(*c*) Voyez Dion , liv. XLIII, & Xiphil. *in Auguft.*
(*d*) Dion , liv. XLIII ; Suétone , vie de *Céfar* , ch.
XX ; Appien , liv. II de la guerre civile.
(*e*) *Eufebe* , dans fa chronique.
(*f*) Dion , liv. LIV.   (*g*) L'an 736 de Rome.

qui

qui n'étoient point mariés, & augmenta les récompenses de ceux qui l'étoient, & de ceux qui avoient des enfans. *Tacite* appelle ces loix *Juliennes* (a) ; il y a apparence qu'on y avoit fondu les anciens réglemens faits par le sénat, le peuple & les censeurs.

La loi d'*Auguste* trouva mille obstacles ; & trente - quatre ans (b) après qu'elle eut été faite, les chevaliers Romains lui en demanderent la révocation. Il fit mettre d'un côté ceux qui étoient mariés, & de l'autre ceux qui ne l'étoient pas : ces derniers parurent en plus grand nombre ; ce qui étonna les citoyens & les confondit. *Auguste*, avec la gravité des anciens censeurs, leur parla ainsi (c).

» Pendant que les maladies & les guerres nous enlevent tant de citoyens, que deviendra la ville, si on ne contracte plus de mariages ? La cité ne consiste point dans les maisons, les portiques, les places publiques : ce sont les hommes qui font la cité. Vous ne ver-

(a) *Julias rogationes*, annal. liv. III.
(b) L'an 762 de Rome, Dion, liv. LVI.
(c) J'ai abrégé cette harangue, qui est d'une longueur accablante : elle est rapportée dans *Dion*, liv. LVI.

» rez point, comme dans les fables, for-
» tir des hommes de deſſous la terre, pour
» prendre ſoin de vos affaires. Ce n'eſt point
» pour vivre ſeuls, que vous reſtez dans
» le célibat : chacun de vous a des com-
» pagnes de ſa table & de ſon lit, & vous
» ne cherchez que la paix dans vos déré-
» glemens. Citerez-vous ici l'exemple des
» vierges Veſtales? Donc ſi vous ne gar-
» diez pas les loix de la pudicité, il fau-
» droit vous punir comme elles. Vous
» êtes également mauvais citoyens, ſoit
» que tout le monde imite votre exemple,
» ſoit que perſonne ne le ſuive. Mon uni-
» que objet eſt la perpétuité de la répu-
» blique. J'ai augmenté les peines de ceux
» qui n'ont point obéi ; & à l'égard des
» récompenſes, elles ſont telles que je ne
» ſçache pas que la vertu en ait encore eu
» de plus grandes : il y en a de moindres,
» qui portent mille gens à expoſer leur
» vie ; & celles-ci ne vous engageroient
» pas à prendre une femme, & à nourrir
» des enfans? «

Il donna la loi qu'on nomma de ſon
nom *Julia*, & *Pappia Poppæa* du nom
des conſuls (*a*) d'une partie de cette

(*a*) *Marcus Pappius Mutilus, & Q. Poppæus Sabi-
nus. Dion, liv. LVI.*

année-là. La grandeur du mal paroiſſoit dans leur élection même : *Dion* (*a*) nous dit qu'ils n'étoient point mariés, & qu'ils n'avoient point d'enfans.

Cette loi d'*Auguſte* fut proprement un code de loix & un corps ſyſtématique de tous les réglemens qu'on pouvoit faire ſur ce ſujet. On y refondit les loix Juliennes (*b*), & on leur donna plus de force : elles ont tant de vues, elles influent ſur tant de choſes, qu'elles forment la plus belle partie des loix civiles des Romains.

On en trouve (*c*) les morceaux difperſés dans les précieux fragmens d'*Ulpien*, dans les loix du digeſte tirées des auteurs qui ont écrit ſur les loix Pappiennes, dans les hiſtoriens & les autres auteurs qui les ont citées, dans le code Théodoſien qui les a abrogées, dans les peres qui les ont cenſurées, ſans doute avec un zèle louable pour les choſes de l'autre vie, mais avec très-peu de connoiſſance des affaires de celle-ci.

Ces loix avoient pluſieurs chefs, &

(*a*) Dion, liv. LVI.
(*b*) Le titre 14 des fragmens d'*Ulpien* diſtingue fort bien la loi Julienne de la Pappienne.
(*c*) *Jacques Godefroi* en a fait une compilation

E ij

l'on en connoît trente-cinq (*a*). Mais
allant à mon sujet le plus directement
qu'il me sera possible, je commencerai
par le chef qu'*Aulugelle* (*b*) nous dit
être le septiéme, & qui regarde les honneurs & les récompenses accordés par
cette loi.

Les Romains, sortis pour la plupart
des villes Latines, qui étoient des colonies Lacédémoniennes (*c*), & qui
avoient même tiré de ces villes (*d*) une
partie de leurs loix, eurent, comme les
Lacédémoniens, pour la vieillesse, ce
respect qui donne tous les honneurs &
toutes les préséances. Lorsque la république manqua de citoyens, on accorda
au mariage & au nombre des enfans les
prérogatives que l'on avoit données à
l'âge (*e*); on en attacha quelques-unes
au mariage seul, indépendamment des
enfans qui en pourroient naître : cela
s'appelloit le droit des maris. On en donna d'autres à ceux qui avoient des en-

---

(*a*) Le trente-cinquiéme est cité dans la loi XIX ;
ff. de ritu nuptiarum.
(*b*) Liv. II, ch. XV.
(*c*) Denys d'Halicarnasse,
(*d*) Les députés de Rome qui furent envoyés pour
chercher des loix Grecques, allerent à Athènes & dans
les villes d'Italie.
(*e*) *Aulugelle*, liv. II, ch. XV.

fans, de plus grandes à ceux qui avoient trois enfans. Il ne faut pas confondre ces trois chofes. Il y avoit de ces priviléges dont les gens mariés jouiffoient toujours, comme, par exemple, une place particuliere au théâtre (a) ; il y en avoit dont ils ne jouiffoient que lorfque des gens qui avoient des enfans, ou qui en avoient plus qu'eux, ne les leur ôtoient pas.

Ces priviléges étoient très-étendus. Les gens mariés qui avoient le plus grand nombre d'enfans, étoient toujours préférés (b), foit dans la pourfuite des honneurs, foit dans l'exercice de ces honneurs mêmes. Le conful qui avoit le plus d'enfans, prenoit le premier les faifceaux (c), il avoit le choix des provinces (d) ; le fénateur qui avoit le plus d'enfans, étoit écrit le premier dans le catalogue des fénateurs ; il difoit au fénat fon avis le premier (e). L'on pouvoit parvenir avant l'âge aux magiftratures, parce que chaque enfant donnoit difpenfe d'un an (f). Si l'on avoit trois

(a) Suétone, in Augufto, ch. XLIV.
(b) Tacite, liv. II. Ut numerus liberorum in candiatis præpolleret, quod lex jubebat.
(c) Aulugelle, liv. II, ch. XV.
(d) Tacite, annal. liv. XV.
(e) Voyez la loi VI, §. 5, de decurion.
(f) Voyez la loi II, ff. de minorib.

enfans à Rome, on étoit exempt de toutes charges perfonnelles (*a*). Les femmes ingénues qui avoient trois enfans,
& les affranchis qui en avoient quatre,
fortoient (*b*) de cette perpétuelle tutel-
le, où les retenoient (*c*) les anciennes
loix de Rome.

Que s'il y avoit des récompenfes, il y
avoit auffi des peines (*d*). Ceux qui n'é-
toient point mariés, ne pouvoient rien
recevoir par le teftament des (*e*) étrangers; & ceux qui, étant mariés, n'a-
voient pas d'enfans, n'en recevoient que
la moitié (*f*). Les Romains, dit *Plutarque* (*g*), fe marioient pour être héritiers,
& non pour avoir des héritiers.

Les avantages qu'un mari & une femme pouvoient fe faire par teftament,
étoient limités par la loi. Ils pouvoient
fe donner le tout (*h*), s'ils avoient des

(*a*) Loi I & II, ff. *de vacatione*, & *excufat. muner;*
(*b*) Fragm. d *Ulpien*, tit. 29, §. 3.
(*c*) *Plutarque*, vie de Numa.
(*d*) Voyez les fragm. d'*Ulpien*, aux tit. 14, 15, 16,
17 & 18, qui font un des beaux morceaux de l'ancienne jurifprudence Romaine.
(*e*) *Sozom.* liv. I, ch. IX. On recevoit de fes parens; frag. d'*Ulpien*, tit. 16, §. 1.
(*f*) *Sozom.* liv. I, ch. IX, & leg. unic. cod. Theod;
de infirm. pœnis cœlib. & orbitat.
(*g*) Œuvres morales, de l'amour des pères envers
leurs enfans.
(*h*) Voyez un plus long détail de ceci dans les
fragmens d'*Ulpien*, tit. 15 & 16.

enfans l'un de l'autre ; s'ils n'en avoient point, ils pouvoient recevoir la dixiéme partie de la fucceffion, à caufe du mariage ; & s'ils avoient des enfans d'un autre mariage, ils pouvoient fe donner autant de dixiémes qu'ils avoient d'enfans.

Si un mari s'abfentoit (*a*) d'auprès de fa femme, pour autre caufe que pour les affaires de la république, il ne pouvoit en être l'héritier.

La loi donnoit à un mari ou à une femme qui furvivoit, deux ans (*b*) pour fe remarier : & un an & demi dans le cas du divorce. Les peres qui ne vouloient pas marier leurs enfans, ou donner de dot à leurs filles, y étoient contraints par les magiftrats (*c*).

On ne pouvoit faire de fiançailles lorfque le mariage devoit être différé

(*a*) Fragm. d'*Ulpien*, tit. 16, §. 1.
(*b*) Fragm. d'*Ulpien*, tit. 14. Il paroit que les premieres loix Juliennes donnerent trois ans. Harangue d'*Augufte* dans *Dion*, liv. LVI : *Suétone*, vie d'*Augufte*, ch. XXXIV. D'autres loix Juliennes n'accorderent qu'un an : enfin la loi Pappienne en donna deux. Fragm. d'*Ulpien*, tit. 14. Ces loix n'étoient point agréables au peuple ; & *Augufte* les tempéroit, ou les roidiffoit, felon qu'on étoit plus ou moins difpofé à les fouffrir.
(*c*) C'étoit le trente-cinquiéme chef de la loi Pappienne, *leg*. 19, ff. *de ritu nuptiarum*.

E iv

de plus de deux ans (*a*); & comme on
ne pouvoit époufer une fille qu'à douze
ans, on ne pouvoit la fiancer qu'à dix.
La loi ne vouloit pas que l'on pût jouir
inutilement (*b*), & fous prétexte de
fiançailles, des priviléges des gens mariés.

Il étoit défendu à un homme qui avoit
foixante ans (*c*) d'époufer une femme
qui en avoit cinquante. Comme on avoit
donné de grands priviléges aux gens
mariés, la loi ne vouloit point qu'il y
eût des mariages inutiles. Par la même
raifon, le fénatus-confulte Calvifien déclaroit inégal (*d*) le mariage d'une femme qui avoit plus de cinquante ans, avec
un homme qui en avoit moins de foixante : de forte qu'une femme qui avoit cinquante ans ne pouvoit fe marier, fans
encourir les peines de ces loix. *Tibere*
ajouta (*e*) à la rigueur de la loi Pappienne, & défendit à un homme de foixante ans d'époufer une femme qui en

(*a*) Voyez *Dion*, liv. LIV, anno 736; Suétone,
in Octavio, ch. XXXIV.
(*b*) Voyez *Dion*, liv. LIV; & dans le même *Dion*;
la harangue d'*Augufte*, liv. LVI.
(*c*) Frag. d'*Ulpien*, tit. 16; & la loi XXVII, cod
de nuptiis.
(*d*) Fragm. d'*Ulpien*, tit. 16, §. 3.
(*e*) Veyez Suétone, *in Claudie*, ch. XXIII.

avoit moins de cinquante; de forte qu'un homme de foixante ans ne pouvoit fe marier dans aucun cas, fans encourir la peine : mais *Claude* (a) abrogea ce qui avoit été fait fous *Tibere* à cet égard.

Toutes ces difpofitions étoient plus conformes au climat d'Italie qu'à celui du nord, où un homme de foixante ans a encore de la force, & où les femmes de cinquante ans ne font pas généralement ftériles.

Pour que l'on ne fût pas inutilement borné dans le choix que l'on pouvoit faire, *Augufte* permit à tous les ingénus qui n'étoient pas fénateurs (b) d'époufer des affranchies (c). La loi (d) Pappienne interdifoit aux fénateurs le mariage avec les femmes qui avoient été affranchies, ou qui s'étoient produites fur le théâtre ; & du temps d'*Ulpien* (e), il étoit défendu aux ingénus d'époufer des femmes qui avoient mené une mauvaife vie, qui étoient montées fur le théâtre, ou qui avoient été condam

(a) Voyez *Suétone*, vie de Claude, ch. XXIII; & les fragm. d'*Ulpien*, tit. 16, §. 3.

(b) *Dion*, liv. LIV; frag. d'*Ulpien*, tit. 13.

( ) Harangue d'*Augufte*, dans *Dion*, liv. LVI.

(d) Frag. d'*Ulpien*, ch. 13 ; & la loi XLIV, au ff. *de ritu nuptiarum*, à la fin.

(e) Voyez les fragm. d'*Ulpien*, tit. 13 & 16.

E v

nées par un jugement public. Il falloit
que ce fût quelque sénatus-consulte qui
eût établi cela. Du temps de la république, on n'avoit guere fait de ces sortes de loix, parce que les censeurs cor-
rigeoient à cet égard les désordres qui
naissoient, ou les empêchoient de naître.

Constantin (*a*) ayant fait une loi, par
laquelle il comprenoit dans la défense
de la loi Pappienne non seulement les
sénateurs, mais encore ceux qui avoient
un rang considérable dans l'état, sans
parler de ceux qui étoient d'une condition inférieure ; cela forma le droit de
ce temps-là : il n'y eut plus que les ingénus, compris dans la loi de *Constantin*,
à qui de tels mariages fussent défendus.
Justinien (*b*) abrogea encore la loi de
Constantin, & permit à toutes sortes de
personnes de contracter ces mariages :
c'est par-là que nous avons acquis une
liberté si triste.

Il est clair que les peines portées contre ceux qui se marioient contre la défense de la loi, étoient les mêmes que
celles portées contre ceux qui ne se marioient point du tout. Ces mariages ne

(*a*) Voy. la loi I, au cod. de nat. lib.
(*b*) Novel. 117.

leur donnoient aucun avantage (*a*) civil : la dot (*b*) étoit caduque (*c*) après la
mort de la femme.

Auguste ayant adjugé au trésor (*d*)
public les successions & les legs de ceux
que ces loix en déclaroient incapables,
ces loix parurent plutôt fiscales que politiques & civiles. Le dégoût que l'on
avoit déja pour une chose qui paroissoit
accablante, fut augmenté par celui de se
voir continuellement en proie à l'avidité
du fisc. Cela fit que, sous *Tibere*, on
fut obligé de modifier (*e*) ces loix, que
Néron diminua les récompenses des (*f*)
délateurs au fisc, que *Trajan* (*g*) arrêta
leurs brigandages, que *Sévere* (*h*) modifia ces loix, & que les jurisconsultes

(*a*) Loi XXXVII, ff. *de operib. libertorum ,* §. 7 :
fragm. d'*Ulpien* , tit. 16, §. 2.

(*b*) Fragm. *ibid.*

(*c*) Voy. ci-dessous le ch. XIII, du liv. XXVI.

(*d*) Excepté dans de certains cas. Voy. les fragm.
d'*Ulpien*, tit. 18 ; & la loi unique, au cod. *de caduc.
tollend.*

(*e*) *Relatum de moderandâ Pappiâ Poppxâ.* Tacite,
annal. liv. III, p. 117.

(*f*) Il les réduisit à la quatriéme partie. Suétone,
in Nerone, ch. x.

(*g*) Voyez le panégyrique de *Pline.*

(*h*) *Sévere* recula jusqu'à vingt-cinq ans pour les
mâles, & vingt pour les filles, le temps des dispositions de la loi Pappienne, comme on le voit en con-
férant le fragm. d'*Ulpien*, tit. 16, avec ce que dit
Tertullien, apologét. ch. IV.

les regarderent comme odieufes, & dans leurs décifions en abandonnerent la rigueur.

D'ailleurs les empereurs énerverent ces loix (*a*), par les priviléges qu'ils donnerent des droits de maris, d'enfans, & de trois enfans. Ils firent plus ; ils difpenferent les particuliers (*b*) des peines de ces loix. Mais des régles établies pour l'utilité publique, fembloient ne devoir point admettre de difpenfe.

Il avoit été raifonnable d'accorder le droit d'enfans aux Veftales (*c*), que la religion retenoit dans une virginité néceffaire : on donna (*d*) de même le privilége des maris aux foldats, parce qu'ils ne pouvoient pas fe marier. C'étoit la coutume d'exempter les empereurs de la gêne de certaines loix civiles. Ainfi *Augufte* fut exempté de la gêne de la loi, qui limitoit la faculté (*e*) d'affran-

(*a*) *P. Scipion*, cenfeur, dans fa harangue au peuple fur les mœurs, fe plaint de l'abus qui déja s'étoit introduit, que le fils adoptif donnoit le même privilége que le fils naturel. *Aulug.* liv. V, ch. XIX.

(*b*) Voy. la loi XXXI, ff. *de ritu nupt.*

(*c*) *Augufte*, par la loi Pappienne, leur donna le même privilége qu'aux meres ; voy. *Dion*, liv. LVI. *Numa* leur avoit donné l'ancien privilége des femmes qui avoient trois enfans, qui eft de n'avoir point de curateur ; *Plutarque*, dans la vie de *Numa*.

(*d*) *Claude* le leur accorda, *Dion*, liv. LX.

(*e*) *Leg. apud eum*, ff. *de manumiffionib.* §. 1.

thir, & de celle qui bornoit la faculté(*a*) de léguer. Tout cela n'étoit que des cas particuliers : mais dans la fuite les difpenfes furent données fans ménagement, & la régle ne fut plus qu'une exception.

Des fectes de philofophie avoient déja introduit dans l'empire un efprit d'éloignement pour les affaires, qui n'auroit pu gagner à ce point dans le temps de la république (*b*) , où tout le monde étoit occupé des arts de la guerre & de la paix. De-là une idée de perfection attachée à tout ce qui mene à une vie fpéculative : de-là l'éloignement pour les foins & les embarras d'une famille. La religion chrétienne venant après la philofophie, fixa, pour ainfi dire, des idées que celle-ci n'avoit fait que préparer.

Le chriftianifme donna fon caractere à la jurifprudence ; car l'empire a toujours du rapport avec le facerdoce. On peut voir le code Théodofien, qui n'eft qu'une compilation des ordonnances des empereurs chrétiens.

Un panégyrifte (*c*) de *Conftantin* dit

(*a*) *Dion*, liv. LV.
(*b* Voy. dans les offices de *Cicéron*, fes idées fur cet efprit de fpéculation.
(*c*) Nazaire, *in panegyrico Conftantini*, anno 321.

à cet empereur : » Vos loix n'ont été
» faites que pour corriger les vices, & ré-
» gler les mœurs : vous avez ôté l'artifice
» des anciennes loix, qui fembloient n'a-
» voir d'autres vues que de tendre des
» piéges à la fimplicité. «

Il eft certain que les changemens de *Conftantin* furent faits, ou fur des idées qui fe rapportoient à l'établiffement du chriftianifme, ou fur des idées prifes de fa perfection. De ce premier objet, vinrent ces loix qui donnerent une telle autorité aux évêques, qu'elles ont été le fondement de la jurifdiction eccléfiaftique : de-là ces loix qui affoiblirent l'autorité paternelle (*a*), en ôtant au pere la propriété des biens de fes enfans. Pour étendre une religion nouvelle, il faut ôter l'extrême dépendance des enfans, qui tiennent toujours moins à ce qui eft établi.

Les loix faites dans l'objet de la perfection chrétienne, furent furtout celles par lefquelles il ôta les peines des loix Pappiennes (*b*), & en exempta,

(*a*) Voy. la loi I, II & III, au cod. Théod. *de bonis maternis, maternique generis, &c.* & la loi unique, au même code, *de bonis quæ filiis famil. acquiruntur.*
(*b*) Leg. unic. cod. Theod. *de infirm. pæn. cœlib. & orbit.*

tant ceux qui n'étoient point mariés, que ceux qui, étant mariés, n'avoient pas d'enfans.

» Ces loix avoient été établies, dit « un hiftorien (*a*) eccléfiaftique, comme « fi la multiplication de l'efpece humaine « pouvoit être un effet de nos foins ; au « lieu de voir que ce nombre croît & dé- « croît felon l'ordre de la providence. «

Les principes de la religion ont extrémement influé fur la propagation de l'efpece humaine : tantôt ils l'ont encouragée, comme chez les Juifs, les Mahométans, les Guébres, les Chinois : tantôt ils l'ont choquée, comme ils firent chez les Romains devenùs chrétiens.

On ne ceffa de prêcher partout la continence, c'eft-à-dire, cette vertu qui eft plus parfaite, parce que par fa nature elle doit être pratiquée par très-peu de gens.

Conftantin n'avoit point ôté les loix décimaires, qui donnoient une plus grande extenfion aux dons que le mari & la femme pouvoient fe faire à proportion du nombre de leurs enfans : Théodofe le jeune abrogea (*b*) encore ces loix.

_____

(*a*) Sozom. p. 27.
(*b*) Leg. II & III, cod. Théod. *de jur. lib.*

Justinien déclara valables (a) tous les mariages que les loix Pappiennes avoient défendus. Ces loix vouloient qu'on se remariât: *Justinien* (b) accorda des avantages à ceux qui ne se remarieroient pas.

Par les loix anciennes, la faculté naturelle que chacun a de se marier, & d'avoir des enfans, ne pouvoit être ôtée: ainsi, quand on recevoit un legs (c) à condition de ne point se marier, lorsqu'un patron faisoit jurer (d) son affranchi qu'il ne se marieroit point, & qu'il n'auroit point d'enfans, la loi Pappienne annulloit (e) & cette condition & ce serment. Les clauses, *en gardant viduité*, établies parmi nous, contredisent donc le droit ancien, & descendent des constitutions des empereurs, faites sur les idées de la perfection.

Il n'y a point de loi qui contienne une abrogation expresse des priviléges & des honneurs que les Romains païens avoient accordés aux mariages & au nombre des enfans : mais là où le célibat

(a) Leg. Sancimus, cod. *de nuptiis.*
(b Nov. 127, ch. III. Nov. 118, ch. v.
(c) Leg. LIV, ff. *de condit. & demonst.*
(d) Leg. V, §. 4 *de jure patronat.*
(e. *Paul*, dans ses sentences, liv. III, tit. §3 §. 15.

avoit la prééminence, il ne pouvoit plus y avoir d'honneur pour le mariage ; & puifque l'on put obliger les traitans à renoncer à tant de profits par l'abolition des peines, on fent qu'il fut encore plus aifé d'ôter les récompenfes.

La même raifon de fpiritualité qui avoit fait permettre le célibat, impofa bientôt la néceffité du célibat même. A dieu ne plaife que je parle ici contre le célibat qu'a adopté la religion : mais qui pourroit fe taire contre celui qu'a formé le libertinage ; celui où les deux fexes, fe corrompant par les fentimens naturels mêmes, fuient une union qui doit les rendre meilleurs, pour vivre dans celle qui les rend toujours pires ?

C'eft une régle tirée de la nature, que plus on diminue le nombre des mariages qui pourroient fe faire, plus on corrompt ceux qui font faits ; moins il y a de gens mariés, moins il y a de fidélité dans les mariages : comme lorfqu'il y a plus de voleurs, il y a plus de vols.

CHAPITRE XXII.
De l'expofition des enfans.

LES premiers Romains eurent une affez bonne police fur l'expofition des enfans. *Romulus*, dit *Denys d'Halicarnaffe (a)*, impofa à tous les citoyens la néceffité d'élever tous les enfans mâles &
les aînées des filles. Si les enfans étoient
difformes & monftrueux, il permettoit
de les expofer, après les avoir montrés
à cinq des plus proches voifins.

Romulus ne permit (b) de tuer aucun
enfant qui eût moins de trois ans : par-
là il concilioit la loi qui donnoit aux
peres le droit de vie & de mort fur leurs
enfans, & celle qui défendoit de les expofer.

On trouve encore dans *Denys d'Halicarnaffe* (c), que la loi qui ordonnoit
aux citoyens de fe marier & d'élever
tous leurs enfans, étoit en vigueur l'an
277 de Rome : on voit que l'ufage avoit
reftraint la loi de *Romulus*, qui permettoit d'expofer les filles cadettes.

(a) Antiquités Romaines, liv. II.
(b) Ibid.
(c) Liv. IX.

Nous n'avons de connoissance de ce que la loi des douze tables, donnée l'an de Rome 301, statua sur l'exposition des enfans, que par un passage de *Cicéron* (a), qui, parlant du tribunat du peuple, dit que d'abord après sa naissance, tel que l'enfant monstrueux de la loi des douze tables, il fut étouffé : les enfans qui n'étoient pas monstrueux étoient donc conservés, & la loi des douze tables ne changea rien aux institutions précédentes.

» Les Germains, dit *Tacite* (b), n'exposent point leurs enfans; & chez eux, « les bonnes mœurs ont plus de force « que n'ont ailleurs les bonnes loix. « Il y avoit donc chez les Romains des loix contre cet usage, & on ne les suivoit plus. On ne trouve aucune loi (c) Romaine, qui permette d'exposer les enfans : ce fut sans doute un abus introduit dans les derniers temps, lorsque le luxe ôta l'aisance, lorsque les richesses partagées furent appellées pauvreté, lorsque le pere crut avoir perdu ce qu'il don-

(a) Liv. III, *de legib.*
(b) *De morib. Germ.*
(c) Il n'y a point de titre là-dessus dans le digeste : le titre du code n'en dit rien, non plus que les nouvelles.

na à fa famille, & qu'il diftingua cette famille de fa propriété.

CHAPITRE XXIII.

De l'état de l'univers, après la deftruction des Romains.

LES réglemens que firent les Romains pour augmenter le nombre de leurs citoyens, eurent leur effet pendant que leur république, dans la force de fon inftitution, n'eut à réparer que les pertes qu'elle faifoit par fon courage, par fon audace, par fa fermeté, par fon amour pour la gloire, & par fa vertu même. Mais bientôt les loix les plus fages ne purent rétablir ce qu'une république mourante, ce qu'une anarchie générale, ce qu'un gouvernement militaire, ce qu'un empire dur, ce qu'un defpotifme fuperbe, ce qu'une monarchie foible, ce qu'une cour ftupide, idiote & fuperftitieufe, avoient fucceffivement abbattu : on eut dit qu'ils n'avoient conquis le monde que pour l'affoiblir, & le livrer fans défenfe aux barbares. Les nations Gothes, Géthiques, Sarrazines & Tartares, les accablerent tour-à-tour;

bientôt les peuples barbares n'eurent
à détruire que des peuples barbares. Ainfi dans le temps des fables, après les
inondations & les déluges, il fortit de
la terre des hommes armés qui s'exter-
minerent.

CHAPITRE XXIV.

*Changemens arrivés en Europe, par rap-
port au nombre des habitans.*

DANS l'état où étoit l'Europe, on
n'auroit pas cru qu'elle pût fe rétablir ;
furtout lorfque, fous *Charlemagne,* elle
ne forma plus qu'un vafte empire. Mais
par la nature du gouvernement d'alors,
elle fe partagea en une infinité de petites fouverainetés. Et comme un feigneur réfidoit dans fon village ou dans
fa ville ; qu'il n'étoit grand, riche, puiffant, que dis-je ? qu'il n'étoit en fureté
que par le nombre de fes habitans, chacun s'attacha avec une attention finguliere à faire fleurir fon petit pays : ce qui
réuffit tellement, que, malgré les irré-
gularités du gouvernement, le défaut
des connoiffances qu'on a acquifes depuis
fur le commerce, le grand nombre de

guerres & de querelles qui s'éleverent
fans ceffe, il y eut dans la plupart des
contrées d'Europe plus de peuple qu'il
n'y en a aujourd'hui.

Je n'ai pas le temps de traiter à fond
cette matiere : mais je citerai les prodi-
gieufes armées des croifés, compofées
de gens de toute efpece. M. *Pufendorff*
dit (*a*), que, fous ·*Charles IX*, il y
avoit vingt millions d'hommes en
France.

Ce font les perpétuelles réunions de
plufieurs petits états, qui ont produit
cette diminution. Autrefois chaque village de France étoit une capitale ; il n'y
en a aujourd'hui qu'une grande : Chaque
partie de l'état étoit un centre de puiffance ; aujourd'hui tout fe rapporte à un
centre ; & ce centre eft, pour ainfi dire,
l'état même.

(*a*) Hift. de l'univ. ch. V, de la France.

CHAPITRE XXV.

Continuation du même fujet.

IL eft vrai que l'Europe a, depuis deux
fiécles, beaucoup augmenté fa naviga-

tion : cela lui a procuré des habitans ,
& lui en a fait perdre. La Hollande envoie tous les ans aux Indes un grand
nombre de matelots, dont il ne revient
que les deux tiers ; le reste périt ou s'établit aux Indes : même chose doit à peu
près arriver à toutes les autres nations
qui font ce commerce.

Il ne faut point juger de l'Europe
comme d'un état particulier qui y feroit
seul une grande navigation. Cet état
augmenteroit de peuple, parce que toutes les nations voisines viendroient prendre part à cette navigation ; il y arriveroit des matelots de tous côtés : l'Europe séparée du reste du monde par la
religion (a), par de vastes mers & par
des déserts, ne se répare pas ainsi.

(a) Les pays Mahométans l'entourent presque partout.

CHAPITRE XXVI.

Conséquences.

DE tout ceci il faut conclure , que
l'Europe est encore aujourd'hui dans le
cas d'avoir besoin de loix qui favori-
sent la propagation de l'espece humai-

ne : auffi comme les politiques Grecs nous parlent toujours de ce grand nombre de citoyens qui travaillent la république, les politiques d'aujourd'hui ne nous parlent que des moyens propres à l'augmenter.

CHAPITRE XXVII.

De la loi faite en France, pour encourager la propagation de l'efpece.

LOUIS XIV ordonna (a) de certaines penfions pour ceux qui auroient dix enfans, & de plus fortes pour ceux qui en auroient douze. Mais il n'étoit pas queftion de récompenfer des prodiges. Pour donner un certain efprit général qui portât à la propagation de l'efpece, il falloit établir, comme les Romains, des récompenfes générales ou des peines générales.

(a) Edit de 1666, en faveur des mariages.

CHAPITRE

CHAPITRE XXVIII.

Comment on peut remédier à la dépopu-
lation.

Lᴏʀsǫᴜ'ᴜɴ état se trouve dépeuplé par des accidens particuliers, des
guerres, des pestes, des famines, il y a
des ressources. Les hommes qui restent
peuvent conserver l'esprit de travail &
d'industrie; ils peuvent chercher à réparer leurs malheurs, & devenir plus
industrieux par leur calamité même. Le
mal presqu'incurable est lorsque la dépopulation vient de longue main, par
un vice intérieur & un mauvais gouvernement. Les hommes y ont péri par
une maladie insensible & habituelle : nés
dans la langueur & dans la misere, dans
la violence ou les préjugés du gouvernement, ils se sont vus détruire, souvent
sans sentir les causes de leur destruction.
Les pays désolés par le despotisme, ou
par les avantages excessifs du clergé sur
les laïques, en font deux grands exemples.

Pour rétablir un état ainsi dépeuplé,
on attendroit en vain des secours des en-

Tome III.   F

fans qui pourroient naître. Il n'eft plus temps ; les hommes dans leurs déferts font fans courage & fans induftrie. Avec des terres pour nourrir un peuple, on a à peine de quoi nourrir une famille. Le bas peuple dans ces pays n'a pas même de part à leur mifere, c'eft-à-dire, aux friches dont ils font remplis. Le clergé, le prince, les villes, les grands, quelques citoyens principaux, font devenus infenfiblement propriétaires de toute la contrée : elle eft inculte ; mais les familles détruites leur en ont laiffé les pâtures, & l'homme de travail n'a rien.

Dans cette fituation, il faudroit faire dans toute l'étendue de l'empire ce que les Romains faifoient dans une partie du leur : pratiquer, dans la difette des habitans, ce qu'ils obfervoient dans l'abondance ; diftribuer des terres à toutes les familles qui n'ont rien ; leur procurer les moyens de les défricher & de les cultiver. Cette diftribution devroit fe faire à mefure qu'il y auroit un homme pour la recevoir ; de forte qu'il n'y eût point de moment perdu pour le travail.

CHAPITRE XXIX.

Des hopitaux.

UN HOMME n'eſt pas pauvre parce qu'il n'a rien, mais parce qu'il ne travaille pas. Celui qui n'a aucun bien & qui travaille, eſt auſſi à ſon aiſe que celui qui a cent écus de revenu ſans travailler. Celui qui n'a rien, & qui a un métier, n'eſt pas plus pauvre que celui qui a dix arpens de terre en propre, & qui doit les travailler pour ſubſiſter. L'ouvrier qui a donné à ſes enfans ſon art pour héritage, leur a laiſſé un bien qui s'eſt multiplié à proportion de leur nombre. Il n'en eſt pas de même de celui qui a dix arpens de fonds pour vivre, & qui les partage à ſes enfans.

Dans les pays de commerce, où beaucoup de gens n'ont que leur art, l'état eſt ſouvent obligé de pourvoir aux beſoins des vicillards, des malades & des orphelins. Un état bien policé tire cette ſubſiſtance du fonds des arts mêmes; il donne aux uns les travaux dont ils ſont capables; il enſeigne les autres à travailler, ce qui fait déja un travail.

F ij

Quelques aumônes que l'on fait à un homme nud dans les rues, ne rempliffent point les obligations de l'état, qui doit à tous les citoyens une fubfiftance affurée, la nourriture, un vêtement convenable, & un genre de vie qui ne foit point contraire à la fanté.

Aurenzebe (*a*) à qui on demandoit pourquoi il ne bâtiffoit point d'hôpitaux, dit : » Je rendrai mon empire fi riche, » qu'il n'aura pas befoin d'hôpitaux. « Il auroit fallu dire : Je commencerai par rendre mon empire riche, & je bâtirai des hôpitaux.

Les richeffes d'un état fuppofent beaucoup d'induftrie. Il n'eft pas poffible que, dans un fi grand nombre de branches de commerce, il n'y en ait toujours quelqu'une qui fouffre, & dont par conféquent les ouvriers ne foient dans une néceffité momentanée.

C'eft pour lors que l'état a befoin d'apporter un prompt fecours, foit pour empêcher le peuple de fouffrir, foit pour éviter qu'il ne fe révolte : c'eft dans ce cas qu'il faut des hôpitaux, ou quelque réglement équivalent, qui puiffe prévenir cette mifere.

(*a*) Voy. Chardin, voyage de Perfe, tom. 8.   j

Mais quand la nation eſt pauvre, la pauvreté particuliere dérive de la miſere générale ; & elle eſt, pour ainſi dire, la miſere générale. Tous les hôpitaux du monde ne ſçauroient guérir cette pauvreté particuliere : au contraire, l'eſprit de pareſſe qu'ils inſpirent, augmente la pauvreté générale, & par conſéquent la particuliere.

Henri VIII (*a*) voulant réformer l'égliſe d'Angleterre, détruiſit les moines, nation pareſſeuſe elle-même, & qui entretenoit la pareſſe des autres, parce que pratiquant l'hoſpitalité, une infinité de gens oiſifs, gentilshommes & bourgeois, paſſoient leur vie à courir de couvent en couvent. Il ôta encore les hôpitaux où le bas peuple trouvoit ſa ſubſiſtance, comme les gentilshommes trouvoient la leur dans les monaſteres. Depuis ce changement, l'eſprit de commerce & d'induſtrie s'établit en Angleterre.

A Rome, les hôpitaux font que tout le monde eſt à ſon aiſe, excepté ceux qui travaillent, excepté ceux qui ont de l'induſtrie, excepté ceux qui cultivent

(*a*) Voy. l'hiſt. de la réforme d'Angl. par M. *Burnet.*

F iij

les arts , excepté ceux qui ont des terres , excepté ceux qui font le commerce.

J'ai dit que les nations riches avoient
befoin d'hôpitaux , parce que la fortune
y étoit fujette à mille accidens : mais on
fent que des fecours paffagers vaudroient
bien mieux que des établiffemens perpé-
tuels. Le mal eft momentané : il faut
donc des fecours de même nature , &
qui foient applicables à l'accident particulier.

LIVRE XXIV.

Des loix, dans le rapport qu'elles ont avec la religion établie dans chaque pays, considérée dans ses pratiques & en elle-même.

CHAPITRE PREMIER.

Des religions en général.

COMME on peut juger parmi les ténèbres celles qui sont les moins épaisses, & parmi les abysmes ceux qui sont les moins profonds ; ainsi l'on peut chercher entre les religions fausses celles qui sont les plus conformes au bien de la société ; celles qui, quoiqu'elles n'aient pas l'effet de mener les hommes aux félicités de l'autre vie, peuvent le plus contribuer à leur bonheur dans celle-ci.

Je n'examinerai donc les diverses religions du monde, que par rapport au bien que l'on en tire dans l'état civil ; soit que je parle de celle qui a sa racine

F iv

dans le ciel, ou bien de celles qui ont la leur sur la terre.

Comme dans cet ouvrage je ne suis point théologien, mais écrivain politique, il pourroit y avoir des choses qui ne seroient entiérement vraies que dans une façon de penser humaine, n'ayant point été considérées dans le rapport avec des vérités plus sublimes.

A l'égard de la vraie religion, il ne faudra que très-peu d'équité pour voir que je n'ai jamais prétendu faire céder ses intérêts aux intérêts politiques, mais les unir : or, pour les unir, il faut les connoître.

La religion Chrétienne, qui ordonne aux hommes de s'aimer, veut sans doute que chaque peuple ait les meilleures loix politiques & les meilleures loix civiles, parce qu'elles font après elle le plus grand bien que les hommes puissent donner & recevoir.

CHAPITRE II.

Paradoxe de Bayle.

M. Bayle (a) a prétendu prouver qu'il valoit mieux être athée qu'idolâtre ; c'est-à-dire, en d'autres termes, qu'il est moins dangereux de n'avoir point du tout de religion, que d'en avoir une mauvaise. » J'aimerois mieux, dit-il, « que l'on dît de moi que je n'existe pas, « que si l'on disoit que je suis un méchant « homme. « Ce n'est qu'un sophisme, fondé sur ce qu'il n'est d'aucune utilité au genre humain que l'on croie qu'un certain homme existe, au lieu qu'il est très-utile que l'on croie que Dieu est. De l'idée qu'il n'est pas, suit l'idée de notre indépendance ; ou, si nous ne pouvons pas avoir cette idée, celle de notre révolte. Dire que la religion n'est pas un motif réprimant, parce qu'elle ne réprime pas toujours, c'est dire que les loix civiles ne sont pas un motif réprimant non plus. C'est mal raisonner contre la religion, de rassembler dans un grand ouvrage une longue énumération

(a) Pensées sur la comète, &c.

F

des maux qu'elle a produits, si l'on ne fait de même celle des biens qu'elle a faits. Si je voulois raconter tous les maux qu'ont produit dans le monde les loix civiles, la monarchie, le gouvernement républicain, je dirois des choses effroyables. Quand il seroit inutile que les sujets eussent une religion, il ne le seroit pas que les princes en eussent, & qu'ils blanchissent d'écume le seul frein que ceux qui ne craignent pas les loix humaines puissent avoir.

Un prince qui aime la religion & qui la craint, est un lion qui cede à la main qui le flatte, ou à la voix qui l'appaise: celui qui craint la religion & qui la hait, est comme les bêtes sauvages qui mordent la chaîne qui les empêche de se jetter sur ceux qui passent: celui qui n'a point du tout de religion, est cet animal terrible, qui ne sent sa liberté que lorsqu'il déchire & qu'il dévore.

La question n'est pas de sçavoir s'il vaudroit mieux qu'un certain homme ou qu'un certain peuple n'eût point de religion, que d'abuser de celle qu'il a ; mais de sçavoir quel est le moindre mal, que l'on abuse quelquefois de la religion,

ou qu'il n'y en ait point du tout parmi
les hommes.

Pour diminuer l'horreur de l'athéïf-
me, on charge trop l'idolâtrie. Il n'eft
pas vrai que, quand les anciens élevoient
des autels à quelque vice, cela fignifiât
qu'ils aimaffent ce vice : cela fignifioit
au contraire qu'ils le haïffoient. Quand
les Lacédémoniens érigerent une chapelle à la Peur, cela ne fignifioit pas que
cette nation belliqueufe lui demandât
de s'emparer dans les combats des cœurs
des Lacédémoniens. Il y avoit des di-
vinités à qui on demandoit de ne pas
infpirer le crime, & d'autres à qui on
demandoit de le détourner.

CHAPITRE III.

Que le gouvernement modéré convient
mieux à la religion Chrétienne, & le
gouvernement defpotique à la Maho-
métane.

LA religion Chrétienne eft éloignée du
pur defpotifme : c'eft que la douceur
étant fi recommandée dans l'évangile,
elle s'oppofe à la colere defpotique avec

laquelle le prince fe feroit juftice, &
exerceroit fes cruautés.

Cette religion défendant la pluralité
des femmes, les princes y font moins
renfermés, moins féparés de leurs fujets,
& par conféquent plus hommes; ils font
plus difpofés à fe faire des loix, & plus
capables de fentir qu'ils ne peuvent pas
tout.

Pendant que les princes Mahométans
donnent fans ceffe la mort ou la reçoi-
vent, la religion chez les Chrétiens rend
les princes moins timides, & par conféquent moins cruels. Le prince compte
fur fes fujets, & les fujets fur le prince.
Chofe admirable! la religion Chrétienne, qui ne femble avoir d'objet que la
félicité de l'autre vie, fait encore notre
bonheur dans celle-ci.

C'eft la religion Chrétienne, qui, malgré la grandeur de l'empire & le vice
du climat, a empêché le defpotifme de
s'établir en Ethiopie, & a porté au mi-
lieu de l'Afrique les mœurs de l'Europe & fes loix.

Le prince héritier d'Ethiopie jouit
d'une principauté, & donne aux autres
fujets l'exemple de l'amour & de l'o-
béiffance. Tout près de-là, on voit le

Mahométisme faire enfermer les enfans du (a) roi de Sennar : à sa mort, le conseil les envoie égorger, en faveur de celui qui monte sur le trône.

Que l'on se mette devant les yeux les massacres continuels des rois & des chefs Grecs & Romains, & de l'autre la destruction des peuples & des villes par ces mêmes chefs ; *Thimur* & *Gengiskan*, qui ont dévasté l'Asie ; & nous verrons que nous devons au Christianisme, & dans le gouvernement un certain droit politique, & dans la guerre un certain droit des gens que la nature humaine ne sçauroit assez reconnoître.

C'est ce droit des gens qui fait que, parmi nous, la victoire laisse aux peuples vaincus ces grandes choses, la vie, la liberté, les loix, les biens, & toujours la religion, lorsqu'on ne s'aveugle pas soi-même.

On peut dire que les peuples de l'Europe ne sont pas aujourd'hui plus désunis que ne l'étoient, dans l'empire Romain devenu despotique & militaire, les peuples & les armées, ou que ne

_____
(a) Relation d'Ethiopie par le sieur *Ponce*, médecin, au quatrieme recueil des lettres édifiantes.

l'étoient les armées entr'elles : d'un côté, les armées fe faifoient la guerre ; &
de l'autre, on leur donnoit le pillage
des villes, & le partage ou la confifca-
tion des terres.

CHAPITRE IV.

*Conféquences du caractere de la religion
Chrétienne, & de celui de la religion
Mahométane.*

SUR le caractere de la religion Chrétienne & celui de la Mahométane, on
doit, fans autre examen, embraffer l'une
& rejetter l'autre : car il nous eft bien
plus évident qu'une religion doit adoucir les mœurs des hommes, qu'il ne l'eft
qu'une religion foit vraie.

C'eft un malheur pour la nature humaine, lorfque la religion eft donnée
par un conquérant. La religion Mahométane, qui ne parle que de glaive,
agit encore fur les hommes avec cet efprit deftructeur qui l'a fondée.

L'hiftoire de *Salbacon* (a), un des
rois pafteurs, eft admirable. Le Dieu
de Thèbes lui apparut en fonge, & lui

(a) Voyez *Diodore*, liv. II.

ordonna de faire mourir tous les prêtres d'Egypte. Il jugea que les dieux n'a-voient plus pour agréable qu'il régnât, puisqu'ils lui ordonnoient des choses si contraires à leur volonté ordinaire ; & il se retira en Ethiopie.

CHAPITRE V.

Que la religion catholique convient mieux à une monarchie, & que la protestante s'accommode mieux d'une république.

Lᴏʀsǫᴜ'ᴜɴᴇ religion naît & se forme dans un état, elle suit ordinaire-ment le plan du gouvernement où elle est établie : car les hommes qui la re-çoivent, & ceux qui la font recevoir, n'ont guere d'autres idées de police que celle de l'état dans lequel ils sont nés.

Quand la religion Chrétienne souffrit, il y a deux siécles, ce malheureux par-tage qui la divisa en catholique & en protestante, les peuples du nord em-brasserent la protestante, & ceux du mi-di garderent la catholique.

C'est que les peuples du nord ont & auront toujours un esprit d'indépendan-ce & de liberté que n'ont pas les peuples du midi ; & qu'une religion qui n'a point de chef visible , convient mieux à l'indépendance du climat , que celle qui en en a un.

Dans les pays mêmes où la religion protestante s'établit , les révolutions se firent sur le plan de l'état politique. *Luther* ayant pour lui de grands princes , n'auroit guere pu leur faire goûter une autorité ecclésiastique qui n'auroit point eu de prééminence extérieure ; & *Calvin* ayant pour lui des peuples qui vivoient dans des républiques , ou des bourgeois obscurcis dans des monarchies , pouvoit fort bien ne pas établir des prééminences & des dignités.

Chacune de ces deux religions pouvoit se croire la plus parfaite ; la Calviniste se jugeant plus conforme à ce que Jesus - Christ avoit dit , & la Luthérienne à ce que les apôtres avoient fait.

CHAPITRE VI.

Autre paradoxe de Bayle.

M. BAYLE , après avoir insulté toutes les religions , flétrit la religion Chrétienne : il ose avancer que de véritables

Chrétiens ne formeroient pas un état qui pût fubfifter. Pourquoi non? Ce feroient des citoyens infiniment éclairés fur leurs devoirs, & qui auroient un très-grand zèle pour les remplir; ils fentiroient très-bien les droits de la défenfe naturelle; plus ils croiroient devoir à la religion, plus ils penferoient devoir à la patrie. Les principes du Chriftianifme bien gravés dans le cœur, feroient infiniment plus forts que ce faux honneur des monarchies, ces vertus humaines des républiques, & cette crainte fervile des états defpotiques.

Il eft étonnant qu'on puiffe imputer à ce grand homme d'avoir méconnu l'efprit de fa propre religion; qu'il n'ait pas fçu diftinguer les ordres pour l'établiffement du Chriftianifme d'avec le Chriftianifme même, ni les préceptes de l'évangile d'avec fes confeils. Lorfque le légiflateur, au lieu de donner des loix, a donné des confeils, c'eft qu'il a vu que fes confeils, s'ils étoient ordonnés comme des loix, feroient contraires à l'efprit de fes loix.

CHAPITRE VII.

Des loix de perfection dans la religion.

LES loix humaines faites pour parler à l'efprit, doivent donner des préceptes & point de confeils : la religion, faite pour parler au cœur, doit donner beaucoup de confeils, & peu de préceptes.

Quand, par exemple, elle donne des regles, non pas pour le bien, mais pour le meilleur ; non pas pour ce qui eft bon, mais pour ce qui eft parfait ; il eft convenable que ce foient des confeils & non pas des loix : car la perfection ne regarde pas l'univerfalité des hommes ni des chofes. De plus, fi ce font des loix, il en faudra une infinité d'autres pour faire obferver les premieres. Le célibat fut un confeil du Chriftianifme : lorfqu'on en fit une loi pour un certain ordre de gens, il en fallut chaque jour de nouvelles (*a*) pour réduire les hommes à l'obfervation de celleci. Le légiflateur fe fatigua, il fatigua la fociété, pour faire exécuter aux hommes par précepte, ce que ceux qui aiment la perfection auroient exécuté comme confeil.

(*a*) Voyez la biblioth. des auteurs eccléf. du fixiéme fiécle, tom. V, par M. *Dupin.*

CHAPITRE VIII.

De l'accord des loix de la morale avec celles de la religion.

DANS un pays où l'on a le malheur d'avoir une religion que Dieu n'a pas donnée, il est toujours néceſſaire qu'elle s'accorde avec la morale ; parce que la religion, même fauſſe, eſt le meilleur garant que les hommes puiſſent avoir de la probité des hommes.

Les points principaux de la religion de ceux de Pégu (*a*) ſont de ne point tuer, de ne point voler, d'éviter l'impudicité, de ne faire aucun déplaiſir à ſon prochain, de lui faire au contraire tout le bien qu'on peut. Avec cela ils croient qu'on ſe ſauvera dans quelque religion que ce ſoit ; ce qui fait que ces peuples, quoique fiers & pauvres, ont de la douceur & de la compaſſion pour les malheureux.

(*a*) Recueil des voyages qui ont ſervi à l'établiſſement de la compagnie des Indes, tom. III, part. I, p. 63.

CHAPITRE IX.

Des Esséens.

LES Esséens (a) faisoient vœu d'observer la justice envers les hommes , de ne faire de mal à personne , même pour obéir , de haïr les injustes , de garder la foi à tout le monde , de commander avec modestie , de prendre toujours le parti de la vérité , de fuir tout gain illicite.

(a) Histoire des Juifs par *Prideaux.*

CHAPITRE X.

De la secte Stoïque.

LES diverses sectes de philosophie chez les anciens , pouvoient être considérées comme des espéces de religion. Il n'y en a jamais eu dont les principes fussent plus dignes de l'homme , & plus propres à former des gens de bien , que celle des Stoïciens ; & si je pouvois un moment cesser de penser que je suis Chrétien , je ne pourrois m'empêcher de mettre la destruction de la secte de *Zénon* au nombre des malheurs du genre humain.

Elle n'outroit que les choses dans lesquelles il y a de la grandeur , le mépris des plaisirs & de la douleur.

Elle seule sçavoit faire les citoyens ;
elle seule faisoit les grands hommes ;
elle seule faisoit les grands empereurs.

Faites pour un moment abstraction
des vérités révélées ; cherchez dans toute la nature, & vous n'y trouverez pas
de plus grand objet que les *Antonins.*
Julien même, *Julien*, (un suffrage ainsi
arraché ne me rendra point complice
de son apostasie) non, il n'y a point eu
après lui de prince plus digne de gouverner les hommes.

Pendant que les Stoïciens regardoient
comme une chose vaine les richesses, les
grandeurs humaines, la douleur, les
chagrins, les plaisirs, ils n'étoient occupés qu'à travailler au bonheur des hommes, à exercer les devoirs de la société :
il sembloit qu'ils regardassent cet esprit
sacré qu'ils croyoient être en eux-mêmes, comme une espece de providence favorable qui veilloit sur le genre humain.

Nés pour la société, ils croyoient tous
que leur destin étoit de travailler pour
elle : d'autant moins à charge, que leurs
récompenses étoient toutes dans eux-
mêmes ; qu'heureux par leur philosophie
seule, il sembloit que le seul bonheur des
autres pût augmenter le leur.

CHAPITRE XI.

De la contemplation.

LES hommes étant faits pour se conserver, pour se nourrir, pour se vêtir, & faire toutes les actions de la société, la religion ne doit pas leur donner une vie trop contemplative (a).

Les Mahométans deviennent spéculatifs par habitude ; ils prient cinq fois le jour, & chaque fois il faut qu'ils fassent un acte par lequel ils jettent derriere leur dos tout ce qui appartient à ce monde : cela les forme à la spéculation. Ajoutez à cela cette indifférence pour toutes choses, que donne le dogme d'un destin rigide.

Si d'ailleurs d'autres causes concourent à leur inspirer le détachement, comme si la dureté du gouvernement, si les loix concernant la propriété des terres, donnent un esprit précaire ; tout est perdu.

La religion des Guèbres rendit autrefois le royaume de Perse florissant ;

(a) C'est l'inconvénient de la doctrine de *Foï* & de *Laockium.*

elle corrigea les mauvais effets du defpotifme : la religion Mahométane détruit aujourd'hui ce même empire.

CHAPITRE XII.

Des pénitences.

IL eſt bon que les pénitences ſoient
jointes avec l'idée de travail, non avec
l'idée d'oiſiveté; avec l'idée du bien,
non avec l'idée de l'extraordinaire;
avec l'idée de frugalité, non avec l'idée
d'avarice.

CHAPITRE XIII.

Des crimes inexpiables.

IL paroît, par un paſſage des livres
des pontifes rapporté par *Cicéron* (a),
qu'il y avoit chez les Romains des crimes (b) inexpiables; & c'eſt là-deſſus
que *Zozyme* fonde le récit ſi propre à
envenimer les motifs de la converſion
de *Conſtantin*, & *Julien* cette raillerie

(a) Liv. II, des loix.
(b) *Sacrum commiſſum, quod neque expiari poterit,
impiè commiſſum eſt; quod expiari poterit publici ſacer-
dotes expianto.*

amere qu'il fait de cette même conver-
sion dans ses Césars.

La religion païenne qui ne défendoit
que quelques crimes grossiers, qui arrê-
toit la main & abandonnoit le cœur;
pouvoit avoir des crimes inexpiables:
Mais une religion qui enveloppe toutes
les passions; qui n'est pas plus jalouse des
actions que des desirs & des pensées;
qui ne nous tient point attachés par
quelques chaînes, mais par un nombre
innombrable de fils; qui laisse derriere
elle la justice humaine, & commence
une autre justice; qui est faite pour mener sans cesse du repentir à l'amour, &
de l'amour au repentir; qui met entre
le juge & le criminel un grand médiateur, entre le juste & le médiateur un
grand juge; une telle religion ne doit
point avoir de crimes inexpiables. Mais
quoiqu'elle donne des craintes & des es-
pérances à tous, elle fait assez sentir que,
s'il n'y a point de crime qui par sa nature soit inexpiable, toute une vie peut
l'être; qu'il seroit très - dangereux de
tourmenter sans cesse la miséricorde par
de nouveaux crimes & de nouvelles ex-
piations; qu'inquiets sur les anciennes
dettes, jamais quittes envers le seigneur,

nous

nous devons craindre d'en contracter de
nouvelles, de combler la mesure, &
d'aller jusqu'au terme où la bonté paternelle finit.

CHAPITRE XIV.

Comment la force de la religion s'appli-
que à celle des loix civiles.

COMME la religion & les loix civiles
doivent tendre principalement à rendre
les hommes bons citoyens, on voit que,
lorsqu'une des deux s'écartera de ce
but, l'autre y doit tendre davantage :
moins la religion sera réprimante, plus
les loix civiles doivent réprimer.

Ainsi au Japon la religion dominante
n'ayant presque point de dogmes, & ne
proposant point de paradis ni d'enfer,
les loix, pour y suppléer, ont été faites
avec une sévérité & exécutées avec une
ponctualité extraordinaires.

Lorsque la religion établit le dogme
de la nécessité des actions humaines, les
peines des loix doivent être plus séve-
res & la police plus vigilante, pour que
les hommes, qui sans cela s'abandonne-
roient eux-mêmes, soient déterminés

Tome III. G

par ces motifs : mais fi la religion établit le dogme de la liberté , c'eſt autre
choſe.

De la pareſſe de l'ame, naît le dogme
de la prédeſtination Mahométane ; & du
dogme de cette prédeſtination , naît là
pareſſe de l'ame. On a dit, Cela eſt dans
les decrets de dieu , il faut donc reſter
en repos. Dans un cas pareil , on doit
exciter par les loix les hommes endormis
dans la religion.

Lorſque la religion condamne des
choſes que les loix civiles doivent permettre , il eſt dangereux que les loix
civiles ne permettent de leur côté ce
que la religion doit condamner ; une de
ces choſes marquant toujours un défaut
d'harmonie & de juſteſſe dans les idées ,
qui ſe répand ſur l'autre.

Ainſi les Tartares (a) de Gengiskan ,
chez leſquels c'étoit un péché , & même
un crime capital, de mettre le couteau
dans le feu , de s'appuyer contre un
fouet , de battre un cheval avec ſa bri-
de , de rompre un os avec un autre , ne
croyoient pas qu'il y eût de péché à vio-

(a) Voyez la relation de frere *Jean Duplan Carpin ,*
envoyé en Tartarie par le pape *Innocent IV,* en l'an-
néc 1246.

ler la foi, à ravir le bien d'autrui, à faire injure à un homme, à le tuer. En un mot, les loix qui font regarder comme nécessaire ce qui est indifférent, ont cet inconvénient, qu'elles font considérer comme indifférent ce qui est nécessaire.

Ceux de Formose (a) croient une espece d'enfer; mais c'est pour punir ceux qui ont manqué d'aller nuds en certaines saisons, qui ont mis des vêtemens de toile & non pas de soie, qui ont été chercher des huitres, qui ont agi sans consulter le chant des oiseaux : aussi ne regardent - ils point comme péché l'yvrognerie & le déréglement avec les femmes; ils croient même que les débauches de leurs enfans font agréables à leurs dieux.

Lorsque la religion justifie pour une chose d'accident, elle perd inutilement le plus grand ressort qui soit parmi les hommes. On croit, chez les Indiens, que les eaux du Gange ont une vertu sanctifiante (b) ; ceux qui meurent sur ses bords, font réputés exempts des peines de l'autre vie, & devoir habiter une ré-

(a) Recueil des voyages qui ont servi à l'établissement de la compagnie des Indes, tom. V, partie I, p. 192.

(b) Lettres édif. quinziéme recueil.

G ij

gion pleine de délices : on envoie des
lieux les plus reculés des urnes pleines
des cendres des morts, pour les jetter
dans le Gange. Qu'importe qu'on vive
vertueusement, ou non? on se fera jetter dans le Gange.

L'idée d'un lieu de récompense em-
porte nécessairement l'idée d'un séjour
de peines ; & quand on espere l'un sans
craindre l'autre, les loix civiles n'ont
plus de force. Des hommes qui croient
des récompenses sures dans l'autre vie,
échapperont au législateur : ils auront
trop de mépris pour la mort. Quel moyen
de contenir par les loix un homme qui
croit être sûr que la plus grande peine
que les magistrats lui pourront infliger,
ne finira dans un moment que pour com-
mencer son bonheur?

CHAPITRE XV.

*Comment les loix civiles corrigent quel-
quefois les fausses religions.*

LE respect pour les choses anciennes,
la simplicité ou la superstition, ont quelquefois établi des mysteres ou des cérémonies qui pouvoient choquer la pu-

deur; & de cela les exemples n'ont pas
été rares dans le monde. *Ariſtote* (*a*) dit
que, dans ce cas, la loi permet que les
peres de famille aillent au temple célébrer ces myſteres pour leurs femmes &
pour leurs enfans. Loi civile admirable, qui conſerve les mœurs contre la
religion !

Auguſte (*b*) défendit aux jeunes gens
de l'un & de l'autre ſexe d'aſſiſter à aucune cérémonie nocturne, s'ils n'étoient
accompagnés d'un parent plus âgé; &
lorſqu'il rétablit les fêtes (*c*) lupercales,
il ne voulut pas que les jeunes gens cou-
ruſſent nuds.

(*a*) Polit. liv. VII, ch. XVII.
(*b*) Suétone, *in Auguſto*, ch. XXXI.
(*c*) *Ibid.*

CHAPITRE XVI.

*Comment les loix de la religion corrigent
les inconvéniens de la conſtitution politique.*

D'ᴜɴ autre côté, la religion peut ſoutenir l'état politique, lorſque les loix ſe
trouvent dans l'impuiſſance.

Ainſi, lorſque l'état eſt ſouvent agité

par des guerres civiles, la religion fera
beaucoup, fi elle établit que quelque
partie de cet état refte toujours en paix.
Chez les Grecs, les Eléens, comme prêtres d'Apollon, jouiffoient d'une paix
éternelle. Au Japon (a), on laiffe toujours en paix la ville de Méaco, qui eft
une ville fainte : la religion maintient ce
réglement; & cet empire, qui femble être
feul fur la terre, qui n'a & qui ne veut
avoir aucune reffource de la part des
étrangers, a toujours dans fon fein un
commerce que la guerre ne ruine pas.

Dans les états où les guerres ne fe
font pas par une délibération commune,
& où les loix ne fe font laiffé aucun
moyen de les terminer ou de les prévenir, la religion établit des temps de paix
ou de trèves, pour que le peuple puiffe
faire les chofes fans lefquelles l'état ne
pourroit fubfifter, comme les femailles
& les travaux pareils.

Chaque année, pendant quatre mois,
toute hoftilité ceffoit entre les tribus (b)
Arabes : le moindre trouble eût été une
impiété. Quand chaque feigneur faifoit

(a) Recueil des voyages qui ont fervi à l'établiffement de la compagnie des Indes, tom. IV, part. I,
p. 127.
(b) Voyez Prideaux, vie de Mahomet, p. 64.

en France la guerre ou la paix, la religion donna des trèves, qui devoient
avoir lieu dans de certaines faisons.

CHAPITRE XVII.

Continuation du même sujet.

LORSQU'IL y a beaucoup de sujets
de haine dans un état, il faut que la religion donne beaucoup de moyens de
réconciliation. Les Arabes, peuple bri-
gand, se faisoient souvent des injures &
des injustices. Mahomet (a) fit cette loi:
» Si quelqu'un pardonne le sang de son «
frere (b), il pourra poursuivre le malfai- «
teur pour des dommages & intérêts: «
mais celui qui fera tort au méchant après «
avoir reçu satisfaction de lui, souffrira «
au jour du jugement des tourmens dou- «
loureux. «

Chez les Germains, on héritoit des
haines & des inimitiés de ses proches:
mais elles n'étoient pas éternelles. On
expioit l'homicide, en donnant une certaine quantité de bétail, & toute la famille recevoit la satisfaction: chose très-

(a) Dans l'alcoran, liv. I, ch. de la vache.
(b) En renonçant à la loi du talion.

G iv

utile, dit *Tacite* (a), parce que les inimitiés font plus dangereufes chez un
peuple libre. Je crois bien que les miniftres de la religion, qui avoient tant
de crédit parmi eux, entroient dans ces
réconciliations.

Chez les Malaïs (b), où la réconciliation n'eft pas établie, celui qui a tué
quelqu'un, fûr d'être affaffiné par les
parens ou les amis du mort, s'abandonne à fa fureur, bleffe & tue tout ce
qu'il rencontre.

(a) *De mor. b. German.*
(b) Recueil des voyages qui ont fervi à l'établiffement de la compagnie des Indes, tom. VII, p. 303.
Voyez auffi les mémoires du comte de *Forbin*, & ce
qu'il dit fur les Macaffars.

CHAPITRE XVIII.

Comment les loix de la religion ont l'effet des loix civiles.

LES premiers Grecs étoient des petits
peuples fouvent difperfés, pirates fur
la mer, injuftes fur la terre, fans police & fans loix. Les belles actions d'*Her-
cule* & de *Théfée*, font voir l'état où fe
trouvoit ce peuple naiffant. Que pouvoit faire la religion, que ce qu'elle fit

pour donner de l'horreur du meurtre ?
Elle établit qu'un homme tué par violence (a) étoit d'abord en colere contre le meurtrier, qu'il lui inspiroit du
trouble & de la terreur, & vouloit qu'il
lui cédât les lieux qu'il avoit fréquen-
tés ; on ne pouvoit toucher le criminel,
ni converser avec lui, sans être souil-
lé (b) ou intestable; la présence du meurtrier devoit être épargnée à la ville, &
il falloit l'expier (c).

(a) Platon, des loix, liv. IX.
(b) Voyez la trag. d'Œdipe, à Colonne.
(c) Platon, des loix, liv. IX.

CHAPITRE XIX.

*Que c'est moins la vérité ou la fausseté
d'un dogme, qui le rend utile ou per-
nicieux aux hommes dans l'état civil,
que l'usage ou l'abus que l'on en fait.*

LES dogmes les plus vrais & les plus
saints peuvent avoir de très-mauvaises
conséquences, lorsqu'on ne les lie pas
avec les principes de la société ; & au
contraire, les dogmes les plus faux en
peuvent avoir d'admirables, lorsqu'on
G v

fait qu'ils se rapportent aux mêmes principes.

La religion de *Confucius* (a) nie l'immortalité de l'ame ; & la secte de *Zénon* ne la croyoit pas. Qui le diroit ? ces
deux sectes ont tiré de leurs mauvais
principes des conséquences , non pas
justes , mais admirables pour la société.
La religion des *Tao* & des *Foë* croit
l'immortalité de l'ame : mais de ce dogme si saint , ils ont tiré des conséquences affreuses.

Presque par tout le monde & dans
tous les temps , l'opinion de l'immortalité de l'ame mal prise a engagé les
femmes , les esclaves , les sujets , les
amis , à se tuer , pour aller servir dans
l'autre monde l'objet de leur respect ou
de leur amour. Cela étoit ainsi dans les
Indes occidentales ; cela étoit ainsi chez

(a) Un philosophe Chinois argumente ainsi contre
la doctrine de *Foë*. » Il est dit dans un livre de cette
» secte , que notre corps est notre domicile , & l'ame
» l'hôtesse immortelle qui y loge : mais si le corps de
» nos parens n'est qu'un logement , il est naturel de le
» regarder avec le même mépris qu'on a pour un amas
» de boue & de terre. N'est-ce pas vouloir arracher du
» cœur la vertu de l'amour des parens ? Cela porte de-
» même à négliger le soin du corps , & à lui refuser la
» compassion & l'affection si nécessaires pour sa conser-
» vation : ainsi les disciples de *Foë* se tuent à milliers. «
Ouvrage d'un philosophe Chinois, dans le recueil
du R. du Halde , tom. III. p. 52.

les Danois (*a*) ; & cela eſt encore aujour-
d'hui au Japon (*b*) à Macaſſar (*c*), & dans
pluſieurs autres endroits de la terre.

Ces coutumes émanent moins directement du dogme de l'immortalité de l'a-
me, que de celui de la réſurrection des
corps ; d'où l'on a tiré cette conſéquence,
qu'après la mort un même individu auroit les mêmes beſoins, les mêmes ſenti-
mens, les mêmes paſſions. Dans ce point
de vue, le dogme de l'immortalité de
l'ame affecte prodigieuſement les hommes ; parce que l'idée d'un ſimple changement de demeure eſt plus à la portée
de notre eſprit, & flatte plus notre cœur,
que l'idée d'une modification nouvelle.

Ce n'eſt pas aſſez pour une religion
d'établir un dogme ; il faut encore
qu'elle le dirige. C'eſt ce qu'a fait admirablement bien la religion Chrétienne à
l'égard des dogmes dont nous parlons :
elle nous fait eſpérer un état que nous
croyons, non pas un état que nous ſen-
tions ou que nous connoiſſions : tout,
juſqu'à la réſurrection des corps, nous
mene à des idées ſpirituelles.

(*a*) Voyez *Thomas Barthelin*, antiquités Danoiſes.
(*b*) Relation du Japon, dans le recueil des voyages qui ont ſervi à l'établiſſement de la compagnie
des Indes. (*c*) Mémoires de *Forbin*.

CHAPITRE XX.

Continuation du même sujet.

LES livres (*a*) sacrés des anciens Perses, disoient; » Si vous voulez être
» saint, instruisez vos enfans, parce que
» toutes les bonnes actions qu'ils feront
» vous seront imputées. « Ils conseilloient
de se marier de bonne heure ; parce que
les enfans seroient comme un pont au
jour du jugement, & que ceux qui n'auroient pas d'enfans ne pourroient pas
passer. Ces dogmes étoient faux, mais
ils étoient très-utiles.

(*a*) M. *Hyde.*

CHAPITRE XXI.

De la métempsycose.

LE dogme de l'immortalité de l'ame
se divise en trois branches, celui de l'immortalité pure, celui du simple changement de demeure, celui de la métemp-
sycose ; c'est-à-dire, le système des
Chrétiens, le système des Scythes, le
système des Indiens. Je viens de parler

des deux premiers ; & je dirai du troisiéme que, comme il a été bien & mal
dirigé, il a aux Indes de bons & de
mauvais effets : comme il donne aux
hommes une certaine horreur pour verser le fang, il y a aux Indes très-peu de
meurtres ; & quoiqu'on n'y puniſſe guere de mort, tout le monde y eſt tranquille.

D'un autre côté, les femmes s'y brû-
lent à la mort de leurs maris : il n'y a
que les innocens qui y ſouffrent une
mort violente.

CHAPITRE XXII.

Combien il eſt dangereux que la religion
inſpire de l'horreur pour des choſes in-
différentes.

Uɴ certain honneur que des préjugés
de religion établiſſent aux Indes, fait
que les diverſes caſtes ont horreur les
unes des autres. Cet honneur eſt uniquement fondé ſur la religion ; ces diſtinctions de famille ne forment pas des
diſtinctions civiles : il y a tel Indien qui
ſe croiroit déshonoré, s'il mangeoit avec
ſon roi.

Ces fortes de diftinctions font liées à une certaine averfion pour les autres hommes, bien différente des fentimens que doivent faire naître les différences des rangs, qui parmi nous contiennent l'amour pour les inférieurs.

Les loix de la religion éviteront d'inf-pirer d'autre mépris que celui du vi-ce, & furtout d'éloigner les hommes de l'amour & de la pitié pour les hommes.

La religion Mahométane & la religion Indienne ont dans leur fein un nombre infini de peuples : les Indiens haïffent les Mahométans, parce qu'ils mangent de la vache ; les Mahométans déteflent les Indiens, parce qu'ils mangent du co-chon.

CHAPITRE XXIII.

Des fêtes.

QUAND une religion ordonne la cef-fation du travail, elle doit avoir égard aux befoins des hommes, plus qu'à la grandeur de l'être qu'elle honore.

C'étoit à Athènes (a) un grand in-convénient que le trop grand nombre de

(a) Xénophon, de la république d'Athènes.

fêtes. Chez ce peuple dominateur, devant qui toutes les villes de la Grèce venoient porter leurs différends, on ne pouvoit suffire aux affaires.

Lorsque *Constantin* établit que l'on chomeroit le dimanche, il fit cette ordonnance pour les villes (*a*), & non pour les peuples de la campagne : il sentoit que dans les villes étoient les travaux utiles, & dans les campagnes les travaux nécessaires.

Par la même raison, dans les pays qui se maintiennent par le commerce, le nombre des fêtes doit être relatif à ce commerce même. Les pays protestans & les pays catholiques sont situés (*b*) de maniere que l'on a plus besoin de travail dans les premiers que dans les seconds : la suppression des fêtes convenoit donc plus aux pays protestans qu'aux pays catholiques.

Dampierre (*c*) remarque que les divertissemens des peuples varient beaucoup selon les climats. Comme les climats chauds produisent quantité de

---

(*a*) Leg. 3 , cod. *de feriis.* Cette loi n'étoit faite sans doute que pour les païens.

(*b*) Les catholiques sont plus vers le midi , & les protestans vers le nord.

(*c*) Nouveaux voyages autour du monde , tom. II,

fruits délicats, les barbares, qui trouvent
d'abord le néceffaire, emploient plus
de temps à fe divertir : les Indiens des
pays froids n'ont pas tant de loifir, il
faut qu'ils pêchent & chaffent continuellement ; il y a donc chez eux moins de
danfes, de mufique & de feftins ; &
une religion qui s'établiroit chez ces
peuples, devroit avoir égard à cela
dans l'inftitution des fêtes.

CHAPITRE XXIV.

Des loix de religion locales.

Il y a beaucoup de loix locales dans
les diverfes religions. Et quand *Monté-*
fuma s'obftinoit tant à dire que la religion des Efpagnols étoit bonne pour leur
pays, & celle du Mexique pour le fien,
il ne difoit pas une abfurdité ; parce qu'en
effet les légiflateurs n'ont pu s'empêcher
d'avoir égard à ce que la nature avoit
établi avant eux.

L'opinion de la métempfycofe eft
faite pour le climat des Indes. L'excef-
five chaleur brûle (*a*) toutes les campagnes ; on n'y peut nourrir que très-peu

(*a*) Voyage de *Bernier*, tom. II, p. 137.

de bétail ; on est toujours en danger d'en manquer pour le labourage ; les bœufs ne s'y multiplient (*a*) que médiocrement, ils sont sujets à beaucoup de maladies : une loi de religion qui les conserve, est donc très - convenable à la police du pays.

Pendant que les prairies sont brûlées, le riz & les légumes y croissent heureusement, par les eaux qu'on y peut employer : une loi de religion qui ne permet que cette nourriture, est donc très-utile aux hommes dans ces climats.

La chair (*b*) des bestiaux n'y a pas de goût ; & le lait & le beurre qu'ils en tirent, fait une partie de leur subsistance : la loi qui défend de manger & de tuer des vaches, n'est donc pas déraisonnable aux Indes.

Athènes avoit dans son sein une multitude innombrable de peuple ; son territoire étoit stérile : ce fut une maxime religieuse, que ceux qui offroient aux dieux de certains petits présens, les honoroient (*c*) plus que ceux qui immoloient des bœufs.

(*a*) Lettr. édif. douziéme recueil, p. 95.
(*b*) Voyage de Bernier, tom. II, p. 137.
(*c*) *Euripide dans Athénée*, liv. II, p. 40.

CHAPITRE XXV.

Inconvénient du transport d'une religion d'un pays à un autre.

IL suit de-là, qu'il y a très-souvent beaucoup d'inconvéniens à transporter une religion (a) d'un pays dans un autre.

» Le cochon, dit (b) M. de Boulainvil-
» liers, doit être très-rare en Arabie, où
» il n'y a presque point de bois, & pres-
» que rien de propre à la nourriture de ces
» animaux; d'ailleurs, la salûre des eaux &
» des alimens, rend le peuple très-suscep-
» tible des maladies de la peau. « La loi locale qui le défend, ne sçauroit être bonne pour d'autre (c) pays, où le cochon est une nourriture presqu'univer-selle, & en quelque façon nécessaire.

Je ferai ici une réflexion. Sanctorius a observé que la chair de cochon que l'on mange, se transpire (d) peu; & que même cette nourriture empêche beau-

(a) On ne parle point ici de la religion Chrétienne, parce que, comme on a dit au liv. XXIV, ch. 1
à la fin, la religion Chrétienne est le premier bien.
(b) Vie de Mahomet.
(c) Comme à la Chine.
(d) Médec. Statiq. sect. 3, aphor. 23.

coup la tranfpiration des autres alimens;
il a trouvé que la diminution alloit à un
tiers (a); on fçait d'ailleurs que le défaut de tranfpiration forme ou aigrit les
maladies de la peau : la nourriture du
cochon doit donc être défendue dans
les climats où l'on eft fujet à ces maladies, comme celui de la Paleftine, de
l'Arabie, de l'Egypte & de la Lybie.

(a) Sect. 3, aphor. 23.

CHAPITRE XXVI.
Continuation du même fujet.

M. CHARDIN (a) dit qu'il n'y a point
de fleuve navigeable en Perfe, fi ce
n'eft le fleuve Kur, qui eft aux extrémi-
tés de l'empire. L'ancienne loi des Guèbres qui défendoit de naviger fur les
fleuves, n'avoit donc aucun inconvénient dans leur pays : mais elle auroit
ruiné le commerce dans un autre.

Les continuelles lotions font très en
ufage dans les climats chauds. Cela fait
que la loi Mahométane & la religion Indienne les ordonnent. C'eft un acte très-
méritoire aux Indes de prier (b) dieu

(a) Voyage de Perfe, tom. II.
(b) Voyage de Bernier, tom. II.

dans l'eau courante : mais comment exécuter ces choſes dans d'autres climats ?

Lorſque la religion fondée ſur le climat
a trop choqué le climat d'un autre pays,
elle n'a pu s'y établir ; & quand on l'y a
introduite, elle en a été chaſſée. Il ſemble, humainement parlant, que ce ſoit
le climat qui a preſcrit des bornes à la
religion Chrétienne & à la religion Mahométane.

Il ſuit de-là, qu'il eſt preſque toujours
convenable qu'une religion ait des dogmes particuliers & un culte général.
Dans les loix qui concernent les pratiques de culte, il faut peu de détails ; par
exemple, des mortifications, & non pas
une certaine mortification. Le Chriſtianiſme eſt plein de bon ſens : l'abſtinence
eſt de droit divin ; mais une abſtinence
particuliere eſt de droit de police, &
on peut la changer.

LIVRE XXV.

Des loix, dans le rapport qu'elles ont avec l'établissement de la religion de chaque pays, & sa police extérieure.

CHAPITRE PREMIER.

Du sentiment pour la religion.

L'HOMME pieux & l'athée parlent toujours de religion ; l'un parle de ce qu'il aime, & l'autre de ce qu'il craint.

CHAPITRE II.

Du motif d'attachement pour les diverses religions.

LES diverses religions du monde ne donnent pas à ceux qui les professent des motifs égaux d'attachement pour elles : cela dépend beaucoup de la maniere dont elles se concilient avec la façon de penser & de sentir des hommes.

Nous fommes extrémement portés à l'idolâtrie, & cependant nous ne fommes pas fort attachés aux religions idolâtres; nous ne fommes guere portés aux idées fpirituelles, & cependant nous fommes très-attachés aux religions qui nous font adorer un être fpirituel. C'eft un fentiment heureux, qui vient en partie de la fatisfaction que nous trouvons en nous-mêmes, d'avoir été affez intelligens pour avoir choifi une religion qui tire la divinité de l'humiliation où les autres l'avoient mife. Nous regardons l'idolâtrie comme la religion des peuples groffiers; & la religion qui a pour objet un être fpirituel, comme celle des peuples éclairés.

Quand, avec l'idée d'un être fpirituel fuprême, qui forme le dogme, nous pouvons joindre encore des idées fenfibles qui entrent dans le culte, cela nous donne un grand attachement pour la religion; parce que les motifs dont nous venons de parler, fe trouvent joints à notre penchant naturel pour les chofes fenfibles. Auffi les catholiques, qui ont plus de cette forte de culte que les proteftans, font-ils plus invinciblement attachés à leur religion que les proteftans ne le font à la leur, & plus zélés pour fa propagation.

Lorfque (a) le peuple d'Ephèfe eut appris que les peres du concile avoient décidé qu'on pouvoir appeller la vierge *mere de dieu*, il fut tranfporté de joie; il baifoit les mains des évêques, il embraffoit leurs genoux; tout retentiffoit d'acclamations.

Quand une religion intellectuelle nous donne encore l'idée d'un choix fait par la divinité, & d'une diftinction de ceux qui la profeffent d'avec ceux qui ne la profeffent pas, cela nous attache beaucoup à cette religion. Les Mahométans ne feroient pas fi bons Mufulmans, fi d'un côté il n'y avoit pas de peuples idolâtres, qui leur font penfer qu'ils font les vengeurs de l'unité de dieu, & de l'autre des Chrétiens, pour leur faire croire qu'ils font l'objet de fes préférences.

Une religion chargée de beaucoup (b) de pratiques, attache plus à elle qu'une autre qui l'eft moins: on tient beaucoup

___

(*a*) Lettre de S. Cyrille.
(*b*) Ceci n'eft point contradictoire avec ce que j'ai dit au chapitre pénultiéme du livre précédent; ici je parle des motifs d'attachement pour une religion, & là des moyens de la rendre plus générale.

aux chofes dont on eſt continuellement
occupé ; témoin l'obſtination tenace des
Mahométans (a) & des Juifs, & la facilité qu'ont de changer de religion les
peuples barbares & ſauvages, qui, uniquement occupés de la chaſſe ou de la
guerre, ne ſe chargent guere de pratiques religieuſes.

Les hommes ſont extrémement portés à eſpérer & à craindre ; & une religion qui n'auroit ni enfer ni paradis, ne
ſçauroit guere leur plaire. Cela ſe prouve par la facilité qu'ont eue les religions
étrangeres à s'établir au Japon, & le
zèle & l'amour avec leſquels on les y a
reçues (b).

Pour qu'une religion attache, il faut
qu'elle ait une morale pure. Les hommes, fripons en détail, ſont en gros de
très-honnêtes gens ; ils aiment la morale ; & ſi je ne traitois pas un ſujet ſi gra-
ve, je dirois que cela ſe voit admira-

(a) Cela ſe remarque par toute la terre. Voyez ſur
les Turcs les miſſions du levant ; le recueil des voyages qui ont ſervi à l'établiſſement de la compagnie
des Indes, tom. III, part. I, p. 201, ſur les Maures
de Batavia ; & le P. *Labat*, ſur les négres Mahométans, &c.

(b) La religion Chrétienne & les religions des Indes ; celles-ci ont un enfer & un paradis, au lieu que
la religion des *Sintos* n'en a point.

blement

blement bien fur les théâtres : on eft fûr
de plaire au peuple par les fentimens que
la morale avoue, & on eft fûr de le choquer par ceux qu'elle réprouve.

Lorfque le culte extérieur a une grande magnificence, cela nous flatte &
nous donne beaucoup d'attachement
pour la religion. Les richeffes des temples & celles du clergé, nous affectent
beaucoup. Ainfi la mifere même des
peuples, eft un motif qui les attache à
cette religion qui a fervi de prétexte à
ceux qui ont caufé leur mifere.

CHAPITRE III.

Des temples.

PRESQUE tous les peuples policés
habitent dans des maifons. De-là eft venue naturellement l'idée de bâtir à dieu
une maifon, où ils puiffent l'adorer &
l'aller chercher dans leurs craintes ou
leurs efpérances.

En effet, rien n'eft plus confolant
pour les hommes, qu'un lieu où ils trouvent la divinité plus préfente, & où tous
enfemble ils font parler leur foibleffe &
leur mifere.

Tome III. H

Mais cette idée si naturelle ne vient qu'aux peuples qui cultivent les terres; & on ne verra pas bâtir de temple chez ceux qui n'ont pas de maisons eux-mêmes.

C'est ce qui fit que *Gengiskan* marqua un si grand mépris pour les mosquées (*a*). Ce prince (*b*) interrogea les Mahométans; il approuva tous leurs dogmes, excepté celui qui porte la nécessité d'aller à la Mecque; il ne pouvoit comprendre qu'on ne pût pas adorer dieu partout : les Tartares n'habitant point de maisons, ne connoissoient point de temples.

Les peuples qui n'ont point de temples, ont peu d'attachement pour leur religion : voilà pourquoi les Tartares ont été de tout temps si tolérans (*c*); pourquoi les peuples barbares qui conquirent l'empire Romain ne balancerent pas un moment à embrasser le Christianisme; pourquoi les sauvages de l'Amérique font si peu attachés à leur pro-

(*a*) Entrant dans la mosquée de Buchara, il enleva l'alcoran, & le jetta sous les pieds de ses chevaux, Hist. des *Tattars*, part. III, p. 273.

(*b*) Ibid. p. 342.

(*c*) Cette disposition d'esprit a passé jusqu'aux Japonois, qui tirent leur origine des Tartares, comme il est aisé de le prouver.

pre religion ; & pourquoi, depuis que
nos miſſionnaires leur ont fait bâtir au
Paragay des égliſes, ils ſont ſi fort zélés pour la nôtre.

Comme la divinité eſt le refuge des
malheureux, & qu'il n'y a pas de gens
plus malheureux que les criminels, on a
été naturellement porté à penſer que les
temples étoient un aſyle pour eux ; &
cette idée parut encore plus naturelle
chez les Grecs, où les meurtriers, chaſ-
ſés de leur ville & de la préſence des
hommes, ſembloient n'avoir plus de
maiſons que les temples, ni d'autres protecteurs que les dieux.

Ceci ne regarda d'abord que les homicides involontaires : mais lorſqu'on y
comprit les grands criminels, on tomba
dans une contradiction groſſiere : s'ils
avoient offenſé les hommes, ils avoient
à plus forte raiſon offenſé les dieux.

Ces aſyles ſe multiplierent dans la
Grèce : les temples, dit (a) *Tacite*,
étoient remplis de débiteurs inſolvables
& d'eſclaves méchans ; les magiſtrats
avoient de la peine à exercer la police ;
le peuple protégeoit les crimes des hommes, comme les cérémonies des dieux ;

_____

(a) Annal. liv. II.

le sénat fut obligé d'en retrancher un grand nombre.

Les loix de *Moïse* furent très-sages. Les homicides involontaires étoient in-nocens, mais ils devoient être ôtés de devant les yeux des parens du mort : il établit donc un asyle (*a*) pour eux. Les grands criminels ne méritent point d'a-syle, ils n'en eurent (*b*) pas : les Juifs n'avoient qu'un tabernacle portatif, & qui changeoit continuellement de lieu ; cela excluoit l'idée d'asyle. Il est vrai qu'ils devoient avoir un temple : mais les criminels qui y seroient venus de toutes parts, auroient pu troubler le ser-vice divin. Si les homicides avoient été chassés hors du pays, comme ils le fu-rent chez les Grecs, il eût été à craindre qu'ils n'adorassent des dieux étrangers. Toutes ces considérations firent établir des villes d'asyle, où l'on devoit rester jusqu'à la mort du souverain pontife.

(*a*) Nomb. ch. XXXV.
(*b*) Ibid.

CHAPITRE IV.

Des ministres de la religion.

LES premiers hommes, dit *Porphyre*, ne sacrifioient que de l'herbe. Pour un culte si simple, chacun pouvoit être pontife dans sa famille.

Le désir naturel de plaire à la divinité, multiplia les cérémonies : ce qui fit que les hommes, occupés à l'agriculture, devinrent incapables de les exécuter toutes, & d'en remplir les détails.

On consacra aux dieux des lieux particuliers ; il fallut qu'il y eût des ministres pour en prendre soin, comme chaque citoyen prend soin de sa maison & de ses affaires domestiques. Aussi les peuples qui n'ont point de prêtres, sont-ils ordinairement barbares. Tels étoient autrefois les Pédaliens (*a*), tels sont encore les Wolgusky (*b*).

Des gens consacrés à la divinité, devoient être honorés, surtout chez les

(*a*) *Lilius Giraldus*, pag. 726.
(*b*) Peuples de la Sibérie. Voyez la relation de M. *Everard Isbrands-Ides*, dans le recueil des voyages du nord, tom. VIII.

H iij

peuples qui s'étoient formé une certaine idée d'une pureté corporelle, nécessaire pour approcher des lieux les plus agréables aux dieux, & dépendante de certaines pratiques.

Le culte des dieux demandant une attention continuelle, la plupart des peuples furent portés à faire du clergé un corps séparé. Ainsi, chez les Egyptiens, les Juifs & les Perses (*a*), on consacra à la divinité de certaines familles, qui se perpétuoient, & faisoient le service. Il y eut même des religions où l'on ne pensa pas seulement à éloigner les ecclésiastiques des affaires, mais encore à leur ôter l'embarras d'une famille ; & c'est la pratique de la principale branche de la loi Chrétienne.

Je ne parlerai point ici des conséquences de la loi du célibat : on sent qu'elle pourroit devenir nuisible, à proportion que le corps du clergé seroit trop étendu, & que par conséquent celui des laïques ne le seroit pas assez.

Par la nature de l'entendement humain, nous aimons, en fait de religion, tout ce qui suppose un effort ; comme, en matiere de morale, nous aimons spé-

(*a*) Voyez M. *Hyde.*

culativement tout ce qui porte le caractere de la févérité. Le célibat a été plus
agréable aux peuples à qui il fembloit
convenir le moins, & pour lefquels il
pouvoit avoir de plus fâcheufes fuites.
Dans les pays du midi de l'Europe, où,
par la nature du climat, la loi du célibat eft plus difficile à obferver, elle a
été retenue ; dans ceux du nord, où les
paffions font moins vives, elle a été
profcrite. Il y a plus : dans les pays où
il y a peu d'habitans, elle a été admi-
fe ; dans ceux où il y en a beaucoup, on
l'a rejettée. On fent que toutes ces réflexions ne portent que fur la trop grande extenfion du célibat, & non fur le
célibat même.

CHAPITRE V.

Des bornes que les loix doivent mettre
aux richeffes du clergé.

L E s familles particulieres peuvent périr : ainfi les biens n'y ont point une
deftination perpétuelle. Le clergé eft
une famille qui ne peut pas périr : les
biens y font donc attachés pour toujours, & n'en peuvent pas fortir.

H iv

Les familles particulieres peuvent s'augmenter : il faut donc que leurs biens puissent croître aussi. Le clergé est une famille qui ne doit point s'augmenter : les biens doivent donc y être bornés.

Nous avons retenu les dispositions du Lévitique sur les biens du clergé, excepté celles qui regardent les bornes de ces biens : effectivement, on ignorera toujours parmi nous quel est le terme après lequel il n'est plus permis à une communauté religieuse d'acquérir.

Ces acquisitions sans fin paroissent aux peuples si déraisonnables, que celui qui voudroit parler pour elles, seroit regardé comme imbécille.

Les loix civiles trouvent quelquefois des obstacles à changer des abus établis, parce qu'ils sont liés à des choses qu'elles doivent respecter : dans ce cas, une disposition indirecte marque plus le bon esprit du législateur, qu'une autre qui frapperoit sur la chose même. Au lieu de défendre les acquisitions du clergé, il faut chercher à l'en dégoûter lui-même ; laisser le droit, & ôter le fait.

Dans quelques pays de l'Europe, la considération des droits des seigneurs a fait établir en leur faveur un droit d'in-

demnité sur les immeubles acquis par les
gens de main-morte. L'intérêt du prince
lui a fait exiger un droit d'amortissement
dans le même cas. En Castille, où il n'y
a point de droit pareil, le clergé a tout
envahi ; en Arragon, où il y a quelque
droit d'amortissement, il a acquis moins :
en France, où ce droit & celui d'indem-
nité sont établis, il a moins acquis encore ; & l'on peut dire que la prospérité
de cet état est due en partie à l'exercice
de ces deux droits. Augmentez-les ces
droits, & arrêtez la main-morte, s'il est
possible.

Rendez sacré & inviolable l'ancien &
nécessaire domaine du clergé ; qu'il soit
fixe & éternel comme lui : mais laissez
sortir de ses mains les nouveaux domaines.

Permettez de violer la régle, lorsque
la régle est devenue un abus ; souffrez
l'abus, lorsqu'il rentre dans la régle.

On se souvient toujours à Rome d'un
mémoire qui y fut envoyé à l'occasion
de quelques démêlés avec le clergé. On
y avoit mis cette maxime : » Le clergé «
doit contribuer aux charges de l'état, «
quoiqu'en dise l'ancien testament. « On
en conclut que l'auteur du mémoire en-

tendoit mieux le langage de la maltôté
que celui de la religion.

CHAPITRE VI.
Des monafteres.

LE moindre bon fens fait voir que ces
corps qui fe perpétuent fans fin, ne doivent pas vendre leurs fonds à vie, ni faire des emprunts à vie, à moins qu'on né
veuille qu'ils fe rendent héritiers de tous
ceux qui n'ont point de parens, & de
tous ceux qui n'en veulent point avoir :
ces gens jouent contre le peuple, mais
ils tiennent la banque contre lui.

CHAPITRE VII.
Du luxe de la fuperftition.

CEUX-LA font impies envers les
dieux, dit *Platon* (*a*), qui nient leur
exiftence ; ou qui l'accordent, mais fou-
tiennent qu'ils ne fe mêlent point des
chofes d'ici-bas ; ou enfin qui penfent
qu'on les appaife aifément par des facrifices : trois opinions également per-

(a) Des loix, liv. X.

nicieufes. « *Platon* dit là tout ce que la lumiere naturelle a jamais dit de plus fenfé en matiere de religion.

La magnificence du culte extérieur a beaucoup de rapport à la conftitution de l'état. Dans les bonnes républiques, on n'a pas feulement réprimé le luxe de la vanité, mais encore celui de la fuperftition : on a fait dans la religion des loix d'épargne. De ce nombre, font plufieurs loix de *Solon*, plufieurs loix de *Platon* fur les funérailles, que *Cicéron* a adoptées ; enfin quelques loix de *Numa* (a) fur les facrifices.

» Des oifeaux, dit *Cicéron*, & des peintures faites en un jour, font des dons très-divins. Nous offrons des chofes communes, difoit un Spartiate, afin que nous ayions tous les jours le moyen d'honorer les dieux. «

Le foin que les hommes doivent avoir de rendre un culte à la divinité, eft bien différent de la magnificence de ce culte. Ne lui offrons point nos tréfors, fi nous ne voulons lui faire voir l'eftime que nous faifons des chofes qu'elle veut que nous méprifions.

(a) Regum rino ne refpergito. Loi des douze tables.

H v j

» Que doivent penſer les dieux des
» dons des impies, dit admirablement
» *Platon*, puiſqu'un homme de bien rou-
» giroit de recevoir des préſens d'un mal-
» honnête homme ? «

Il ne faut pas que la religion, ſous
prétexte de dons, exige des peuples ce
que les néceſſités de l'état leur ont laiſſé ; &, comme dit *Platon* (a), des hommes chaſtes & pieux doivent offrir des
dons qui leur reſſemblent.

Il ne faudroit pas non plus que la religion encourageât les dépenſes des funérailles. Qu'y a-t'il de plus naturel, que
d'ôter la différence des fortunes dans
une choſe & dans les momens qui éga-
liſent toutes les fortunes ?

(a) Des loix, liv. III.

CHAPITRE VIII.

Du pontificat.

LORSQUE la religion a beaucoup de
miniſtres, il eſt naturel qu'ils aient un
chef, & que le pontificat y ſoit établi.
Dans la monarchie, où l'on ne ſçauroit
trop ſéparer les ordres de l'état, & où
l'on ne doit point aſſembler ſur une mê-

me tête toutes les puiſſances, il eſt bon
que le pontificat ſoit ſéparé de l'empire.
La même néceſſité ne ſe rencontre pas
dans le gouvernement deſpotique, dont
la nature eſt de réunir ſur une même tête
tous les pouvoirs. Mais, dans ce cas, il
pourroit arriver que le prince regarde-
roit la religion comme ſes loix mêmes ;
& comme des effets de ſa volonté. Pour
prévenir cet inconvénient, il faut qu'il
y ait des monumens de la religion ; par
exemple, des livres ſacrés qui la fixent
& qui l'établiſſent. Le roi de Perſe eſt
le chef de la religion ; mais l'alcoran regle la religion : l'empereur de la Chine
eſt le ſouverain pontife ; mais il y a des
livres qui ſont entre les mains de tout
le monde, auſquels il doit lui-même ſe
conformer. En vain un empereur voulut-
il les abolir, ils triompherent de la tyrannie.

CHAPITRE IX.

De la tolérance en fait de religion.

Nous sommes ici politiques, & non pas théologiens: & pour les théologiens mêmes, il y a bien de la différence entre tolérer une religion & l'approuver.

Lorsque les loix d'un état ont cru devoir souffrir plusieurs religions, il faut qu'elles les obligent aussi à se tolérer entr'elles. C'est un principe, que toute religion qui est réprimée, devient elle-même réprimante : car si-tôt que, par quelque hazard, elle peut sortir de l'op-pression, elle attaque la religion qui l'a réprimée, non pas comme une religion, mais comme une tyrannie.

Il est donc utile que les loix exigent de ces diverses religions, non seule-ment qu'elles ne troublent pas l'état, mais aussi qu'elles ne se troublent pas entr'elles. Un citoyen ne satisfait point aux loix, en se contentant de ne pas agi-ter le corps de l'état; il faut encore qu'il ne trouble pas quelque citoyen que ce soit.

CHAPITRE X.

Continuation du même sujet.

COMME il n'y a guere que les religions intolérantes qui aient un grand
zèle pour s'établir ailleurs, parce qu'u-
ne religion qui peut tolérer les autres
ne songe guere à sa propagation ; ce sera
une très-bonne loi civile, lorsque l'état
est satisfait de la religion déjà établie,
de ne point souffrir l'établissement (a)
d'une autre.

Voici donc le principe fondamental
des loix politiques en fait de religion.
Quand on est maître de recevoir dans
un état une nouvelle religion, ou de ne
la pas recevoir, il ne faut pas l'y établir ;
quand elle y est établie, il faut la tolérer.

(a) Je ne parle point dans tout ce chapitre de la
religion Chrétienne ; parce que, comme j'ai dit ailleurs, la religion Chrétienne est le premier bien.
Voyez la fin du chap. 1 du livre précédent, & la
défense de l'esprit des loix, seconde partie.

CHAPITRE XI.
Du changement de religion.

UN prince qui entreprend dans son
état de détruire ou de changer la religion dominante, s'expose beaucoup.
Si son gouvernement est despotique, il
court plus de risque de voir une révolution, que par quelque tyrannie que ce
soit, qui n'est jamais dans ces sortes d'é-
tats une chose nouvelle. La révolution
vient de ce qu'un état ne change pas de
religion, de mœurs & de manieres dans
un instant, & aussi vîte que le prince
publie l'ordonnance qui établit une religion nouvelle.

De plus, la religion ancienne est liée
avec la constitution de l'état, & la
nouvelle n'y tient point : celle-là s'accorde avec le climat, & souvent la nouvelle s'y refuse. Il y a plus : les citoyens
se dégoûtent de leurs loix ; ils prennent
du mépris pour le gouvernement déja
établi ; on substitue des soupçons contre
les deux religions, à une ferme croyance
pour une ; en un mot, on donne à l'é-
tat, au moins pour quelque temps, &

de mauvais citoyens, & de mauvais
fidéles.

CHAPITRE XII.
Des loix pénales.

IL faut éviter les loix pénales en fait
de religion. Elles impriment de la crainte, il eſt vrai : mais comme la religion
a ſes loix pénales auſſi qui inſpirent de
la crainte, l'une eſt effacée par l'autre.
Entre ces deux craintes différentes, les
ames deviennent atroces.

La religion a de ſi grandes menaces,
elle a de ſi grandes promeſſes, que lorſqu'elles ſont préſentes à notre eſprit,
quelque choſe que le magiſtrat puiſſe
faire pour nous contraindre à la quitter,
il ſemble qu'on ne nous laiſſe rien quand
on nous l'ôte, & qu'on ne nous ôte rien
lorſqu'on nous la laiſſe.

Ce n'eſt donc pas en rempliſſant l'ame
de ce grand objet, en l'approchant du
moment où il lui doit être d'une plus
grande importance, que l'on parvient à
l'en détacher : il eſt plus ſûr d'attaquer
une religion par la faveur, par les commodités de la vie, par l'eſpérance de la

fortune ; non pas par ce qui avertit, mais par ce qui fait que l'on oublie ; non pas par ce qui indigne, mais par ce qui jette dans la tiédeur, lorfque d'autres paffions agiffent fur nos ames, & que celles que la religion infpire font dans le filence. Regle générale : en fait de changement de religion, les invitations font plus fortes que les peines.

Le caractere de l'efprit humain a paru dans l'ordre même des peines qu'on a employées. Que l'on fe rappelle les perfécutions du Japon (*a*); on fe révolta plus contre les fupplices cruels que contre les peines longues, qui laffent plus qu'elles n'effarouchent, qui font plus difficiles à furmonter, parce qu'elles paroiffent moins difficiles.

En un mot, l'hiftoire nous apprend affez que les loix pénales n'ont jamais eu d'effet que comme deftruction.

(a) Voyez le recueil des voyages qui ont fervi à l'établiffement de la compagnie des Indes, tom. V, part. I, p. 192.

CHAPITRE XIII.

Très-humble remontrance aux inquisiteurs
d'Espagne & de Portugal.

Uɴᴇ Juive de dix-huit ans, brûlée à Lisbonne au dernier auto-da-fé, donna occasion à ce petit ouvrage; & je crois que c'est le plus inutile qui ait jamais été écrit. Quand il s'agit de prouver des choses si claires, on est sûr de ne pas convaincre.

L'auteur déclare que, quoiqu'il soit Juif, il respecte la religion Chrétienne, & qu'il l'aime assez, pour ôter aux princes qui ne seront pas Chrétiens un prétexte plausible pour la persécuter.

« Vous vous plaignez, dit-il aux inquisiteurs, de ce que l'empereur du Japon fait brûler à petit feu tous les Chrétiens qui sont dans ses états; mais il vous répondra : Nous vous traitons, vous qui ne croiez pas comme nous , comme vous traitez vous-mêmes ceux qui ne croient pas comme vous : vous ne pouvez vous plaindre que de votre foiblesse, qui vous empêche de nous exterminer, & qui fait que nous vous exterminons. «

Mais il faut avouer que vous êtes
bien plus cruels que cet empereur. Vous
nous faites mourir, nous qui ne croyons
que ce que vous croyez, parce que nous
ne croyons pas tout ce que vous croyez.
Nous fuivons une religion que vous fça-
vez vous-mêmes avoir été autrefois
chérie de dieu : nous penfons que dieu
l'aime encore, & vous penfez qu'il ne
l'aime plus ; & parce que vous jugez
ainfi, vous faites paffer par le fer & par
le feu ceux qui font dans cette erreur fi
pardonnable, de croire que dieu (a)
aime encore ce qu'il a aimé.

Si vous êtes cruels à notre égard,
vous l'êtes bien plus à l'égard de nos
enfans ; vous les faites brûler, parce
qu'ils fuivent les infpirations que leur
ont données ceux que la loi naturelle
& les loix de tous les peuples leur ap-
prennent à refpecter comme des dieux.

Vous vous privez de l'avantage que
vous a donné fur les Mahométans la
maniere dont leur religion s'eft établie.
Quand ils fe vantent du nombre de leurs
fidéles, vous leur dites que la force les

(a) C'eft la fource de l'aveuglement des Juifs, de
ne pas fentir que l'économie de l'évangile eft dans
l'ordre des deffeins de dieu ; & qu'ainfi elle eft une
fuite de fon immutabilité même.

leur a acquis, & qu'ils ont étendu leur «
religion par le fer : pourquoi donc éta- «
bliffez-vous la vôtre par le feu ? «

  Quand vous voulez nous faire venir «
à vous, nous vous objectons une fource «
dont vous vous faites gloire de defcen- «
dre. Vous nous répondez que votre re- «
ligion eft nouvelle, mais qu'elle eft di- «
vine ; & vous le prouvez parce qu'elle «
s'eft accrue par la perfécution des «
païens & par le fang de vos martyrs : «
mais aujourd'hui vous prenez le rôle «
des *Dioclétiens*, & vous nous faites «
prendre le vôtre. «

  Nous vous conjurons, non pas par «
le dieu puiffant que nous fervons vous «
& nous, mais par le Chrift que vous «
nous dites avoir pris la condition hu- «
maine pour vous propofer des exemples «
que vous puiffiez fuivre ; nous vous «
conjurons d'agir avec nous comme il «
agiroit lui-même, s'il étoit encore fur la «
terre. Vous voulez que nous foyons «
Chrétiens, & vous ne voulez pas l'être. «

  Mais fi vous ne voulez pas être Chré- «
tiens, foyez au moins des hommes : trai- «
tez-nous comme vous feriez, fi n'ayant «
que ces foibles lueurs de juftice que la «
nature nous donne, vous n'aviez point «

» une religion pour vous conduire, &
» une révélation pour vous éclairer.

»   Si le ciel vous a affez aimés pour vous
» faire voir la vérité, il vous a fait une
» grande grace : mais eſt-ce aux enfans
» qui ont l'héritage de leur pere, de haïr
» ceux qui ne l'ont pas eu ?

»   Que ſi vous avez cette vérité, ne
» nous la cachez pas par la maniere dont
» vous nous la propoſez. Le caractere de
» la vérité, c'eſt ſon triomphe ſur les
» cœurs & les eſprits, & non pas cétte
» impuiſſance que vous avouez, lorſque
» vous voulez la faire recevoir par des
» ſupplices.

»   Si vous êtes raiſonnables, vous ne
» devez pas nous faire mourir, parce que
» nous ne voulons pas vous tromper. Si
» votre Chriſt eſt ſe fils de dieu, nous
» eſpérons qu'il nous récompenſera de
» n'avoir pas voulu profaner ſes myſteres :
» & nous croyons que le dieu que nous
» ſervons vous & nous , ne nous punira
» pas de ce que nous avons ſouffert la
» mort pour une religion qu'il nous a au-
» trefois donnée, parce que nous croyons
» qu'il nous l'a encore donnée.

»   Vous vivez dans un ſiécle où la lu-
» miere naturelle eſt plus vive qu'elle n'a

jamais été, où la philofophie a éclairé «
les efprits, où la morale de votre évangi- «
le a été plus connue, où les droits ref- «
peclifs des hommes les uns fur les au- «
tres, l'empire qu'une confcience a fur «
une autre confcience, font mieux éta- «
blis. Si donc vous ne revenez pas de vos «
anciens préjugés, qui, fi vous n'y pre- «
nez garde, font vos paffions, il faut «
avouer que vous êtes incorrigibles, in- «
capables de toute lumiere & de toute «
inftruction ; & une nation eft bien mal- «
heureufe, qui donne de l'autorité à des «
hommes tels que vous. «

Voulez-vous que nous vous difions «
naïvement notre penfée ? Vous nous «
regardez plutôt comme vos ennemis, «
que comme les ennemis de votre reli- «
gion : car fi vous aimiez votre religion, «
vous ne la laifferiez pas corrompre par «
une ignorance groffiere. «

Il faut que nous vous avertiffions «
d'une chofe ; c'eft que, fi quelqu'un dans «
la poftérité ofe jamais dire que dans le «
fiécle où nous vivons, les peuples d'Eu- «
rope étoient policés, ou vous citera «
pour prouver qu'ils étoient barbares ; & «
l'idée que l'on aura de vous, fera telle, «
qu'elle flétrira votre fiécle, & portera «
la haine fur tous vos contemporains. «

CHAPITRE XIV.

Pourquoi la religion Chrétienne eſt ſi odieuſe au Japon.

J'ai parlé (*a*) du caractere atroce des ames Japonoiſes. Les magiſtrats regarderent la fermeté qu'inſpire le Chriſtianiſme lorſqu'il s'agit de renoncer à la foi, comme très-dangereuſe : on crut voir augmenter l'audace. La loi du Japon punit ſévérement la moindre déſobéiſſance : on ordonna de renoncer à la religion Chrétienne : n'y pas renoncer, c'étoit déſobéir ; on châtia ce crime, & la continuation de la déſobéiſſance parut mériter un autre châtiment.

Les punitions chez les Japonois ſont regardées comme la vengeance d'une inſulte faite au prince. Les chants d'allégreſſe de nos martyrs parurent être un attentat contre lui : le titre de martyr intimida les magiſtrats ; dans leur eſprit, il ſignifioit rebéle ; ils firent tout pour empêcher qu'on ne l'obtînt. Ce fut alors que les ames s'effaroucherent, & que l'on vit un combat horrible entre les tri-

(*a*) Liv. VI, ch. XXIV.

bunaux

bunaux qui condamnerent, & les accufés qui fouffrirent, entre les loix civiles
& celles de la religion.

CHAPITRE XV.

De la propagation de la religion.

TOUS les peuples d'orient, excepté
les Mahométans, croient toutes les religions en elles-mêmes indifférentes. Ce
n'eft que comme changement dans le
gouvernement, qu'ils craignent l'établiffement d'une autre religion. Chez
les Japonois, où il y a plufieurs fectes,
& où l'état a eu fi longtemps un chef
eccléfiaftique, on ne difpute (a) jamais
fur la religion. Il en eft de même chez
les Siamois (b). Les Calmouks (c) font
plus ; ils fe font une affaire de confcience
de fouffrir toutes fortes de religions : A
Calicuth (d), c'eft une maxime d'état,
que toute religion eft bonne.

Mais il n'en réfulte pas qu'une religion apportée d'un pays très-éloigné,
& totalement différent de climat, de

(a) Voyez *Kempfer*.
(b) Mémoires du comte de *Forbin*.
(c) Hiftoire des *Tattars*, part. V.
(d) Voyage de *Fançois Pyrard*, ch. XXVII.

loix, de mœurs & de manieres, ait tout
le succès que sa sainteté devroit lui pro-
mettre. Cela est surtout vrai dans les
grands empires despotiques : on tolere
d'abord les étrangers, parce qu'on ne fait
point d'attention à ce qui ne paroît pas
blesser la puissance du prince ; on y est
dans une ignorance extrême de tout. Un
Européen peut se rendre agréable par de
certaines connoissances qu'il procure :
cela est bon pour les commencemens.
Mais sitôt que l'on a quelque succès,
que quelque dispute s'éleve, que les
gens qui peuvent avoir quelque intérêt
sont avertis ; comme cet état, par sa
nature, demande surtout la tranquillité,
& que le moindre trouble peut le renverser, on proscrit d'abord la religion
nouvelle & ceux qui l'annoncent ; les
disputes entre ceux qui prêchent, venant à éclater, on commence à se dégoûter d'une religion, dont ceux qui la
proposent, ne conviennent pas.

LIVRE XXVI.

Des loix, dans le rapport qu'elles doivent avoir avec l'ordre des choses sur lesquelles elles statuent.

CHAPITRE PREMIER.

Idée de ce livre.

Les hommes font gouvernés par diverses fortes de loix; par le droit naturel; par le droit divin, qui eft celui de la religion; par le droit eccléfiaftique, autrement appellé canonique, qui eft celui de la police de la religion; par le droit des gens, qu'on peut confidérer comme le droit civil de l'univers, dans le fens que chaque peuple en eft un citoyen; par le droit politique général, qui a pour objet cette fageffe humaine qui a fondé toutes les fociétés; par le droit politique particulier, qui concerne chaque fociété; par le droit de conquête, fondé fur ce qu'un peuple a vou-

I ij

lu, a pu, ou a dû faire violence à un autre ; par le droit civil de chaque société,
par lequel un citoyen peut défendre ſes
biens & ſa vie contre tout autre citoyen;
enfin par le droit domeſtique, qui vient
de ce qu'une ſocieté eſt diviſée en diverſes familles, qui ont beſoin d'un gouvernement particulier.

Il y a donc différens ordres de loix ;
& la ſublimité de la raiſon humaine conſiſte à ſçavoir bien auquel de ces ordres
ſe rapportent principalement les choſes
ſur leſquelles on doit ſtatuer, & à ne
point mettre de confuſion dans les principes qui doivent gouverner les hommes.

CHAPITRE II.

Des loix divines & des loix humaines.

ON ne doit point ſtatuer par les loix
divines ce qui doit l'être par les loix humaines, ni régler par les loix humaines
ce qui doit l'être par les loix divines.

Ces deux ſortes de loix different par
leur origine, par leur objet, & par leur
nature.

Tout le monde convient bien que les

loix humaines font d'une autre nature que les loix de la religion, & c'eſt un grand principe : mais ce principe lui-même eſt foumis à d'autres, qu'il faut chercher.

1°. La nature des loix humaines eſt d'être foumiſe à tous les accidens qui arrivent, & de varier à meſure que les volontés des hommes changent : au contraire, la nature des loix de la religion eſt de ne varier jamais. Les loix humaines ſtatuent ſur le bien ; la religion ſur le meilleur. Le bien peut avoir un autre objet, parce qu'il y a pluſieurs biens ; mais le meilleur n'eſt qu'un, il ne peut donc pas changer. On peut bien changer les loix, parce qu'elles ne ſont cenſées qu'être bonnes : mais les inſtitutions de la religion ſont toujours ſuppoſées être les meilleures.

2°. Il y a des états où les loix ne font rien, ou ne font qu'une volonté capricieuſe & tranſitoire du ſouverain. Si, dans ces états, les loix de la religion étoient de la nature des loix humaines, les loix de la religion ne feroient rien non plus : il eſt pourtant néceſſaire à la ſociété qu'il y ait quelque choſe de fixe ; & c'eſt cette religion qui eſt quelque choſe de fixe.   I iij

3°. La force principale de la religion vient de ce qu'on la croit; la force des loix humaines vient de ce qu'on les craint. L'antiquité convient à la religion, parce que souvent nous croyons plus les choses à mesure qu'elles sont plus reculées : car nous n'avons pas dans la tête des idées accessoires tirées de ces temps-là, qui puissent les contredire. Les loix humaines, au contraire, tirent avantage de leur nouveauté, qui annonce une attention particuliere & actuelle du législateur, pour les faire observer.

CHAPITRE III.

Des loix civiles qui sont contraires à la loi naturelle.

Si un esclave, dit *Platon* (a), se défend & tue un homme libre, il doit être traité comme un parricide. Voilà une loi civile qui punit la défense naturelle.

La loi qui, sous *Henri VIII*, condamnoit un homme sans que les témoins lui eussent été confrontés, étoit contraire à la défense naturelle : en effet, pour

(a) Liv. IX *des loix.*

qu'on puiſſe condamner, il faut bien que
les témoins ſçachent que l'homme contre qui ils dépoſent, eſt celui que l'on
accuſe, & que celui-ci puiſſe dire, ce
n'eſt pas moi dont vous parlez.

La loi paſſée ſous le même régne, qui
condamnoit toute fille qui, ayant eu un
mauvais commerce avec quelqu'un, ne
le déclareroit point au roi, avant de l'é-
pouſer, violoit la défenſe de la pudeur
naturelle : il eſt auſſi déraiſonnable d'exiger d'une fille qu'elle faſſe cette déclaration, que de demander d'un homme
qu'il ne cherche pas à défendre ſa vie.

La loi d'*Henri II*, qui condamne à
mort une fille dont l'enfant a péri, en
cas qu'elle n'ait point déclaré au magiſtrat ſa groſſeſſe, n'eſt pas moins contraire à la défenſe naturelle. Il ſuffiſoit
de l'obliger d'en inſtruire une de ſes plus
proches parentes, qui veillât à la conſervation de l'enfant.

Quel autre aveu pourroit-elle faire,
dans ce ſupplice de la pudeur naturelle ?
L'éducation a augmenté en elle l'idée
de la conſervation de cette pudeur ; &
à peine dans ces momens eſt-il reſté en
elle une idée de la perte de la vie.

On a beaucoup parlé d'une loi d'An-

gleterre (*a*), qui permettoit à une fille
de sept ans de se choisir un mari. Cette
loi étoit révolante de deux manieres :
elle n'avoit aucun égard au temps de la
maturité que la nature a donné à l'esprit, ni au temps de la maturité qu'elle
a donné au corps.

Un pere pouvoit, chez les Romains,
obliger sa fille à répudier (*b*) son mari,
quoiqu'il eût lui-même consenti au mariage. Mais il est contre la nature que le
divorce soit mis entre les mains d'un
tiers.

Si le divorce est conforme à la nature,
il ne l'est que lorsque les deux parties,
ou au moins une d'elles, y consentent ;
& lorsque ni l'une ni l'autre n'y consentent, c'est un monstre que le divorce.
Enfin la faculté du divorce ne peut être
donnée qu'à ceux qui ont les incommo-
dités du mariage, & qui sentent le moment où ils ont intérêt de les faire cesser.

(*a*) M. *Bayle*, dans sa critique de l'histoire du Cal-
vinisme, parle de cette loi, p. 293.

(*b* Voyez la loi V, au cod. *de repudiis & judicio de
moribus sublato.*

CHAPITRE IV.

Continuation du même sujet.

GONDEBAUD (a) roi de Bourgogne, vouloit que si la femme ou le fils de celui qui avoit volé, ne révéloit pas le crime, ils fussent réduits en esclavage. Cette loi étoit contre la nature. Comment une femme pouvoit-elle être accusatrice de son mari ? Comment un fils pouvoit-il être accusateur de son pere ? Pour venger une action criminelle, il en ordonnoit une plus criminelle encore.

La loi de (b) *Recessuinde* permettoit aux enfans de la femme adultere, ou à ceux de son mari, de l'accuser, & de mettre à la question les esclaves de la maison. Loi inique, qui, pour conserver les mœurs, renversoit la nature, d'où tirent leur origine les mœurs.

Nous voyons avec plaisir sur nos théâtres un jeune héros montrer autant d'horreur pour découvrir le crime de sa belle-mere, qu'il en avoit eu pour le crime même ; il ose à peine, dans sa surprise,

(a) Loi des Bourguignons, tit. 4.
(b) Dans le cod. des Wisigots, liv. III, tit. 4 ; §. 13.

I v

accufé, jugé, condamné, profcrit &
couvert d'infamie, faire quelques réflexions fur le fang abominable dont
Phedre eft fortie : il abandonne ce
qu'il a de plus cher, & l'objet le plus
tendre, tout ce qui parle à fon cœur;
tout ce qui peut l'indigner, pour aller
fe livrer à la vengeance des dieux qu'il
n'a point méritée. Ce font les accens
de la nature qui caufent ce plaifir ; c'eft
la plus douce de toutes les voix.

CHAPITRE V.

Cas où l'on peut juger par les principes du droit civil, en modifiant les principes du droit naturel.

Une loi d'Athènes obligeoit (*a*) les
enfans de nourrir leurs peres tombés
dans l'indigence; elle exceptoit ceux qui
étoient nés (*b*) d'une courtifane, ceux
dont le pere avoit expofé la pudicité par un trafic infâme, ceux à qui (*c*) il
n'avoit point donné de métier pour gagner leur vie.

(*a*) Sous peine d'infamie ; une autre, fous peine de
prifon.
(*b*) *Plutarque*, vie de Solon.
(*c*) *Plutarque*, vie de Solon ; & *Gallien*, in exhort.
ad Art. ch. VIII.

La loi confidéroit que, dans le premier cas, le pere fe trouvant incertain,
il avoit rendu précaire fon obligation
naturelle : que, dans le fecond, il avoit
flétri la vie qu'il avoit donnée ; & que
le plus grand mal qu'il pût faire à fes
enfans, il l'avoit fait, en les privant de
leur caractere : que, dans le troifiéme, il
leur avoit rendu infupportable une vie
qu'ils trouvoient tant de difficulté à
foutenir. La loi n'envifageoit plus le
pere & le fils que comme deux citoyens,
ne ftatuoit plus que fur des vues politiques & civiles ; elle confidéroit que,
dans une bonne république, il faut furtout des mœurs. Je crois bien que la loi
de Solon étoit bonne dans les deux premiers cas, foit celui où la nature laiffe
ignorer au fils quel eft fon pere, foit celui où elle femble même lui ordonner de
le méconnoître : mais on ne fçauroit
l'approuver dans le troifiéme, où le pere
n'avoit violé qu'un réglement civil.

CHAPITRE VI.

Que l'ordre des successions dépend des principes du droit politique ou civil, & non pas des principes du droit naturel.

LA loi *Voconienne* ne permettoit point d'instituer une femme héritiere, pas même sa fille unique. Il n'y eut jamais, dit S. *Augustin* (*a*), une loi plus injuste. Une formule de (*b*) *Marculfe* traite d'impie la coutume qui prive les filles de la succession de leurs peres. *Justinien* (*c*) appelle barbare le droit de succéder des mâles, au préjudice des filles. Ces idées sont venues de ce que l'on a regardé le droit que les enfans ont de succéder à leurs peres, comme une conséquence de la loi naturelle; ce qui n'est pas.

La loi naturelle ordonne aux peres de nourrir leurs enfans, mais elle n'oblige pas de les faire héritiers. Le partage des biens, les loix sur ce partage, les successions après la mort de celui qui a eu ce partage; tout cela ne peut avoir été

(*a*) *De civitate dei*, liv. III.
(*b*) Liv. II, ch. XII.
(*c*) Novelle 21.

réglé que par la société, & par conféquent par des loix politiques ou civiles.

Il eft vrai que l'ordre politique ou civil demande fouvent que les enfans fuccedent aux peres, mais il ne l'exige pas toujours.

Les loix de nos fiefs ont pu avoir des raifons pour que l'aîné des mâles, ou les plus proches parens par mâles, euffent tout, & que les filles n'euffent rien : & les loix des Lombards (b) ont pu en avoir pour que les fœurs, les enfans naturels, les autres parens, & à leur défaut le fifc, concouruffent avec les filles.

Il fut réglé dans quelques dynafties de la Chine, que les freres de l'empereur lui fuccéderoient, & que fes enfans ne lui fuccéderoient pas. Si l'on vouloît que le prince eût une certaine expérience, fi l'on craignoit les minorités, s'il falloit prévenir que des eunuques ne plaçaffent fucceffivement des enfans fur le trône, on put très-bien établir un pareil ordre de fucceffion : & quand quelques (b) écrivains ont traité ces freres d'ufurpateurs, ils ont jugé fur des idées prifes des loix de ces pays-ci.

(a) Liv. II, tit. 14, §. 6, 7 & 8.
(b) Le P. du Halde, fur la feconde dynaftie.

Selon la coutume de Numidie (*a*) *Delface* frere de *Géla*, fuccéda au royaume, non pas *Maffiniffe* fon fils. Et encore aujourd'hui (*b*), chez les Arabes de Barbarie, ou chaque village a un chef, on choifit, felon cette ancienne coutume, l'oncle, ou quelqu'autre parent, pour fuccéder.

Il y a des monarchies purement électives; & dès qu'il eft clair que l'ordre des fucceffions doit dériver des loix politiques ou civiles, c'eft à elles à décider dans quels cas la raifon veut que cette fucceffion foit déférée aux enfans, & dans quels cas il faut la donner à d'autres.

Dans les pays où la polygamie eft établie, le prince a beaucoup d'enfans; le nombre en eft plus grand dans des pays que dans d'autres. Il y a des (*c*) états où l'entretien des enfans du roi feroit impoffible au peuple; on a pu y établir que les enfans du roi ne lui fuccéderoient pas, mais ceux de fa fœur.

Un nombre prodigieux d'enfans expo-

(*a*) *Tite-Live*, décade 3, liv. IX.
(*b*) Voy. les voyages de M. *S. haw*, tom. 1, p. 405.
(*c*) Voyez le recueil des voyages qui ont fervi à l'établiffement de la compagnie des Indes, tom. IV, part. 1, p. 114; & M. *Smith*, voyage de Guinée, part. 2, p. 150, fur le royaume de Juida.

feroit l'état à d'affreufes guerres civiles.
L'ordre de fucceſſion qui donne la couronne aux enfans de la fœur, dont le
nombre n'eſt pas plus grand que ne feroit celui des enfans d'un prince qui n'auroit qu'une feule femme, prévient ces inconvéniens.

Il y a des nations chez lefquelles des
raifons d'état ou quelque maxime de religion ont demandé qu'une certaine famille fût toujours regnante : telle eſt aux
Indes (a) la jaloufie de fa caſte, & la
crainte de n'en point defcendre : on y
a penfé que, pour avoir toujours des
princes du fang royal: il falloit prendre
les enfans de la fœur aînée du roi.

Maxime générale : nourrir fes enfans,
eſt une obligation du droit naturel ; leur
donner fa fucceſſion, eſt une obligation
du droit civil ou politique. De-là dérivent les différentes difpofitions fur les
bâtards dans les différens pays du monde ; elles fuivent les loix civiles ou politiques de chaque pays.

(a) Voyez les lett. édif. quatorziéme recueil ; & les
voyages qui ont fervi à l'établiffement de la compagnie des Indes, tome III, partie ?, p. 644.

CHAPITRE VII.

Qu'il ne faut point décider par les précep-
tes de la religion, lorsqu'il s'agit de
ceux de la loi naturelle.

LES Abyssins ont un carême de cinquante jours très-rude, & qui les affoi-
blit tellement, que de long-temps ils
ne peuvent agir : les Turcs (*a*) ne man-
quent pas de les attaquer après leur carême. La religion devroit, en faveur de
la défense naturelle, mettre des bornes
à ces pratiques.

Le sabbat fut ordonné aux Juifs : mais
ce fut une stupidité à cette nation de ne
point se défendre (*b*), lorsque ses ennemis choisirent ce jour pour l'attaquer.

Cambyse assiégeant Peluze, mit au premier rang un grand nombre d'animaux
que les Egyptiens tenoient pour sacrés :
les soldats de la garnison n'oserent tirer.
Qui ne voit que la défense naturelle est
d'un ordre supérieur à tous les préceptes ?

(*a*) Recueil des voyages qui ont servi à l'établissement de la compagnie des Indes, tom. IV, part. I,
p. 35 & 103.

(*b*) Comme ils firent, lorsque Pompée assiégea le
temple. Voyez *Dion*, liv. XXXVII.

CHAPITRE VIII.

Qu'il ne faut pas régler par les principes du droit qu'on appelle canonique, les choses réglées par les principes du droit civil.

PAR le droit (*a*) civil des Romains, celui qui enléve d'un lieu sacré une chose privée, n'est puni que du crime de vol : par le droit (*b*) canonique, il est puni du crime de sacrilége. Le droit canonique fait attention au lieu, le droit civil à la chose. Mais n'avoir attention qu'au lieu, c'est ne réfléchir, ni sur la nature & la définition du sacrilége.

Comme le mari peut demander la séparation à cause de l'infidélité de sa femme, la femme la demandoit autrefois (*c*) à cause de l'infidélité du mari. Cet usage, contraire à la disposition des loix (*d*) Romaines, s'étoit introduit dans les cours (*e*) d'église, où l'on ne voyoit

(*a*) Leg. V. ff. ad leg. Juliam peculatûs.

(*b*) Cap. Qui, quis XVII, quæstione 4 ; *Cujas,* obser: vat. liv. XIII, ch. X.X, tom. III.

(*c*) *Beaumanoir*, ancienne coutume de Beauvoisis, ch. XVIII.

(*d*) Leg I, cod. ad leg. Jul. de adult.

(*e*) Aujourdhui, en France, elles ne connoissent point de ces choses.

que les maximes du droit canonique;
& effectivement, à ne regarder le mariage que dans des idées purement
fpirituelles & dans le rapport aux chofes de l'autre vie, la violation eft la même. Mais les loix politiques & civiles
de prefque tous les peuples , ont avec
raifon diftingué ces deux chofes. Elles
ont demandé des femmes un dégré de
retenue & de continence, qu'elles n'exigent point des hommes; parce que la
violation de la pudeur fuppofe dans les
femmes un renoncement à toutes les
vertus; parce que la femme, en violant
les loix du mariage, fort de l'état de
fa dépendance naturelle; parce que la
nature a marqué l'infidélité des femmes
par des fignes certains; outre que les
enfans adultérins de la femme font néceffairement au mari & à la charge du
mari , au lieu que les enfans adultérins
du mari ne font pas à la femme, ni à la
charge de la femme.

CHAPITRE IX.

Que les choses qui doivent être réglées par les principes du droit civil, peuvent rarement l'être par les principes des loix de la religion.

Les loix religieuses ont plus de sublimité, les loix civiles ont plus d'étendue.

Les loix de perfection tirées de la religion ont plus pour objet la bonté de l'homme qui les observe, que celle de la société dans laquelle elles sont observées : les loix civiles, au contraire, ont plus pour objet la bonté morale des hommes en général, que celle des individus.

Ainsi, quelque respectables que soient les idées qui naissent immédiatement de la religion, elles ne doivent pas toujours servir de principe aux loix civiles ; parce que celles-ci en ont un autre, qui est le bien général de la société.

Les Romains firent des réglemens pour conserver dans la république les mœurs des femmes ; c'étoient des institutions politiques. Lorsque la monarchie s'établit, ils firent là-deſſus des loix civiles; & ils les firent ſur les principes du gouvernement civil. Lorſque la religion Chrétienne eut pris naiſſance, les loix nouvelles que l'on fit eurent moins de rapport à la bonté générale des mœurs, qu'à la ſainteté du mariage; on conſidéra moins l'union des deux ſexes dans l'état civil, que dans un état ſpirituel.

D'abord, par la loi (a) Romaine, un mari qui ramenoit ſa femme dans ſa maiſon après la condamnation d'adultere, fut puni comme complice de ſes débauches. *Juſtinien* (b), dans un autre eſprit, ordonna qu'il pourroit pendant deux ans l'aller reprendre dans le monaſtere.

Lorſqu'une femme qui avoit ſon mari à la guerre, n'entendoit plus parler de lui, elle pouvoit dans les premiers temps aiſément ſe remarier, parce qu'elle avoit entre ſes mains le pouvoir de faire divorce. La loi de *Conſtantin* (c) voulut qu'elle attendît quatre ans, après quoi elle pouvoit envoyer le libéle de divorce au chef; & ſi ſon mari revenoit,

(a) Leg. XI, §. ult. ff. *ad leg. Jul. de adult.*
(b) Nov. 134, coll. 9, ch. X, tit. 170.
(c) Leg. VII, cod. *de repudiis & judicio de moribus ſublato.*

il ne pouvoit plus l'accuser d'adultere.
Mais *Justinien* (a) établit que, quelque
temps qui se fût écoulé depuis le départ
du mari, elle ne pouvoit se remarier, à
moins que, par la déposition & le serment du chef, elle ne prouvât la mort
de son mari : *Justinien* avoit en vue l'in-
dissolubilité du mariage ; mais on peut
dire qu'il l'avoit trop en vue. Il demandoit une preuve positive, lorsqu'une
preuve négative suffisoit ; il exigeoit
une chose très-difficile, de rendre
compte de la destinée d'un homme éloigné & exposé à tant d'accidens ; il
présumoit un crime, c'est-à-dire, la dé-
sertion du mari, lorsqu'il étoit si naturel de présumer sa mort. Il choquoit le
bien public, en laissant une femme sans
mariage ; il choquoit l'intérêt particulier,
en l'exposant à mille dangers.

La loi de *Justinien* (b) qui mit parmi
les causes de divorce le consentement
du mari & de la femme d'entrer dans
le monastere, s'éloignoit entiérement
des principes des loix civiles. Il est naturel que des causes de divorce tirent
leur origine de certains empêchemens

(a) Auth. *Hodie quantiscumque*, cod. *de repud.*
(b) Auth. *Quòd hodiè*, cod. *de repud.*

qu'on ne devoit pas prévoir avant le mariage : mais ce defir de garder la chafteté pouvoit être prévu, puifqu'il eft en nous. Cette loi favorife l'inconftance, dans un état qui de fa nature eft perpétuel ; elle choque le principe fondamental du divorce, qui ne fouffre la diffolution d'un mariage que dans l'efpérance d'un autre ; enfin, à fuivre même les idées religieufes, elle ne fait que donner des victimes à dieu fans facrifice.

CHAPITRE X.

Dans quel cas il faut fuivre la loi civile qui permet, & non pas la loi de la religion qui défend.

LORSQU'UNE religion qui défend la polygamie, s'introduit dans un pays où elle eft permife, on ne croit pas, à ne parler que politiquement, que la loi du pays doive fouffrir qu'un homme qui a plufieurs femmes embraffe cette religion ; à moins que le magiftrat ou le mari ne les dédommagent, en leur rendant de quelque maniere leur état civil. Sans cela, leur condition feroit déplorable ; elles n'auroient fait qu'obéir aux

loix, & elles se trouveroient privées
des plus grands avantages de la société.

CHAPITRE XI.

Qu'il ne faut point régler les tribunaux
humains par les maximes des tribunaux
qui regardent l'autre vie.

Le tribunal de l'inquisition, formé par
les moines Chrétiens sur l'idée du tribunal de la pénitence, est contraire à
toute bonne police. Il a trouvé partout
un soulevement général ; & il auroit cé-
dé aux contradictions, si ceux qui vouloient l'établir n'avoient tiré avantage
de ces contradictions mêmes.

Ce tribunal est insupportable dans
tous les gouvernemens. Dans la monarchie, il ne peut faire que des délateurs
& des traîtres ; dans les républiques, il
ne peut former que des malhonnêtes
gens ; dans l'état despotique, il est des-
tructeur comme lui.

CHAPITRE XII.

Continuation du même sujet.

C'EST un des abus de ce tribunal, que de deux perſonnes qui y ſont accuſées du même crime, celle qui nie eſt condamnée à la mort, & celle qui avoue évite le ſupplice. Ceci eſt tiré des idées monaſtiques, où celui qui nie paroît être dans l'impénitence & damné, & celui qui avoue ſemble être dans le repentir & ſauvé. Mais une pareille diſtinction ne peut concerner les tribunaux humains : la juſtice humaine, qui ne voit que les actions, n'a qu'un pacte avec les hommes, qui eſt celui de l'innocence; la juſtice divine, qui voit les penſées, en a deux, celui de l'innocence & celui du repentir.

CHAPITRE

CHAPITRE XIII.

Dans quel cas il faut suivre, à l'égard des mariages, les loix de la religion ; & dans quel cas il faut suivre les loix civiles.

Il est arrivé, dans tous les pays & dans tous les temps, que la religion s'est mêlée des mariages. Dès que de certaines choses ont été regardées comme impures ou illicites, & que cependant elles étoient nécessaires, il a bien fallu y appeller la religion, pour les légitimer dans un cas & les réprouver dans les autres.

D'un autre côté, les mariages étant, de toutes les actions humaines, celle qui intéresse le plus la société, il a bien fallu qu'ils fussent reglés par les loix civiles.

Tout ce qui regarde le caractere du mariage, sa forme, la maniere de le contracter, la fécondité qu'il procure, qui a fait comprendre à tous les peuples qu'il étoit l'objet d'une bénédiction particuliere, qui n'y étant pas toujours attachée, dépendoit de certaines graces

Tome III. K

supérieures ; tout cela eft du reffort de la religion.

Les conféquences de cette union par rapport aux biens, les avantages réci-proques, tout ce qui a du rapport à la famille nouvelle, à celle dont elle eft for-tie, à celle qui doit naître ; tout cela regarde les loix civiles.

Comme un des grands objets du ma-riage eft d'ôter toutes les incertitudes des conjonctions il.égitimes, la religion y imprime fon caractere, & les loix ci-viles y joignent le leur, afin qu'il ait toute l'autenticité poffible. Ainfi, outre les conditions que demande la religion pour que le mariage foit valide, les loix civiles en peuvent encore exiger d'au-tres.

Ce qui fait que les loix civiles ont ce pouvoir, c'eft que ce font des caracte-res ajoutés, & non pas des caracteres contradictoires. La loi de la religion veut de certaines cérémonies, & les loix civiles veulent le confentement des peres ; elles demandent en cela quelque chofe de plus, mais elles ne demandent rien qui foit contraire.

Il fuit de-là que c'eft à la loi de la re-ligion à décider fi le lien fera indiffolu-

ble, ou non : car fi les loix de la religion
avoient établi le lien indiffoluble, & que
les civiles euffent réglé qu'il fe peut
rompre, ce feroient deux chofes contradictoires.

Quelquefois les caracteres imprimés
au mariage par les loix civiles, ne font
pas d'une abfolue néceffité ; tels font
ceux qui font établis par les loix qui,
au lieu de caffer le mariage, fe font con-
tentées de punir ceux qui le contrac-
toient.

Chez les Romains, les loix *Pappien-*
nes déclarerent injuftes les mariages
qu'elles prohiboient, & les foumirent
feulement à des peines (*a*) ; & le fénatus-
confulte rendu fur le difcours de l'empereur *Marc-Antonin*, les déclara nuls ;
il n'y eut plus (*b*) de mariage, de femme, de dot, de mari. La loi civile fe dé-
termine felon les circonftances : quelquefois elle eft plus attentive à réparer
le mal, quelquefois à le prévenir.

(*a*) Voyez ce que j'ai dit ci-deffus au ch. xxi du livre des loix, dans le rapport qu'elles ont avec le
nombre des habitans.

(*b*) Voy. la loi XVI, ff. *de ritu nuptiarum*; & la loi III,
§. 1, auffi au digefte *de donationibus inter virum &*
uxorem.

K ij

CHAPITRE XIV.

Dans quels cas, dans les mariages entre parens, il faut se régler par les loix de la nature ; dans quels cas on doit se régler par les loix civiles.

EN fait de prohibition de mariage entre parens, c'est une chose très-délicate de bien poser le point auquel les loix de la nature s'arrêtent, & où les loix civiles commencent. Pour cela, il faut établir des principes.

Le mariage du fils avec la mere confond l'état des choses : le fils doit un respect sans bornes à sa mere, la femme doit un respect sans bornes à son mari ; le mariage d'une mere avec son fils renverseroit dans l'un & dans l'autre leur état naturel.

Il y a plus : la nature a avancé dans les femmes le temps où elles peuvent avoir des enfans ; elle l'a reculé dans les hommes ; & par la même raison, la femme cesse plutôt d'avoir cette faculté, & l'homme plus tard. Si le mariage entre la mere & le fils étoit permis, il arriveroit presque toujours que, lorsque le mari feroit capable d'entrer dans les vues de la nature, la femme n'y feroit plus.

Le mariage entre le pere & la fille répugne à la nature, comme le précédent ; mais il répugne moins, parce qu'il n'a pas ces deux obftacles. Auffi les Tartares, qui peuvent époufer leur filles (a), n'époufent-ils jamais leurs meres, comme nous le voyons dans les relations (b).

Il a toujours été naturel aux peres de veiller fur la pudeur de leurs enfans. Chargés du foin de les établir, ils ont dû leur conferver & le corps le plus parfait, & l'ame la moins corrompue, tout ce qui peut mieux infpirer des defirs, & tout ce qui eft le plus propre à donner de la tendreffe. Des peres, toujours occupés à conferver les mœurs de leurs enfans, ont dû avoir un éloignement naturel pour tout ce qui pourroit les corrompre. Le mariage n'eft point une corruption, dira-t'on : mais avant le mariage, il faut parler, il faut fe faire ai-

(a) Cette loi eft bien ancienne parmi eux. *Attila* dit *Prifcus* dans fon ambaffade, s'arrêta dans un certain lieu pour époufer *Efca*, fa fille ; chofe *permife*, dit-il, *par les loix des Scythes*. p. 22.

(b) Hift. des Tattars, part. 3, p. 256.

mer; il faut féduire; c'eſt cette féduc⸗
tion qui a dû faire horreur.

Il a donc fallu une barriere inſurmon-
table entre ceux qui devoient donner
l'éducation, & ceux qui devoient la
recevoir; & éviter toute ſorte de corruption, même pour cauſe légitime.
Pourquoi les peres privent-ils ſi ſoi-
gneuſement ceux qui doivent épouſer
leurs filles, de leur compagnie & de
leur familiarité?

L'horreur pour l'inceſte du frere avec
la ſœur, a dû partir de la même ſource.
Il ſuffit que les peres & les meres aient
voulu conſerver les mœurs de leurs enfans & leurs maiſons pures, pour avoir
inſpiré à leurs enfans de l'horreur pour
tout ce qui pouvoit les porter à l'union
des deux ſexes.

La prohibition du mariage entre cou-
ſins germains a la même origine. Dans
les premiers temps, c'eſt-à-dire dans les
temps ſaints, dans les âges où le luxe
n'étoit point connu, tous les (a) enfans
reſtoient dans la maiſon, & s'y établiſſoient: c'eſt qu'il ne falloit qu'une maiſon très-petite pour une grande famille.

(a) Cela fut ainſi chez les premiers Romains.

Les enfans (a) des deux freres, ou les coufins germains, étoient regardés & fe regardoient entr'eux comme freres. L'éloignement qui étoit entre les freres & les fœurs pour le mariage, étoit donc auffi (b) entre les coufins germains.

Ces caufes font fi fortes & fi naturelles, qu'elles ont agi prefque par toute la terre, indépendamment d'aucune communication. Ce ne font point les Romains qui ont appris aux habitans de Formofe (c), que le mariage avec leurs parens au quatriéme dégré étoit inceftueux ; ce ne font point les Romains qui l'ont dit aux Arabes (d) ; ils ne l'ont point enfeigné aux Maldives (e).

Que fi quelques peuples n'ont point rejetté les mariages entre les peres & les enfans, les fœurs & les freres, on a vu, dans le livre premier, que les êtres

(a) En effet, chez les Romains, ils avoient le même nom ; les coufins germains étoient nommés freres.

(b) Ils le furent à Rome dans les premiers temps, jufqu'à ce que le peuple fit une loi pour les permettre ; il vouloit favorifer un homme extrémement populaire, & qui s'étoit marié avec fa coufine germaine: *Plutarque*, *au traité des demandes des chofes Romaines*.

(c) Recueil des voyages des Indes, tom. V, part. 1 ; relation de l'état de l'ifle de Formofe.

(d) L'alcoran, chap. *des femmes*.

(e) Voyez *François Pyrard*.

intelligens ne fuivent pas toujours leurs
loix. Qui le diroit! des idées religieufes
ont fouvent fait tomber les hommes
dans ces égaremens. Si les Affyriens,
fi les Perfes ont époufé leurs meres, les
premiers l'ont fait par un refpect reli-
gieux pour *Sémiramis* ; & les feconds,
parce que la religion de *Zoroaftre* donnoit la préférence (*a*) à ces mariages. Si
les Egyptiens ont époufé leurs fœurs,
ce fut encore un délire de la religion
Egyptienne, qui confacra ces mariages
en l'honnéur d'*Ifis*. Comme l'efprit de
la religion eft de nous porter à faire avec
effort des chofes grandes & difficiles,
il ne faut pas juger qu'une chofe foit naturelle, parce qu'une religion fauffe l'a
confacrée.

Le principe que les mariages entre
les peres & les enfans, les freres & les
fœurs, font défendus pour la confervâ-
tion de la pudeur naturelle dans la maifon, fervira à nous faire découvrir quels
font les mariages défendus par la loi
naturelle, & ceux qui ne peuvent l'être
que par la loi civile.

(*a*) Ils étoient regardés comme plus honorables,
Voyez Philon, *de fpecialibus leg.bus quæ pertinent ad
pracepta decalogi.* Paris, 1640, p. 778,

Comme les enfans habitent, ou font cenfés habiter dans la maifon de leur pere, & par conféquent le beau-fils avec la belle-mere, le beau-pere avec la belle-fille ou avec la fille de fa femme ; le mariage entr'eux eft défendu par la loi de la nature. Dans ce cas, l'image a le même effet que la réalité ; parce qu'il a la même caufe : la loi civile ne peut ni ne doit permettre ces mariages.

Il y a des peuples chez lefquels, comme j'ai dit, les coufins germains font regardés comme freres, parce qu'ils habitent ordinairement dans la même maifon ; il y en a où on ne connoît guere cet ufage. Chez ces peuples, le mariage entre coufins germains doit être regardé comme contraire à la nature ; chez les autres, non.

Mais les loix de la nature ne peuvent être des loix locales. Ainfi quand ces mariages font défendus ou permis, ils font, felon les circonftances, permis ou défendus par une loi civile.

Il n'eft point d'un ufage néceffaire que le beau-frere & la belle-fœur habitent dans la même maifon. Le mariage n'eft donc pas défendu entr'eux pour

K v

conferver la pudicité dans la maifon ; &
la loi qui le défend ou le permet, n'eft
point la loi de la nature, mais une loi
civile, qui fe regle fur les circonftances,
& dépend des ufages de chaque pays :
ce font des cas, où les loix dépendent
des mœurs & des manieres.

Les loix civiles défendent les mariages, lorfque, par les ufages reçus dans
un certain pays, ils fe trouvent être
dans les mêmes circonftances que ceux
qui font défendus par les loix de la nature ; & elles les permettent lorfque les
mariages ne fe trouvent point dans ce
cas. La défenfe des loix de la nature eft
invariable, parce qu'elle dépend d'une
chofe invariable ; le pere, la mere & les
enfans habitant néceffairement dans la
maifon. Mais les défenfes des loix civiles
font accidentelles, parce qu'elles dépendent d'une circonftance accidentel-
le, les coufins germains & autres habitant accidentellement dans la maifon.

Cela explique comment les loix de
Moïfe, celles des Egyptiens (*a*) & de
plufieurs autres peuples, permettent le
mariage entre le beau-frere & la belle-

(*a*) Voyez la loi VIII, au cod. *de inceftis & inuti-
libus nuptiis.*

sœur, pendant que ces mêmes mariages
sont défendus chez d'autres nations.

Aux Indes, on a une raison bien naturelle d'admettre ces sortes de mariages. L'oncle y est regardé comme pere,
& il est obligé d'entretenir & d'établir
ses neveux, comme si c'étoient ses propres enfans : ceci vient du caractere de
ce peuple, qui est bon & plein d'huma-
nité. Cette loi ou cet usage en a produit un autre : si un mari a perdu sa femme, il ne manque pas d'en épouser la
sœur (a) : & cela est très-naturel ; car la
nouvelle épouse devient la mere des
enfans de sa sœur, & il n'y a point d'injuste marâtre.

(a) Lettres édif. quatorziéme recueil, p. 403.

CHAPITRE XV.

Qu'il ne faut point régler par les princi-
pes du droit politique, les choses qui dé-
pendent des principes du droit civil.

COMME les hommes ont renoncé à
leur indépendance naturelle, pour vivre
sous des loix politiques, ils ont renoncé
à la communauté naturelle des biens,
pour vivre sous des loix civiles.

K vj

Ces premieres loix leur acquierent la liberté ; les secondes, la propriété. Il ne faut pas décider par les loix de la liberté, qui, comme nous avons dit, n'est que l'empire de la cité, ce qui ne doit être décidé que par les loix qui concer-nent la propriété. C'est un paralogisme de dire que le bien particulier doit céder au bien public : cela n'a lieu que dans les cas où il s'agit de l'empire de la cité, c'est-à-dire, de la liberté du citoyen : cela n'a pas lieu dans ceux où il est question de la propriété des biens, parce que le bien public est toujours que chacun conserve invariablement la propriété que lui donnent les loix ci-viles.

Cicéron soutenoit que les loix agrai-res étoient funestes, parce que la cité n'étoit établie que pour que chacun con-servât ses biens.

Posons donc pour maxime que, lors-qu'il s'agit du bien public, le bien pu-blic n'est jamais que l'on prive un par-ticulier de son bien, ou même qu'on lui en retranche la moindre partie par une loi ou un réglement politique. Dans ce cas, il faut suivre à la rigueur la loi ci-vile, qui est le *palladium* de la propriété,

Ainfi lorfque le public a befoin du fonds d'un particulier, il ne faut jamais agir par la rigueur de la loi politique : mais c'eft là que doit triompher la loi civile, qui, avec des yeux de mere, regarde chaque particulier comme toute la cité même.

Si le magiftrat politique veut faire quelque édifice public, quelque nouveau chemin, il faut qu'il indemnife ; le public eft, à cet égard, comme un particulier qui traite avec un particulier, C'eft bien affez qu'il puiffe contraindre un citoyen de lui vendre fon héritage, & qu'il lui ôte ce grand privilége qu'il tient de la loi civile, de ne pouvoir être forcé d'aliéner fon bien.

Après que les peuples qui détruifirent les Romains eurent abufé de leurs conquêtes même, l'efprit de liberté les rappella à celui d'équité ; les droits les plus barbares, ils les exercerent avec modération : & fi l'on en doutoit, il n'y auroit qu'à lire l'admirable ouvrage de *Beaumanoir*, qui écrivoit fur la jurifprudence dans le douziéme fiécle.

On raccommodoit de fon temps les grands chemins, comme on fait aujourd'hui. Il dit que, quand un grand che-

min ne pouvoit étre rétabli, on en faifoit un autre le plus près de l'ancien qu'il
étoit poffible ; mais qu'on dédomma-
geoit les propriétaires (*a*) aux frais de
ceux qui tiroient quelque avantage du
chemin. On fe déterminoit pour lors par
la loi civile ; on s'eft déterminé de nos
jours par la loi politique.

(*a*) Le feigneur nommoit des prud'hommes pour faire la levée fur le payfan ; les gentils-hommes étoient
contraits à la contribution par le comte, l'homme
d'églife par l'évêque. *Beaumanoir*, ch. XXII.

CHAPITRE XVI. •

*Qu'il ne faut point décider par les regles
du droit civil, quand il s'agit de décider par celles du droit politique.*

ON verra le fond de toutes les quef-
tions, fi l'on ne confond point les regles
qui dérivent de la propriété de la cité,
avec celles qui naiffent de la liberté de
la cité.

Le domaine d'un état eft-il aliéna-
ble, ou ne l'eft-il pas ? Cette queftion
doit être décidée par la loi politique,
& non pas par la loi civile. Elle ne doit
pas être décidée par la loi civile, parce
qu'il eft auffi néceffaire qu'il y ait un

domaine pour faire fubfifter l'état, qu'il eft nécelfaire qu'il y ait dans l'état des loix civiles qui reglent la difpofition des biens.

Si donc on aliene le domaine, l'état fera forcé de faire un nouveau fonds pour un autre domaine. Mais cet expédient renverfe encore le gouvernement politique ; parce que, par la nature de la chofe, à chaque domaine qu'on établira, le fujet paiera toujours plus, & le fouverain retirera toujours moins ; en un mot, le domaine eft nécelfaire, & l'aliénation ne l'eft pas.

L'ordre de fucceffion eft fondé dans les monarchies fur le bien de l'état, qui demande que cet ordre foit fixé, pour éviter les malheurs que j'ai dit devoir arriver dans le defpotifme, où tout eft incertain, parce que tout y eft arbitraire.

Ce n'eft pas pour la famille regnante que l'ordre de fucceffion eft établi, mais parce qu'il eft de l'intérêt de l'état qu'il y ait une famille regnante. La loi qui régle la fucceffion des particuliers, eft une loi civile, qui a pour objet l'intérêt des particuliers ; celle qui régle la fucceffion à la monarchie, eft une loi politique , qui a pour objet le bien & la conſervation de l'état.

Il ſuit de-là que , lorſque la loi poli-tique a établi dans un état un ordre de ſucceſſion, & que cet ordre vient à finir, il eſt abſurde de réclamer la ſucceſſion en vertu de la loi civile de quelque peuple que ce ſoit. Une ſociété particuliere ne fait point de loix pour une autre ſociété. Les loix civiles des Romains ne ſont pas plus applicables que toutes autres loix civiles ; ils ne les ont point employées eux-mêmes , lorſqu'ils ont jugé les rois : & les maximes par leſquelles ils ont jugé les rois , ſont ſi abominables , qu'il ne faut point les faire revivre.

Il ſuit encore de-là que , lorſque la loi politique a fait renoncer quelque fa-mille à la ſucceſſion , il eſt abſurde de vouloir employer les reſtitutions tirées de la loi civile. Les reſtitutions ſont dans la loi, & peuvent être bonnes contre ceux qui vivent dans la loi : mais elles ne ſont pas bonnes pour ceux qui ont été établis pour la loi, & qui vivent pour la loi.

Il eſt ridicule de prétendre décider des droits des royaumes, des nations & de l'univers, par les mêmes maximes

fur lefquelles on décide entre particuliers d'un droit pour une goutiere, pour
me fervir de l'expreſſion de *Ciceron* (a).

(a) Liv. I. des Loix.

CHAPITRE XVII.

Continuation du même fujet.

L'OSTRACISME doit être examiné
par les régles de la loi politique, & non
par les régles de la loi civile : & bien
loin que cet ufage puiſſe flétrir le gouvernement populaire, il eſt au contraire
très-propre à en prouver la douceur :
& nous aurions fenti cela, fi l'exil parmi nous étant toujours une peine, nous
avions pu féparer l'idée de l'oſtracifme
d'avec celle de la punition.

Arifote (a) nous dit, qu'il eſt con-
venu de tout le monde que cette pratique a quelque chofe d'humain & de populaire. Si dans les temps & dans les
lieux où l'on exerçoit ce jugement, on
ne le trouvoit point odieux ; eſt-ce à
nous, qui voyons les chofes de fi loin,
de penfer autrement que les accufateurs,
les juges & l'accufé même ?

(a) République, liv. III, ch. XIII.

Et si l'on fait attention que ce juge-ment du peuple combloit de gloire ce-lui contre qui il étoit rendu ; que lors-qu'on en eut abusé à Athènes contre un homme sans (*a*) mérite, on cessa dans ce moment de (*b*) l'employer ; on verra bien qu'on en a pris une fausse idée, & que c'étoit une loi admirable que celle qui prévenoit les mauvais effets que pouvoit produire la gloire d'un ci-toyen, en le comblant d'une nouvelle gloire.

(*a*) *Hyperbolus.* Voyez *Plutarque*, vie d'Aristide.
(*b*) Il se trouva opposé à l'esprit du légiflateur.

CHAPITRE XVIII.

Qu'il faut examiner si les loix qui parois-sent se contredire, sont du même ordre.

A ROME il fut permis au mari de prê-ter sa femme à une autre. *Plutarque* nous le (*a*) dit formellement : on sçait que *Caton* prêta sa (*b*) femme à *Hortensius*, & *Caton* n'étoit point homme à violer les loix de son pays.

(*a*) *Plutarque*, dans sa comparaison de *Lycurgue* & de *Numa*.
(*b*) *Plutarque*, vie de *Caton*. Cela se passa de notre temps, dit Strabon, liv. XI.

D'un autre côté, un mari qui souffroit les débauches de sa femme, qui ne
la mettoit pas en jugement, ou qui la
reprenoit (a) après la condamnation,
étoit puni. Ces loix paroissent se contredire, & ne se contredisent point. La loi
qui permettoit à un Romain de prêter sa
femme, est visiblement une institution
Lacédémonienne, établie pour donner
à la république des enfans d'une bonne
espece, si j'ose me servir de ce terme :
l'autre avoit pour objet de conserver les
mœurs. La premiere étoit une loi politique, la seconde une loi civile.

(a) Leg. XI, §. ult. ff. ad leg. Jul. de adult.

CHAPITRE XIX.

Qu'il ne faut pas décider par les loix civiles
les choses qui doivent l'être par les loix
domestiques.

LA loi des Wisigoths vouloit que les
esclaves (a) fussent obligés de lier
l'homme & la femme qu'ils surprenoient
en adultere, & de les présenter au mari & au juge : loi terrible, qui mettoit

(a) Loi des Wisigoths, liv. III, tit. 4, §. 6.

entre les mains de ces perſonnes viles le
ſoin de la vengeance publique , domeſtique & particuliere !

Cette loi ne ſeroit bonne que dans les
ſérails d'orient , où l'eſclave , qui eſt
chargé de la clôture , a prévariqué ſitôt
qu'on prévarique. Il arrête les criminels , moins pour les faire juger , que
pour ſe faire juger lui-même , & obtenir
que l'on cherche dans les circonſtances
de l'action , ſi l'on peut perdre le ſoupçon
de ſa négligence.

Mais dans les pays où les femmes ne
ſont point gardées , il eſt inſenſé que la
loi civile les ſoumette , elles qui gou-
vernent la maiſon, à l'inquiſition de leurs
eſclaves.

Cette inquiſition pourroit être , tout
au plus dans de certains cas , une loi particuliere domeſtique , & jamais une loi
civile.

CHAPITRE XX.

Qu'il ne faut pas décider par les principes des loix civiles, les choses qui appartiennent au droit des gens.

L A liberté consiste principalement à ne pouvoir être forcé à faire une chose que la loi n'ordonne pas ; & on n'est dans cet état que parce qu'on est gouverné par des loix civiles : nous sommes donc libres, parce que nous vivons sous des loix civiles.

Il suit de-là que les princes qui ne vivent point entr'eux sous des loix civiles, ne sont point libres ; ils sont gouvernés par la force ; ils peuvent continuellement forcer ou être forcés. De-là il suit que les traités qu'ils ont faits par force, sont aussi obligatoires que ceux qu'ils auroient faits de bon gré. Quand nous, qui vivons sous des loix civiles, sommes contraints à faire quelque contrat que la loi n'exige pas, nous pouvons, à la faveur de la loi, revenir contre la violence : mais un prince, qui est toujours dans cet état dans lequel il force ou il est forcé, ne peut pas se plaindre d'un traité qu'on lui a fait faire par violence. C'eſt comme s'il ſe plaignoit de ſon état naturel : c'eſt comme s'il vouloit être prince à l'égard des autres princes, & que les autres princes fuſſent citoyens à ſon égard ; c'eſt-à-dire, choquer la nature des choſes.

CHAPITRE XXI.

Qu'il ne faut pas décider par les loix poli-tiques, les choſes qui appartiennent au droit des gens.

LE s loix politiques demandent que tout homme ſoit ſoumis aux tribunaux criminels & civils du pays où il eſt, & à l'animadverſion du ſouverain.

Le droit des gens a voulu que les princes s'envoyaſſent des ambaſſadeurs : & la raiſon tirée de la nature de la choſe, n'a pas permis que ces ambaſſadeurs dépendiſſent du ſouverain chez qui ils ſont envoyés, ni de ſes tribunaux. Ils ſont la parole du prince qui les envoie, & cette parole doit être libre : aucun obſtacle ne doit les empêcher d'agir : ils peuvent ſouvent déplaire, parce qu'ils parlent pour un homme indépendant : on pour-

roit leur imputer des crimes , s'ils pouvoient être punis pour des crimes ; on
pourroit leur suppofer des dettes , s'ils
pouvoient être arrêtés pour des dettes :
un prince qui a une fierté naturelle, par-
leroit par la bouche d'un homme qui
auroit tout à craindre. Il faut donc fuivre , à l'égard des ambaffadeurs, les raifons tirées du droit des gens , & non pas
celles qui dérivent du droit politique.
Que s'ils abufent de leur être repréfen-
tatif, on le fait ceffer , en les renvoyant
chez eux : on peut même les accufer
devant leur maître , qui devient par-là
leur juge ou leur complice.

CHAPITRE XXII.

Malheureux fort de l'ynca Athualpa.

Les principes que nous venons d'établir, furent cruellement violés par les
Efpagnols. L'ynca (*a*) *Athualpa* ne
pouvoit être jugé que par le droit des
gens ; ils le jugerent par des loix politiques & civiles ; ils l'accuferent d'avoir
fait mourir quelques-uns de fes fujets,
d'avoir eu plufieurs femmes, &c. Et le

(*a*) Voyez l'ynca *Garcilaffo de la Vega* , p. 108.

comble de la stupidité fut, qu'ils ne le
condamnerent pas par les loix politiques
& civiles de son pays, mais par les loix
politiques & civiles du leur.

CHAPITRE XXIII.

*Que lorsque, par quelque circonstance,
la loi politique détruit l'état, il faut décider par la loi politique qui le conserve,
qui devient quelquefois un droit des gens.*

QUAND la loi politique, qui a établi
dans l'état un certain ordre de succession, devient destructrice du corps politique pour lequel elle a été faite, il ne
faut pas douter qu'une autre loi politique ne puisse changer cet ordre ; & bien
loin que cette même loi soit opposée à
la premiere, elle y sera dans le fond entiérement conforme , puisqu'elles dé-
pendront toutes deux de ce principe :
LE SALUT DU PEUPLE EST
LA SUPREME LOI.

J'ai dit (*a*) qu'un grand état devenu
accessoire d'un autre s'affoiblissoit, &

(*a*) Voyez ci-dessus, liv. V, ch. XIV; liv. VII,
ch. XVI, XVII, XVIII, XIX & XX; liv. IX, ch. IV,
V, VI & VII; & liv. X, ch. IX & X.

même

même affoibliffoit le principal. On fçait
que l'état a intérêt d'avoir fon chef chez
lui, que les revenus publics foient bien
adminiftrés, que fa monnoie ne forte point
pour enrichir un autre pays. Il eft im-
portant que celui qui doit gouverner ne
foit point imbu de maximes étrangeres;
elles conviennent moins que celles qui
font déjà établies : d'ailleurs les hommes tiennent prodigieufement à leurs
loix & à leurs coutumes; elles fontla
félicité de chaque nation; il eft rare
qu'on les change fans de grandes fe-
couffes & une grande effufion de fang,
comme les hiftoires de tous les pays le
font voir.

Il fuit de-là que fi un grand état a
pour héritier le poffeffeur d'un grand
état, le premier peut fort bien l'exclurre,
parce qu'il eft utile à tous les deux états
que l'ordre de la fucceffion foit changé.
Ainfi la loi de Ruffie faite au commencement du regne d'*Elifabeth*, exclut-
t'elle très-prudemment tout héritier qui
poffédéroit une autre monarchie; ainfi
la loi de Portugal rejette-t'elle tout
étranger qui feroit appellé à la couronñe
par le droit du fang.

Que fi une nation peut exclurre, elle

a à plus forte raifon le droit de faire renoncer. Si elle craint qu'un certain mariage n'ait des fuites qui puiffent lui faire
perdre fon indépendance ou la jetter
dans un partage, elle pourra fort bien
faire renoncer les contractans, & ceux
qui naîtront d'eux, à tous les droits
qu'ils auroient fur elle; & celui qui re-
-nonce, & ceux contre qui on renonce,
pourront d'autant moins fe plaindre,
que l'état auroit pu faire une loi pour
les exclurre.

CHAPITRE XXIV.

Que les réglemens de police font d'un autre ordre que les autres loix civiles.

IL y a des criminels que le magiftrat
punit, il y en a d'autres qu'il corrige;
les premiers font foumis à la puiffance
de la loi, les autres à fon autorité; ceux-
là font retranchés de la fociété, on oblige ceux-ci de vivre felon les régles de
la fociété.

Dans l'exercice de la police, c'eft plutôt le magiftrat qui punit, que la loi;
dans les jugemens des crimes, c'eft plutôt la loi qui punit, que le magiftrat. Les

matieres de police font des chofes de
chaque inftant, & où il ne s'agit ordinairement que de peu : il ne faut donc
guere de formalités. Les actions de la
police font promptes, & elle s'exerce
fur des chofes qui reviennent tous les
jours : les grandes punitions n'y font
donc pas propres. Elle s'occupe perpétuellement de détails : les grands exemples ne font donc pas faits pour elle. Elle
a plutôt des réglemens que des loix. Les
gens qui relevent d'elles font fans ceffe
fous les yeux du magiftrat ; c'eft donc la
faute du magiftrat s'ils tombent dans
des excès. Ainfi il ne faut pas confondre les grandes violations des loix avec
la violation de la fimple police : ces
chofes font d'un ordre différent.

De-là il fuit qu'on ne s'eft point con-
formé à la nature des chofes de cette république d'Italie (*a*) où le port des armes à feu eft puni comme un crime capital, & où il n'eft pas plus fatal d'en
faire un mauvais ufage que de les porter.

Il fuit encore que l'action tant louée
de cet empereur, qui fit empaler un bou-
langer qu'il avoit furpris en fraude, eft
une action de fultan, qui ne fçait être
jufte qu'en outrant la juftice même.

(*a*) Venife.

CHAPITRE XXV.

*Qu'il ne faut pas suivre les dispositions gé-
nérales du droit civil, lorsqu'il s'agit
de choses qui doivent être soumises à des
regles particulieres tirées de leur propre
nature.*

EST-CE une bonne loi, que toutes
les obligations civiles passées dans le
cours d'un voyage entre les matelots
dans un navire, soient nulles? *François
Pyrard* (a) nous dit que de son temps
elle n'étoit point observée par les Por-
tugais, mais qu'elle l'étoit par les François. Des gens qui ne sont ensemble que
pour peu de temps, qui n'ont aucuns
besoins, puisque le prince y pourvoit,
qui ne peuvent avoir qu'un objet qui est
celui de leur voyage, qui ne sont plus
dans la société, mais citoyens du navire, ne doivent point contracter de ces
obligations qui n'ont été introduites
que pour soutenir les charges de la société civile.

C'est dans ce même esprit que la loi
des Rhodiens, faite pour un temps, où

(a) Chapitre XIV, part. 12.

l'on fuivoit toujours les côtes , vouloit
que ceux qui, pendant la tempête, reftoient dans le vaiffeau , euffent le navire
& la charge ; & que ceux qui l'avoient
quitté , n'euffent rien.

LIVRE XXVII.

CHAPITRE UNIQUE.

*De l'origine & des révolutions des loix
des Romains sur les successions.*

CETTE matiere tient à des établissemens d'une antiquité très-reculée ; &
pour la pénétrer à fond, qu'il me soit
permis de chercher dans les premieres
loix des Romains ce que je ne sçache pas
que l'on y ait vu jusqu'ici.

On sçait que Romulus (*a*) partagea les
terres de son petit état à ses citoyens ; il
me semble que c'est de-là que dérivent
les loix de Rome sur les successions.

La loi de la division des terres demanda que les biens d'une famille ne
passassent pas dans une autre : de-là il
suivit qu'il n'y eût que deux ordres
d'héritiers établis par la loi (*b*) ; les enfans & tous les descendans qui vivoient

____

(*a*) *Denys d'Halic.* liv. II, ch. III. *Plutarque*, dans
sa comparaison de *Numa* & de *Lycurgue.*
(*b*) *Ast si intestato moritur, cui suus hæres nec exta-
bit, agnatus proximus familiam habeto.* Frag. de la loi
des douze tables, dans *Ulpien*, tit. dernier.

fous la puiſſance du pere , qu'on appella héritiers-ſiens ; & à leur défaut , les
plus proches parens par mâles , qu'on
appella agnats.

Il ſuivit encore que les parens par femmes , qu'on appella cognats , ne devoient point ſuccéder; ils auroient tranfporté les biens dans une autre famille ;
& cela fut ainſi établi.

Il ſuivit encore de-là que les enfans ne
devoient point ſuccéder à leur mere , ni
la mere à ſes enfans ; cela auroit porté
les biens d'une famille dans une autre.
Auſſi les voit - on exclus (a) dans
la loi des douze tables ; elle n'appelloit à la ſucceſſion que les agnats ,
& le fils & la mere ne l'étoient pas entr'eux.

Mais il étoit indifférent que l'héritier-
ſien , ou , à ſon défaut , le plus proche
agnat , fût mâle lui-même ou femelle ;
parce que les parens du côté maternel ne
ſuccédant point , quoiqu'une femme héritiere ſe mariât, les biens rentroient toujours dans la famille dont ils étoient for-
tis. C'eſt pour cela que l'on ne diſtin-
guoit point dans la loi des douze ta-

(a) Voyez les frag. d'Ulp. §. 8 , tit. 26, inſt. tit. 3.
in præmio ad ſen. conſ. Tertullianum.

bles, si la personne (*a*) qui succédoit étoit mâle ou femelle.

Cela fit que, quoique les petits enfans par le fils succédassent au grand pere, les petits enfans par la fille ne lui succéderent point : car, pour que les biens ne passassent pas dans une autre famille, les agnats leur étoient préférés. Ainsi la fille succéda à son pere, & non pas ses enfans (*b*).

Ainsi, chez les premiers Romains, les femmes succédoient, lorsque cela s'accordoit avec la loi de la division des terres ; & elles ne succédoient point, lorsque cela pouvoit la choquer.

Telles furent les loix des successions chez les premiers Romains ; & comme elles étoient une dépendance naturelle de la constitution, & qu'elles dérivoient du partage des terres, on voit bien qu'elles n'eurent pas une origine étrangere, & ne furent point du nombre de celles que rapporterent les députés que l'on envoya dans les villes Grecques.

Denys d'Halicarnasse (*c*) nous dit que *Servius Tullius* trouvant les loix de *Ro-*

(*a*) *Paul*, liv. IV, de sent. tit. 8. §. 3.
(*b*) Inst. liv. III, tit. 1, §. 15.
(*c*) Liv. IV, p. 276.

mulus & de *Numa* fur le partage des
terres abolies, il les rétablit, & en fit
de nouvelles pour donner aux anciennes un nouveau poids. Ainfi on ne peut
douter que les loix dont nous venons
de parler, faites en conféquence de ce
partage, ne foient l'ouvrage de ces trois
légiflateurs de Rome.

L'ordre de fucceffion ayant été établi en conféquence d'une loi politique,
un citoyen ne devoit pas le troubler par
une volonté particuliere ; c'eft-à-dire
que, dans les premiers temps de Rome,
il ne devoit pas être permis de faire un
teftament. Cependant il eût été dur
qu'on eût été privé dans fes derniers
momens du commerce des bienfaits.

On trouva un moyen de concilier à
cet égard les loix avec la volonté des
particuliers. Il fut permis de difpofer de
fes biens dans une affemblée du peuple ; & chaque teftament fut en quelque
façon un acte de la puiffance légifla-
tive.

La loi des douze tables permit à celui qui faifoit fon teftament, de choifir
pour fon héritier le citoyen qu'il vouloit. La raifon qui fit que les loix Romaines reftreignirent fi fort le nombre

L v

de ceux qui pouvoient fuccéder ab *inteftat*, fut la loi du partage des terres;
& la raifon pourquoi elles étendirent fi
fort la faculté de tefter, fut que le pere
pouvant vendre (*a*) fes enfans, il pouvoit à plus forte raifon les priver de
fes biens. C'étoient donc des effets différens, puifqu'ils couloient de principes divers; & c'eft l'efprit des loix Romaines à cet égard.

Les anciennes loix d'Athènes ne permirent point au citoyen de faire de teftament. *Solon* (*b*) le permit, excepté à ceux qui avoient des enfans: &
les légiflateurs de Rome, pénétrés de
l'idée de la puiffance paternelle, permirent de tefter au préjudice même des
enfans. Il faut avouer que les anciennes
loix d'Athènes furent plus conféquentes
que les loix de Rome. La permiffion in-
définie de tefter, accordée chez les
Romains, ruina peu à peu la difpofition
politique fur le partage des terres; elle
introduifit, plus que toute autre chofe,
la funefte différence entre les richeffes &

(*a*) *Denys d'Halic.* prouve, par une loi de *Numa*,
que la loi qui permettoit au pere de vendre fon fils
trois fois, étoit une loi de *Romulus*, non pas des dé-
cemvirs, liv. II.
(*b*) Voyez. *Plutarque*, vie de *Solon*.

la pauvreté ; plufieurs partages furent affemblés fur une même tête ; des citoyens eurent trop, une infinité d'autres n'eurent rien. Auffi le peuple, continuellement privé de fon partage, demanda-t'il fans ceffe une nouvelle diftribution des terres. Il la demanda dans le temps où la frugalité, la parcimonie & la pauvreté, faifoient le caractere diftinctif des Romains, comme dans les temps où leur luxe fut porté à l'excès.

Les teftamens étant proprement une loi faite dans l'affemblée du peuple, ceux qui étoient à l'armée fe trouvoient privés de la faculté de tefter. Le peuple donna aux foldats le pouvoir (a) de faire devant quelques-uns de leurs compagnons, les difpofitions (b) qu'ils auroient faites devant lui.

Les grandes affemblées du peuple ne fe faifoient que deux fois l'an ; d'ailleurs le peuple s'étoit augmenté & les affaires auffi : on jugea qu'il convenoit de per-

---

(a) Ce teftament apellé *in procinctu*, étoit différent de celui que l'on appella militaire, qui ne fut établi que par les conftitutions des empereurs, leg. 1, ff. *de militari teftamento* : ce fut une de leurs cajoleries envers les foldats.

(b) Ce teftament n'étoit point écrit, & étoit fans formalités, *fine librâ & tabulis*, comme dit *Cicéron*, liv. 1 de l'orateur.

mettre à tous les citoyens de faire (a)
leur teſtament devant quelques citoyens
Romains puberes, qui repréſentaſſent le
corps du peuple; on prit cinq (b) citoyens, devant leſquels l'héritier (c)
achetoit du teſtateur ſa famille, c'eſt-à-
dire, ſon hérédité; un autre citoyen
portoit une balance pour en peſer le prix;
car les Romains (d) n'avoient point encore de monnoie.

Il y a apparence que ces cinq citoyens
repréſentoient les cinq claſſes du peuple;
& qu'on ne comptoit pas la ſixiéme, compoſée de gens qui n'avoient rien.

Il ne faut pas dire, avec *Juſtinien*, que
ces ventes étoient imaginaires : elles le
devinrent; mais au commencement elles ne l'étoient pas. La plupart des loix
qui réglerent dans la ſuite les teſtamens,
tirent leur origine de la réalité de ces
ventes; on en trouve bien la preuve
dans les fragmens d'Ulpien (e). Le

(a) Inſt. liv. II, tit. 10, §. 1; *Aulugelle*, liv. XV,
ch. XXVII. On appella cette ſorte de teſtament, *per
es & libram*.
(b) Ulpien, tit. 10, §. 2.
(c) *Théophile*, inſt. liv. II, tit. 10.
(d) Ils n'en eurent qu'au temps de la guerre de Pyrrhus. Tite-Live, parlant du ſiège de Veies, dit : *nun-
dum argentum ſignatum erat*, liv. IV.
(e) Tit. 20, §. 13.

fourd, le muet, le prodigue, ne pouvoient faire de teſtament ; le ſourd,
parce qu'il ne pouvoit pas entendre les
paroles de l'acheteur de la famille ; le
muet, parce qu'il ne pouvoit pas prononcer les termes de la nomination ; le
prodigue, parce que toute geſtion d'affaires lui étant interdite, il ne pouvoit
pas vendre ſa famille. Je paſſe les autres exemples.

Les teſtamens ſe faiſant dans l'aſſem-
blée du peuple, ils étoient plutôt des
actes du droit politique que du droit
civil, du droit public plutôt que du
droit privé : de-là il ſuivit que le pere
ne pouvoit permettre à ſon fils qui étoit
dans ſa puiſſance, de faire un teſtament.

Chez la plupart des peuples, les teſtamens ne ſont pas ſoumis à de plus
grandes formalités que les contrats ordinaires, parce que les uns & les autres
ne ſont que des expreſſions de la volonté de celui qui contracte, qui appartiennent également au droit privé. Mais
chez les Romains, où les teſtamens dérivoient du droit public, ils eurent de
plus grandes formalités (a) que les au-

(a) Inſt. liv. II, tit 10, §. 1.

tres actes; & cela subsiste encore aujourd'hui dans les pays de France qui
se régissent par le droit Romain.

Les testamens étant, comme je l'ai dit,
une loi du peuple, ils devoient être faits
avec la force du commandement, & par
des paroles que l'on appella *directes* &
impératives. De-là il se forma une régle,
que l'on ne pourroit donner ni transmet-
tre son hérédité que par des paroles de
commandement (*a*) : d'où il suivit que
l'on pouvoit bien, dans de certains cas,
faire une substitution (*b*), & ordonner
que l'hérédité passât à un autre héritier ;
mais qu'on ne pouvoit jamais faire de fidéicommis (*c*), c'est-à-dire, charger
quelqu'un, en forme de priere, de remettre à un autre l'hérédité, ou une partie de l'hérédité.

Lorsque le pere n'instituoit ni exhérédoit son fils, le testament étoit rompu ;
mais il étoit valable, quoiqu'il n'exhéré-
dât ni instituât sa fille. J'en vois la raison. Quand il n'instituoit ni exhérédoit
son fils, il faisoit tort à son petit-fils, qui

(*a*) *Titius*, sois mon héritier.
(*b*) La vulgaire, la pupillaire, l'exemplaire.
(*c*) *Auguste*, par des raisons particulieres, commença à autoriser les fidéicommis. Instit. liv. II,
tit. 23, §. 1.

auroit fuccédé *ab inteftat* à fon pere ;
mais en n'inftituant ni exhérédant fa fille, il ne faifoit aucun tort aux enfans de
fa fille, qui n'auroient point fuccédé *ab
inteftat* à leur mere (*a*), parce qu'ils n'é-
toient héritiers-fiens ni agnats.

Les loix des premiers Romains fur
les fucceffions, n'ayant penfé qu'à fuivre l'efprit du partage des terres, elles
ne reftreignirent pas affez les richeffes
des femmes, & elles laifferent par-là une
porte ouverte au luxe, qui eft toujours
inféparable de ces richeffes. Entre la feconde & la troifiéme guerre Punique,
on commença à fentir le mal ; on fit la
loi Voconienne (*b*) ; & comme de très-
grandes confidérations la firent faire,
qu'il ne nous en refte que peu de monumens, & qu'on n'en a jufqu'ici parlé que
d'une maniere très-confufe, je vais l'é-
claircir.

Cicéron nous en a confervé un fragment, qui défend d'inftituer une femme

(*a*) *Ad liberos matris inteftatæ hæreditas*, leg. XII,
tab. *non pertinebat quià fæminæ jues hæredes non ha-
bent*, Ulp. fragm. tit. 26, §. 7.

(*b*) *Quintus Voconius*, tribun du peuple, la propo-
fa. Voyez *Cicéron*, feconde harangue contre *Verrès*.
Dans l'épitome de Tite-Live, liv. XLI, il faut lire
Voconius, au lieu de *Volumnius*.

(a) héritiere, soit qu'elle fût mariée, soit qu'elle ne le fût pas.

L'épitome de *Tite - Live* où il est parlé de cette loi, n'en dit (b) pas davantage. Il paroît par *Cicéron* (c) & par *Saint Auguſtin* (d), que la fille, & même la fille unique, étoient compriſes dans la prohibition.

Caton l'ancien (e) contribua de tout ſon pouvoir à faire recevoir cette loi. *Aulugelle* cite un fragment (f) de la harangue qu'il fit dans cette occaſion. En empêchant les femmes de ſuccéder, il voulut prévenir les cauſes de luxe; comme, en prenant la défenſe de la loi Oppienne, il voulut arrêter le luxe même.

Dans les inſtitutes de *Juſtinien* (g) & de *Théophile* (h), on parle d'un chapitre de la loi Voconienne, qui reſtreignoit la faculté de léguer. En liſant ces auteurs, il n'y a perſonne qui ne penſe que ce cha-

---

(a) *Sanxit.... ne quis hæredem virginem neve mulierem faceret. Cicéron*, ſeconde harangue contre *Verrès*.

(b) *Legem tulit, ne quis hæredem mulierem inſtitueret*, liv. XLI.

(c) Seconde harangue contre Verrès.

(d) Liv. III de la cité de Dieu.

(e) Epitome de *Tite-Live*, liv. XLI.

(f) Liv. XVII, ch. VI.

(g) Inſtit. liv. I, tit. 22.

(h) Liv. II, tit. 22.

pitre fut fait pour éviter que la fucceffion
ne fût tellement épuifée par des legs,
que l'héritier refufât de l'accepter. Mais
ce n'étoit point là l'efprit de la loi Voconienne. Nous venons de voir qu'elle
avoit pour objet d'empêcher les femmes
de recevoir aucune fucceffion. Le chapitre de cette loi qui mettoit des bornes
à la faculté de léguer, entroit dans cet
objet : car fi on avoit pu léguer autant
que l'on auroit voulu, les femmes auroient pu recevoir comme legs ce qu'elles ne pouvoient obtenir comme fucceſ-
fion.

La loi Voconienne fut faite pour prévenir les trop grandes richeffes des femmes. Ce fut donc des fucceffions confidérables dont il fallut les priver, & non
pas de celles qui ne pouvoient entretenir le luxe. La loi fixoit une certaine
fomme, qui devoit être donnée aux
femmes qu'elle privoit de la fucceffion.
Cicéron (*a*), qui nous apprend ce fait,
ne nous dit point qu'elle étoit cette
fomme ; mais *Dion* (*b*) dit qu'elle étoit
de cent mille fefterces.

(*a*) *Nemo cenſuit plus Fadiæ danium, quam poſſet ad
eam lege Voconiâ pervenire.* De finibus bon. & mal.
liv. II.

(*b*) *Cum lege Voconiâ mulieribus prohiberetur ne qua*

La loi Voconienne étoit faite pour régler les richeſſes, & non pas pour régler la pauvreté : auſſi Cicéron nous dit-il (a) qu'elle ne ſtatuoit que ſur ceux qui étoient inſcrits dans le cens.

Ceci fournit un prétexte pour éluder la loi. On ſçait que les Romains étoient extrémement formaliſtes, & nous avons dit ci-deſſus que l'eſprit de la république étoit de ſuivre la lettre de la loi. Il y eut des peres qui ne ſe firent point inſcrire dans le cens, pour pouvoir laiſſer leur ſucceſſion à leur fille : & les préteurs jugerent qu'on ne violoit point la loi Voconienne, puiſqu'on n'en violoit point la lettre.

Un certain *Anius Aſellus* avoit inſtitué ſa fille, unique héritiere. Il le pouvoit, dit Cicéron (b), la loi Voconienne ne l'en empêchoit pas, parce qu'il n'étoit point dans le cens. Verrès, étant préteur, avoit privé la fille de la ſucceſſion : Cicéron ſoutient que Verrès avoit été corrompu, parce que, ſans cela, il n'auroit point interverti un or-

majorem centum millibus nummum hæreditatem poſſet adire, liv. LVI.

(a) *Qui cenſus eſſet.* Harangue ſeconde contre Verrès.

(b) *Cenſus non erat. Ibid.*

dre que les autres préteurs avoient
suivi.

Qu'étoient donc ces citoyens qui
n'étoient point dans le cens qui comprenoit tous les citoyens ? Mais, selon
l'inſtitution de *Servius Tullius*, rapportée par Denys d'Halicarnaſſe (*a*), tout
citoyen qui ne ſe faiſoit point inſcrire
dans le cens étoit fait eſclave : Cicéron (*b*) lui-même dit qu'un tel homme
perdoit la liberté : Zonare dit la même
choſe. Il falloit donc qu'il y eût de la
différence entre n'être point dans le
cens ſelon l'eſprit de la loi Voconienne,
& n'être point dans le cens ſelon l'eſprit des inſtitutions de *Servius Tullius.*

Ceux qui ne s'étoient point fait inſcrire dans les cinq premieres claſſes, où
l'on étoit placé ſelon la proportion de
ſes biens, n'étoient point dans le cens (*c*)
ſelon l'eſprit de la loi Voconienne : ceux
qui n'étoient point inſcrits dans le nombre des ſix claſſes, ou qui n'étoient point
mis par les cenſeurs au nombre de ceux
que l'on appelloit *ærarii* , n'étoient

(*a*) Llv. IV.
(*b*) *In oratione prò Cæcinnâ.*
(*c*) Ces cinq premieres claſſes étoient ſi conſidérables, que quelquefois les auteurs n'en rapportent que
cinq.

point dans le cens fuivant les inftitutions de *Servius Tullius*. Telle étoit la
force de la nature, que des peres, pour
éluder la loi Voconienne, confentoient
à fouffrir la honte d'être confondus dans
la fixiéme claffe avec les prolétaires &
ceux qui étoient taxés pour leur tête, ou
peut-être même à être renvoyés dans
les (a) tables des Cérites.

Nous avons dit que la jurifprudence
des Romains n'admettoit point les fidéicommis. L'efpérance d'éluder la loi
Voconienne les introduifit : on inftituoit
un héritier capable de recevoir par la
loi, & on le prioit de remettre la fucceffion à une perfonne que la loi en avoit
exclue. Cette nouvelle maniere de difpofer eut des effets bien différens. Les
uns rendirent l'hérédité ; & l'action de
Sextus Peduceus (b) fut remarquable. On
lui donna une grande fucceffion ; il n'y
avoit perfonne dans le monde que lui
qui fçut qu'il étoit prié de la remettre :
Il alla trouver la veuve du teftateur, &
lui donna tout le bien de fon mari.

Les autres garderent pour eux la fucceffion ; & l'exemple de *P. Sextilius*

(a) *In Cæritum tabulas referri ; ærarius fieri.*
(b) Cicéron, *de finib. boni & mali*, liv. II.

Rufus fut célèbre encore, parce que Cicéron (a) l'emploie dans ses disputes contre les Epicuriens. » Dans ma jeu- «
nesse, dit-il, je fus prié par *Sextilius* de « l'accompagner chez ses amis, pour sça- « voir d'eux s'il devoit remettre l'hérédi- « té de *Quintus Fadius Gallus* à *Fadia* sa « fille. Il avoit assemblé plusieurs jeunes « gens, avec de très-graves personnages ; « & aucun ne fut d'avis qu'il donnât plus « à *Fadia* que ce qu'elle devoit avoir par « la loi Voconienne. *Sextilius* eut là une « grande succession, dont il n'auroit pas « retenu un sesterce, s'il avoit préferé ce « qui étoit juste & honnête à ce qui étoit « utile. Je puis croire, ajouta-t'il, que « vous auriez rendu l'hérédité ; je puis « croire même qu'Epicure l'auroit rendue : « mais vous n'auriez pas suivi vos princi- « pes. « Je ferai ici quelques réflexions.

C'est un malheur de la condition hu- maine, que les législateurs soient obli- gés de faire des loix qui combattent les sentimens naturels mêmes : telle fut la loi Voconienne. C'est que les législa- teurs statuent plus sur la société que sur le citoyen, & sur le citoyen que sur l'homme. La loi sacrifioit & le citoyen

(a) Cicéron, *de finib. boni & mali*, liv. II.

& l'homme, & ne penſoit qu'à la répu‑
blique. Un homme prioit ſon ami de
remettre ſa ſucceſſion à ſa fille : la loi
mépriſoit, dans le teſtateur, les ſenti‑
mens de la nature ; elle mépriſoit, dans
la fille, la piété filiale ; elle n'avoit au‑
cun égard pour celui qui étoit chargé
de remettre l'hérédité , qui ſe trouvoit
dans de terribles circonſtances. La re‑
mettoit-il ? il étoit un mauvais citoyen :
la gardoit-il ? il étoit un malhonnête
homme. Il n'y avoit que les gens d'un
bon naturel qui penſaſſent à éluder la
loi ; il n'y avoit que les honnêtes gens
qu'on pût choiſir pour l'éluder : car
c'eſt toujours un triomphe à remporter
ſur l'avarice & les voluptés , & il n'y a
que les honnêtes gens qui obtiennent
ces ſortes de triomphes. Peut-être mê‑
me y auroit-il de la rigueur à les regar‑
der en cela comme de mauvais citoyens.
Il n'eſt pas impoſſible que le légiſlateur
eût obtenu une grande partie de ſon
objet , lorſque ſa loi étoit telle , qu'elle
ne forçoit que les honnêtes gens à l'é‑
luder.

Dans le temps que l'on fit la loi Vo‑
conienne, les mœurs avoient conſervé
quelque choſe de leur ancienne pureté.

On intéreſſa quelquefois la conſcience
publique en faveur de la loi, & l'on fit
jurer (a) qu'on l'obſerveroit : de ſorte
que la probité faiſoit, pour ainſi dire,
la guerre à la probité. Mais dans les derniers temps, les mœurs ſe corrompirent
au point, que les fidéicommis durent
avoir moins de force pour éluder la loi
Voconienne, que cette loi n'en avoit
pour ſe faire ſuivre.

Les guerres civiles firent périr un
nombre infini de citoyens. Rome, ſous
Auguſte, ſe trouva preſque déſerte ; il
falloit la repeupler. On fit les loix Pappiennes, où l'on n'omit rien de ce qui
pouvoit encourager (b) les citoyens à
ſe marier & à avoir des enfans. Un des
principaux moyens fut d'augmenter,
pour ceux qui ſe prêtoient aux vues de
la loi, les eſpérances de ſuccéder, &
de les diminuer pour ceux qui s'y
refuſoient ; & comme la loi Voconienne avoit rendu les femmes incapables de ſuccéder, la loi Pappienne fit
dans de certains cas ceſſer cette prohibition.

(a) *Sextilius* diſoit qu'il avoit juré de l'obſerver.
Cicéron, *de finib. boni & mali*, liv. II.
(b) Voyez ce que j'en ai dit au liv. XXIII, ch. XXI.

Les femmes (*a*), furtout celles qui avoient des enfans, furent rendues capables de recevoir en vertu du teftament de leurs maris ; elles purent, quand elles avoient des enfans, recevoir en vertu du teftament des étrangers ; tout cela contre la difpofition de la loi Voconienne : & il eft remarquable qu'on n'abandonna pas entiérement l'efprit de cette loi. Par exemple, la loi Pappienne (*b*) permettoit à un homme qui avoit un enfant (*c*) de recevoir toute l'hérédité par le teftament d'un étranger ; elle n'accordoit la même grace à la femme, que lorfqu'elle avoit trois (*d*) enfans.

Il faut remarquer que la loi Pappienne ne rendit les femmes qui avoient trois enfans, capables de fuccéder, qu'en vertu du teftament des étrangers ; &

(*a*) Voyez fur ceci les fragm. d'Ulpien, tit. 15 *c* §. 16.

(*b*) La même différence fe trouve dans plufieurs difpofitions de la loi Pappienne. Voyez les fragmens d'Ulpien, §. 4 & 5, tit. dernier ; & le même au même tit. §. 6.

(*c*) *Quod tibi filio'us , vel filia , nafcitur ex me ,*
Jura parentis habes ; propter me fcriberis hæres.
Juvenal, fat. IX.

(*d*) Voyez la loi IX, cod. Théod. *de bonis profcriptorum* ; & Dion, liv. LV ; voyez les frag. d'Ulpien, tit. dern. §. 6 ; & tit. 29, §. 3.

qu'à

qu'à l'égard de la succession des parens, elle laissa les anciennes loix & la loi Voconienne (*a*) dans toute leur force. Mais cela ne subsista pas.

Rome abysmée par les richesses de toutes les nations, avoit changé de mœurs; il ne fut plus question d'arrêter le luxe des femmes. *Aulugelle*, qui vivoit sous *Adrien* (*b*), nous dit que de son temps la loi Voconienne étoit presque anéantie; elle fut couverte par l'opulence de la cité. Aussi trouvons-nous dans les sentences de *Paul* (*c*) qui vivoit sous *Niger*, & dans les fragmens d'*Ulpien* (*d*) qui étoit du temps d'*Alexandre Sévere*, que les sœurs du côté du pere pouvoient succéder, & qu'il n'y avoit que les parens d'un dégré plus éloigné, qui fussent dans le cas de la prohibition de la loi Voconienne.

Les anciennes loix de Rome avoient commencé à paroître dures; & les préteurs ne furent plus touchés que des raisons d'équité, de modération & de bienséance.

(*a*) Fragm. d'*Ulpien*, tit. 16, §. 1; Sozom. liv. I, ch. XIX.
(*b*) Liv. XX, ch. 1.
(*c*) Liv. IV, tit. 8, §. 3.
(*d*) Tit. 26, §. 6.

Tome III.   M

Nous avons vu que, par les anciennes loix de Rome, les meres n'avoient
point de part à la fucceffion de leurs enfans. La loi Voconienne fut une nouvelle raifon pour les en exclurre. Mais
l'empereur *Claude* donna à la mere la
fucceffion de fes enfans, comme une
confolation de leur perte ; le fénatus-
confulte Tertullien fait fous *Adrien* (*a*)
la leur donna lorfqu'elles avoient trois
enfans, fi elles étoient ingénues ; ou
quatre, fi elles étoient affranchies. Il eft
clair que ce fénatus-confulte n'étoit
qu'une extenfion de la loi Pappienne,
qui, dans le même cas, avoit accordé
aux femmes les fucceffions qui leur
étoient déférées par les étrangers. Enfin *Juftinien* (*b*) leur accorda la fucceffion, indépendamment du nombre de
leurs enfans.

Les mêmes caufes qui firent reftreindre la loi qui empêchoit les femmes de
fuccéder, firent renverfer peu à peu
celle qui avoit gêné la fucceffion des
parens par femmes. Ces loix étoient
très-conformes à l'efprit d'une bonne

(*a*) C'eft-à-dire, l'empereur *Pie*, qui prit le nom
d'*Adrien* par adoption.
(*b*) Leg. II, cod. *de jure liberorum*, inft. liv. III ;
tit. 3, §. 4, *de fenatus-confult. Tertul.*

république, où l'on doit faire ensorte
que ce sexe ne puisse se prévaloir pour
le luxe, ni de ses richesses, ni de l'espérance de ses richesses. Au contraire, le
luxe d'une monarchie rendant le mariage à charge & coûteux, il faut y être
invité, & par les richesses que les femmes peuvent donner, & par l'espérance
des successions qu'elles peuvent procurer. Ainsi, lorsque la monarchie s'établit à Rome, tout le système fut changé
gé sur les successions. Les préteurs appellerent les parens par femmes au défaut des parens par mâles : au lieu que,
par les anciennes loix, les parens par
femmes n'étoient jamais appellés. Le
sénatus-consulte Orphitien appella les
enfans à la succession de leur mere ; &
les empereurs *Valentinien* (a), *Théodose*
& *Arcadius* appellerent les petits enfans
par la fille à la succession du grand-pere.
Enfin l'empereur *Justinien* (b) ôta jusqu'au moindre vestige du droit ancien
sur les successions : il établit trois ordres d'héritiers, les descendans, les as-
cendans, les collatéraux, sans aucune

(a) Lege IX, cod. *de suis & legitimis liberis.*
(b) Lege XII, cod. *ibid.* & les novelles 1.8 &
127.

diftinction entre les mâles & les femelles, entre les parens par femmes & les
parens par mâles; & abrogea toutes
celles qui reftoient à cet égard. Il crut
fuivre la nature même, en s'écartant de
ce qu'il appella les embarras de l'ancienne jurifprudence.

✤✤✤✤✤✤✤✤✤✤✤✤

LIVRE XXVIII.

De l'origine & des révolutions des loix civiles chez les François.

In nová fert animus mutatas dicere formas
Corpora . . . . . . Ovid. *Metam.*

CHAPITRE PREMIER.

Du différent caractere des loix des peuples Germains.

LES Francs étant sortis de leur pays, ils firent rédiger (a) par les sages de leur nation les loix saliques. La tribu des Francs Ripuaires s'étant jointe sous *Clovis* (b) à celle des Francs Saliens, elle conserva ses usages; & *Théodoric* (c) roi d'Austrasie, les fit mettre par écrit. Il recueillit (d) de

(a) Voyez le prologue de la loi salique. *M. de Leibnitz* dit, dans son traité de l'origine des Francs, que cette loi fut faite avant le regne de *Clovis:* mais elle ne put l'être avant que les Francs fussent sortis de la Germanie : ils n'entendoient pas pour lors la langue Latine.

(b) Voy. *Grégoire de Tours.*

(c) Voy. le prologue de la loi des Bavarois & celui de la loi salique.

(d) Ibid.

M iij

même les ufages des Bavarois & des Allemands qui dépendoient de fon royaume. Car la Germanie étant affoiblie par la fortie de tant de peuples, les Francs, après avoir conquis devant eux, avoient fait un pas en arriere, & porté leur domination dans les forêts de leurs peres. Il y a apparence que le code (*a*) des Thuringiens fut donné par le même *Théodoric*, puifque les Thuringiens étoient auffi fes fujets. Les Frifons ayant été foumis par *Charles-Martel* & *Pepin*, leur (*b*) loi n'eft pas antérieure à ces princes. *Charlemagne*, qui le premier dompta les Saxons, leur donna la loi que nous avons. Il n'y a qu'à lire ces deux derniers codes, pour voir qu'ils fortent des mains des vainqueurs. Les Wifigoths, les Bourguignons, & les Lombards ayant fondé des royaumes, firent écrire leurs loix, non pas pour faire fuivre leurs ufages aux peuples vaincus, mais pour les fuivre eux-mêmes.

Il y a dans les loix faliques & Ripuaires, dans celles des Allemands, des Ba-

(*a*) *Lex Angliorum Werinorum*, *hoc eft*, *Thuringorum*.

(*b*) Ils ne fçavoient point écrire.

varois, des Thuringiens & des Frisons, une simplicité admirable : on y trouve une rudesse originale, & un esprit qui n'avoit point été affoibli par un autre esprit. Elles changerent peu, parce que ces peuples, si on en excepte les Francs, resterent dans la Germanie. Les Francs même y fonderent une grande partie de leur empire : ainsi leurs loix furent toutes Germaines. Il n'en fut pas de même des loix des Wisigoths, des Lombards & des Bourguignons ; elles perdirent beaucoup de leur caractere, parce que ces peuples, qui se fixerent dans leurs nouvelles demeures, perdirent beaucoup du leur.

Le royaume des Bourguignons ne subsista pas assez long-temps, pour que les loix du peuple vainqueur pussent recevoir de grands changemens. *Gondebaud* & *Sigismond*, qui recueillirent leurs usages, furent presque les derniers de leurs rois. Les loix des Lombards reçurent plutôt des additions que des changemens. Celles de *Rotharis* furent suivies de celles de *Grimoald*, de *Luitprand*, de *Rachis*, d'*Aistulphe*; mais elles ne prirent point de nouvelle forme. Il n'en fut pas de même des loix des Wiſigoths (*a*); leurs rois les refondirent; & les firent refondre par le clergé.

Les rois de la premiere race ôterent (*b*) bien aux loix ſaliques & Ripuaires ce qui ne pouvoit abſolument s'accorder avec le Chriſtianiſme : mais ils en laiſſerent tout le fond. C'eſt ce qu'on ne peut pas dire des loix des Wiſigoths.

Les loix des Bourguignons, & ſurtout celles des Wiſigoths, admirent les peines corporelles. Les loix ſaliques & Ripuaires ne les reçurent (*c*) pas ; elles conſerverent mieux leur caractere.

Les Bourguignons & les Wiſigoths, dont les provinces étoient très-expoſées, chercherent à ſe concilier les anciens habitans, & à leur donner des loix civiles les plus impartiales (*d*) : mais les rois Francs, ſûrs de leur puiſſance, n'eurent (*e*) pas ces égards.

(*a*) *Euric* les donna, *Leuvigilde* les corrigea. Voy. la chroniq e d'*Iſidore*. *Chaindaſuinde* & *Receſſuinde* les réformerent. *Egiga* fit faire le code que nous avons, & en donna la commiſſion aux évêques : on conſerva pourtant les loix de *Chaindaſuinde* & de *Receſſuinde*, comme il paroit par le ſeiziéme concile de Tolede.

(*b*) Voy. le prologue de la loi des Bavarois.

(*c*) On en trouve ſeulement quelques-unes dans le décret de *Childebert*.

(*d*) Voy. le prologue du code des Bourguignons & le code même; ſurtout le tit. 12, §. 5, & le tit. 38. Voyez auſſi *Grégoire de Tours*, liv. II, ch. XXXIII; & le code des Wiſigoths.

(*e*) Voyez ci-deſſous le ch. III.

Les Saxons, qui vivoient sous l'empire des Francs, eurent une humeur indomptable, & s'obstinerent à se révolter. On trouve dans leurs (a) loix des duretés du vainqueur, qu'on ne voit point dans les autres codes des loix des barbares.

On y voit l'esprit des loix des Germains dans les peines pécuniaires, & celui du vainqueur dans les peines afflictives.

Les crimes qu'ils font dans leur pays, sont punis corporellement ; & on ne suit l'esprit des loix Germaniques que dans la punition de ceux qu'ils commettent hors de leur territoire.

On y déclare que pour leurs crimes ils n'auront jamais de paix, & on leur refuse l'asyle des églises mêmes.

Les évêques eurent une autorité immense à la cour des rois Wisigoths ; les affaires les plus importantes étoient décidées dans les conciles. Nous devons au code des Wisigoths toutes les maximes, tous les principes & toutes les vues de l'inquisition d'aujourd'hui ; & les moines n'ont fait que copier contre les

____

(a) Voyez le ch. II, §. 8 & 9 ; & le ch. IV, §. 2 & 7.

Juifs, des loix faites autrefois par les évêques.

Du reste, les loix de *Gondebaud* pour les Bourguignons paroiſſent aſſez judicieuſes ; celles de *Rotharis* & des autres princes Lombards le font encore plus. Mais les loix des Wiſigoths, celles de *Receſſuinde*, de *Chaindaſuinde* & d'*Egiga*, ſont puériles, gauches, idiotes ; elles n'atteignent point le but ; pleines de rhétorique, & vuides de ſens, frivoles dans le fond, & giganteſques dans le ſtyle.

CHAPITRE II.

Que les loix des barbares furent toutes personnelles.

C'EST un caractere particulier de ces loix des barbares, qu'elles ne furent point attachées à un certain territoire : le Franc étoit jugé par la loi des Francs, l'Allemand par la loi des Allemands, le Bourguignon par la loi des Bourguignons, le Romain par la loi Romaine : & bien loin qu'on ſongeât dans ces temps-là à rendre uniformes les loix des peuples conquérans, on ne penſa pas même à se faire législateur du peuple vaincu.

Je trouve l'origine de cela dans les mœurs des peuples Germains. Ces nations étoient partagées par des marais, des lacs & des forêts ; on voit même dans César (*a*) qu'elles aimoient à se séparer. La frayeur qu'elles eurent des Romains, fit qu'elles se réunirent ; chaque homme, dans ces nations mêlées, dut être jugé par les usages & les coutumes de sa propre nation. Tous ces peuples dans leur particulier étoient libres & indépendans ; & quand ils furent mêlés, l'indépendance resta encore : la patrie étoit commune, & la république particuliere ; le territoire étoit le même, & les nations diverses. L'esprit des loix personnelles étoit donc chez ces peuples avant qu'ils partissent de chez eux, & ils le porterent dans leurs conquêtes.

On trouve cet usage établi dans les formules (*b*) de *Marculfe*, dans les codes des loix des barbares, surtout dans la loi des Ripuaires (*c*), dans les (*d*) dé-

(*a*) *De bello Gallico*, liv. VI.
(*b*) Liv. I, form. 8.
(*c*) Chap. XXXI.
(*d*) Celui de Clotaire de l'an 56e, dans l'édition des capitulaires de *Baluze*, tome 1, art. 4 ; *ibid. in fine.*

crets des rois de la première race, d'où dérivèrent les capitulaires que l'on fit là-dessus dans la seconde (*a*). Les enfans (*b*) suivoient la loi de leur père, les femmes (*c*) celle de leur mari, les veuves (*d*) revenoient à leur loi, les affranchis (*e*) avoient celle de leur patron. Ce n'est pas tout: chacun pouvoit prendre la loi qu'il vouloit; la constitution de *Lothaire I* (*f*) exigea que ce choix fût rendu public.

(*a*) Capitul. ajoutés à la loi des Lombards, liv. I, tit. 25. ch. LXXI; liv. II, tit. 41, ch. VII; & tit. 56, ch. I & II.
(*b*) *Ibid.* liv. II, tit. 5.
(*c*) *Ibid.* liv. II, tit. 7, ch. I.
(*d*) *Ibid.* ch. II.
(*e*) *Ibid.* liv. II, tit. 35, ch. II.
(*f*) Dans la loi des Lombards, liv. II, tit. 57.

CHAPITRE III.

Différence capitale entre les loix saliques & les loix des Wisigoths & des Bourguignons.

J'AI (*a*) dit que la loi des Bourguignons & celle des Wisigoths étoient impartiales: mais la loi salique ne le fut pas; elle établit entre les Francs & les Romains les distinctions les plus affli-

(*a*) Au ch. I de ce liv.

geantes. Quand (*a*) on avoit tué un Franc, un barbare, ou un homme qui vivoit sous la loi salique, on payoit à ses parens une composition de 200 sols; on n'en payoit qu'une de 100, lorsqu'on avoit tué un Romain possesseur (*b*); & seulement une de 45, quand on avoit tué un Romain tributaire : la composition pour le meurtre d'un Franc vassal (*c*) du roi, étoit de 600 sols; & celle du meurtre d'un Romain convive (*d*) du roi (*e*), n'étoit que de 300. Elle mettoit donc une cruelle différence entre le seigneur Franc & le seigneur Romain, & entre le Franc & le Romain qui étoient d'une condition médiocre.

Ce n'est pas tout : si l'on assembloit (*f*) du monde pour assaillir un Franc dans sa maison, & qu'on le tuât, la loi salique ordonnoit une composition de 600 sols; mais si on avoit assailli un Romain ou un

____

(*a*) Loi salique, tit. 44. §. 1.

(*b*) *Qui res in pago ubi remanet proprias habet.* Loi salique, tit. 44, §. 15 ; voyez aussi le §. .

(*c*) *Qui in truste dominica est*, ib. tit. 44, §. 4.

(*d*) *Si Romanus homo conviva regis fuerit*, ibid. §. 6.

(*e*) Les principaux Romains s'attachoient à la cour, comme on le voit par la vie de plusieurs évêques qui y furent élevés; il n'y avoit guere que les Romains qui sçussent écrire.

(*f*) Ibid. tit. 45.

affranchi (*a*), on ne payoit que la moitié de la composition. Par la même loi (*b*), si un Romain enchaînoit un Franc, il devoit trente sols de composition; mais si un Franc enchaînoit un Romain, il n'en devoit qu'une de quinze. Un Franc dépouillé par un Romain, avoit soixante-deux sols & demi de composition; & un Romain dépouillé par un Franc, n'en recevoit qu'une de trente. Tout cela devoit être accablant pour les Romains.

Cependant un auteur (*c*) célèbre forme un système de *l'établissement des Francs dans les Gaules*, sur la présupposition qu'ils étoient les meilleurs amis des Romains. Les Francs étoient donc les meilleurs amis des Romains, eux qui leur firent, eux qui en reçurent (*d*) des maux effroyables ? les Francs étoient amis des Romains, eux qui, après les avoir assujettis par les armes, les opprimerent de sens froid par leurs loix ? Ils étoient amis des Romains, comme les Tartares qui conquirent la Chine, étoient amis des Chinois.

(*a*) *Lidus*, dont la condition étoit meilleure que celle du serf : loi des Allemands, ch. XCV.

(*b* Tit. 35, §. 3 & 4.

(*c*) L'abbé Dubos.

(*d*) Témoin l'expédition d'Arbogaste, dans *Grégoire de Tours*, hist. liv. II.

Si quelques évêques catholiques ont voulu ſe ſervir des Francs pour détruire des rois Arriens, s'enſuit-il qu'ils aient deſiré de vivre ſous des peuples barbares? En peut-on conclurre que les Francs euſſent des égards particuliers pour les Romains ? J'en tirerois bien d'autres conſéquences : plus les Francs furent ſûrs des Romains, moins ils les ménagerent.

Mais l'abbé *Dubos* a puiſé dans de mauvaiſes ſources pour un hiſtorien, les poëtes & les orateurs ; ce n'eſt point ſur des ouvrages d'oſtentation qu'il faut fonder des ſyſtêmes.

CHAPITRE IV.

Comment le droit Romain ſe perdit dans le pays du domaine des Francs, & ſe conſerva dans le pays du domaine des Goths & des Bourguignons.

Lᴇs choſes que j'ai dites donneront du jour à d'autres, qui ont été juſqu'ici pleines d'obſcurités.

Le pays qu'on appelle aujourd'hui la France, fut gouverné dans la premiere race par la loi Romaine ou le code

Théodosien, & par les diverses loix des
barbares (*a*) qui y habitoient.

Dans le pays du domaine des Francs,
la loi salique étoit établie pour les
Francs, & le code (*b*) Théodosien pour
les Romains. Dans celui du domaine
des Wisigoths, une compilation du code
Théodosien , faite par l'ordre d'*Ala-
ric* (*c*) , régla les différends des Romains; les coutumes de la nation, qu'*Euric* (*d*) fit rédiger par écrit, déciderent
ceux des Wisigoths. Mais pourquoi les
loix saliques acquirent-elles une autorité presque générale dans le pays des
Francs ? Et pourquoi le droit Romain
s'y perdit-il peu à peu, pendant que,
dans le domaine des Wisigoths, le droit
Romain s'étendit, & eut une autorité
générale ?

Je dis que le droit Romain perdit son
usage chez les Francs, à cause des grands
avantages qu'il y avoit à être Franc (*e*),

<hr />

(*a*) Les Francs, les Wisigoths & les Bourguignons.
(*b*) Il fut fini l'an 438.
(*c*) La vingtiéme année du regne de ce prince, &
publiée deux ans après par *Anian*, comme il paroît
par la préface de ce code.
(*d*) L'an 504 de l'ere d'Espagne : chronique d'*I-
sidore*.
(*e*) *Francum aut barbarum, aut hominem qui salicâ
lege vivit*, loi salique, tit. 445 , §. 1.

barbare, ou homme vivant sous la loi
salique; tout le monde fut porté à quitter le droit Romain, pour vivre sous la
loi salique. Il fut seulement retenu par
les ecclésiastiques (*a*), parce qu'ils n'eurent point d'intérêt à changer. Les différences des conditions & des rangs ne
consistoient que dans la grandeur des
compositions, comme je le ferai voir ailleurs. Or, des loix (*b*) particulieres leur
donnerent des compositions aussi favo-
rables que celles qu'avoient les Francs :
ils garderent donc le droit Romain. Ils
n'en recevoient aucun préjudice ; & il
leur convenoit d'ailleurs, parce qu'il
étoit l'ouvrage des empereurs Chrétiens.

D'un autre côté, dans le patrimoine
des Wisigoths, la loi Wisigothe (*c*) ne

(*a*) *Selon la loi Romaine sous laquelle l'église vit*, est-
il dit dans la loi des Ripuaires, tit. 58, §. 1. Voyez
aussi les autorités sans nombre là-dessus, rapportées
par M. *Ducange*, au mot *Lex Romana*.
(*b*) Voyez les capitulaires ajoutés à la loi salique
dans *Lindembroc*, à la fin de cette loi, & les divers
codes des loix des barbares sur les priviléges des ecclésiastiques à cet égard. Voyez aussi la lettre de
Charlemagne à *Pepin* son fils, roi d'Italie, de l'an
807, dans l'édition de *Baluze*, tom. 1, p. 452, où
il est dit qu'un ecclésiastique doit recevoir une composition triple : & le recueil des capitulaires, liv. V.
art. 302, tom. I, édit. de *Baluze*.
(*c*) Voyez cette loi.

donnant aucun avantage civil aux Viſi-
goths ſur les Romains , les Romains
n'eurent aucune raiſon de ceſſer de vivre ſous leur loi pour vivre ſous une autre : ils garderent donc leurs loix , &
ne prirent point celles des Wiſigoths.

Ceci ſe confirme à meſure qu'on va
plus avant. La loi de *Gondebaud* fut
très-impartiale , & ne fut pas plus favorable aux Bourguignons qu'aux Romains. Il paroît, par le prologue de cette
loi , qu'elle fut faite pour les Bourguignons , & qu'elle fut faite encore pour
régler les affaires qui pourroient naître
entre les Romains & les Bourguignons ;
& dans ce dernier cas, le tribunal fut
mi-parti. Cela étoit néceſſaire pour des
raiſons particulieres, tirées de l'arran-
gement (*a*) politique de ces temps-là.
Le droit Romain ſubſiſta dans la Bourgogne, pour régler les différends que
les Romains pourroient avoir entr'eux.
Ceux-ci n'eurent point de raiſon pour
quitter leur loi , comme ils en eurent
dans le pays des Francs ; d'autant mieux
que la loi ſalique n'étoit point établie
en Bourgogne , comme il paroît par la

(*a*) J'en parlerai ailleurs, liv. XXX, ch. VI, VII,
VIII & IX.

fameufe lettre qu'*Agobard* écrivit à *Louis le débonnaire.*

Agobard (*a*) demandoit à ce prince d'établir la loi falique dans la Bourgogne : elle n'y étoit donc pas établie. Ainfi le droit Romain fubfifta, & fubfifte encore dans tant de provinces qui dépendoient autrefois de ce royaume.

Le droit Romain & la loi Gothe fe maintinrent de même dans le pays de l'établiffement des Goths : la loi falique n'y fut jamais reçue. Quand *Pepin* & *Charles-Martel* en chafferent les Sarrafins, les villes & les provinces qui fe foumirent à ces princes (*b*) demanderent à conferver leurs loix, & l'obtinrent : ce qui, malgré l'ufage de ces temps-là où toutes les loix étoient perfonnelles, fit bientôt regarder le droit Romain comme une loi réelle & territoriale dans ces pays.

(*a*) *Agob. opera.*

(*b*) Voyez Gervais de Tilburi, dans le recueil de Duchefne, tom. 3, p. 366 : *Factâ pactione cum Francis, quòd illic Gothi patriis legibus, moribus paternis vivant. Et fic Narbonenfis provincia Pippino fubjicitur.* Et une chronique de l'an 759, rapportée par Catel, hift. du Languedoc. Et l'auteur incertain de la vie de Louis le débonnaire, fur la demande faite par les peuples de la Septimanie, dans l'affemblée *in Carifiaco*, dans le recueil de Duchefne, tome II, p. 316.

Cela se prouve par l'édit de *Charles le chauve*, donné à Pistes l'an 864, qui (*a*) distingue les pays dans lesquels on jugeoit par le droit Romain, d'avec ceux où l'on n'y jugeoit pas.

L'édit de Pistes prouve deux choses; l'une, qu'il y avoit des pays où l'on jugeoit selon la loi Romaine, & qu'il y en avoit où l'on ne jugeoit point selon cette loi; l'autre, que ces pays où l'on jugeoit par la loi Romaine, étoient précisément (*b*) ceux où on la suit encore aujourd'hui, comme il paroît par ce même édit : ainsi la distinction des pays de la France coutumiere, & de la France régie par le droit écrit, étoit déjà établie du temps de l'édit de Pistes.

J'ai dit que, dans les commencemens de la monarchie, toutes les loix étoient personnelles : ainsi, quand l'édit de Pistes distingue les pays du droit Romain d'avec ceux qui ne l'étoient pas, cela signifie que, dans les pays qui n'étoient point pays de droit Romain, tant de gens avoient choisi de vivre sous quel-

(a) *In illâ terrâ in quâ judicia secundùm legem Romanam terminantur, secundùm ipsam legem iudicetur; & in illâ terra in quâ,* &c. art. 16; v. aussi l'art. 20.

(b) Voyez l'article 12 & 16 de l'édit de Pistes, *in Cavilono, in Narbonâ,* &c.

qu'une des loix des peuples barbares,
qu'il n'y avoit prefque plus perfonne
dans ces contrées qui choisît de vivre
fous la loi Romaine ; & que, dans les
pays de la loi Romaine, il y avoit peu
de gens qui euffent choifi de vivre fous
les loix des peuples barbares.

Je fçais bien que je dis ici des chofes nouvelles : mais fi elles font vraies,
elles font très-anciennes. Qu'importe,
après tout, que ce foient moi, les *Valois*, ou les *Bignons*, qui les aient dites ?

CHAPITRE V.

Continuation du même fujet.

La loi de *Gondebaud* fubfifta long-
temps chez les Bourguignons ; concurremment avec la loi Romaine : elle y
étoit encore en ufage du temps de *Louis
le débonnaire ;* la lettre d'*Agobard* ne
laiffe aucun doute là-deffus. De même,
quoique l'édit de Piftes appelle le pays
qui avoit été occupé par les Wifigoths,
le pays de la loi Romaine, la loi des
Wifigoths y fubfiftoit toujours ; ce qui
fe prouve par le fynode de Troies,
tenu fous *Louis le bègue*, l'an 878,

c'eft-à-dire, quatorze ans après l'édit de Piftes.

Dans la fuite, les loix Gothes & Bourguignones périrent dans leur pays même, par les caufes (*a*) générales qui firent partout difparoître les loix perfonnelles des peuples barbares.

(*a*) Voyez ci-deffous les chapitres IX, X & XI.

CHAPITRE VI.

Comment le droit Romain fe conferva dans le domaine des Lombards.

TOUT fe plie à mes principes. La loi des Lombards étoit impartiale, & les Romains n'eurent aucun intérêt à quitter la leur pour la prendre. Le motif qui engagea les Romains fous les Francs à choifir la loi falique, n'eut point de lieu en Italie; le droit Romain s'y maintint avec la loi des Lombards.

Il arriva même que celle-ci céda au droit Romain; elle ceffa d'être la loi de la nation dominante; & quoiqu'elle continuât d'être celle de la principale nobleffe, la plupart des villes s'érigerent en républiques, & cette nobleffe tomba, ou fut (*a*) exterminée. Les citoyens des nouvelles républiques ne furent point portés à prendre une loi qui établiſſoit l'uſage du combat judiciaire, & dont les inſtitutions tenoient beaucoup aux coutumes & aux uſages de la chevalerie. Le clergé dès-lors ſi puiſſant en Italie, vivant preſque tout ſous la loi Romaine, le nombre de ceux qui ſuivoient la loi des Lombards dut toujours diminuer.

D'ailleurs, la loi des Lombards n'avoit point cette majeſté du droit Romain, qui rappelloit à l'Italie l'idée de ſa domination ſur toute la terre; elle n'en avoit pas l'étendue. La loi des Lombards & la loi Romaine ne pouvoient plus ſervir qu'à ſuppléer aux ſtatuts des villes qui s'étoient érigées en républiques : or, qui pouvoit mieux y ſuppléer, ou la loi des Lombards qui ne ſtatuoit que ſur quelques cas, ou la loi Romaine qui les embraſſoit tous?

(*a*) Voyez ce que dit Machiavel, de la deſtruction de l'ancienne nobleſſe de Florence.

CHAPITRE VII.

Comment le droit Romain se perdit en Espagne.

LES choses allerent autrement en Espagne. La loi des Wisigoths triompha,
& le droit Romain s'y perdit. *Chainda-
suinde* (a) & *Récessuinde* (b) proscrivi-
rent les loix Romaines, & ne permirent pas même de les citer dans les tribunaux. *Récessuinde* fut encore l'auteur de la loi (c), qui ôtoit la prohibition des mariages entre les Goths & les
Romains. Il est clair que ces deux loix
avoient le même esprit : ce roi vouloit
enlever les principales causes de séparation qui étoient entre les Goths & les
Romains. Or, on pensoit que rien ne les
séparoit plus que la défense de contracter entr'eux des mariages, & la permission de vivre sous des loix diverses.

Mais quoique les rois des Wisigoths

(a) Il commença à régner en 642.
(b) Nous ne voulons plus être tourmentés par les
loix étrangeres, ni par les Romaines ; loi des Wisigoths, liv. II, tit. 1, §. 9 & 10.
(c) *Ut tàm Gotho Romanam quàm Romano Gotham,
matrimonio liceat sociari*, loi des Wisigoths, liv. III,
tit. 1, ch. I.

eussent

euſſent proſcrit le droit Romain, il ſubſiſta toûjours dans les domaines qu'ils
poſſédoient dans la Gaule méridionale.
Ces pays éloignés du centre de la monarchie, vivoient dans une grande indépendance (*a*). On voit par l'hiſtoire
de *Vamba*, qui monta ſur le trône en
672, que les naturels du pays avoient
pris le (*b*) deſſus : ainſi la loi Romaine
y avoit plus d'autorité, & la loi Gothe
y en avoit moins. Les loix Eſpagnoles ne
convenoient ni à leurs manieres, ni à
leur ſituation actuelle ; peut-être même
que le peuple s'obſtina à la loi Romaine,
parce qu'il y attacha l'idée de ſa liberté.
Il y a plus : les loix de *Chaindaſuinde* &
de *Réceſſuinde* contenoient des diſpoſi-
tions effroyables contre les Juifs : mais
ces Juifs étoient puiſſans dans la Gaule
méridionale. L'auteur de l'hiſtoire du
roi *Vamba* appelle ces provinces le proſ-

(*a*) Voyez, dans Caſſiodore, les condeſcendances
que Théodoric roi des Oſtrogoths, prince le plus ac-
crédité de ſon temps, eut pour elles, liv. IV, lett.
19 & 26.

(*b*) La révolte de ces provinces fut une défection
générale, comme il paroît par le jugement qui eſt à
la ſuite de l'hiſtoire. *Paulus* & ſes adhérans étoient
Romains, ils furent même favoriſés par les évêques.
Vamba n'oſa pas faire mourir les ſéditieux qu'il avoit
vaincus. L'auteur de l'hiſtoire appelle la Gaule Nar-
bonnoiſe, la nourrice de la perfidie.

Tome III. N

tibule des Juifs. Lorsque les Sarrasins vinrent dans ces provinces, ils y avoient été appellés : or, qui put les y avoir appellés, que les Juifs ou les Romains? Les Goths furent les premiers opprimés, parce qu'ils étoient la nation dominante. On voit dans *Procope* (*a*) que dans leurs calamités ils se retiroient de la Gaule Narbonnoise en Espagne. Sans doute que, dans ce malheur-ci, ils se réfugierent dans les contrées de l'Espagne qui se défendoient encore; & le nombre de ceux qui, dans la Gaule méridionale, vivoient sous la loi des Wisigoths, en fut beaucoup diminué.

(a) *Gothi qui cladi superfuerant, ex Galliâ cum uxoribus liberisque egressi, in Hispaniam ad Teudim jàm palàm tyrannum se receperunt;* de bello Gothorum, liv. I, cap. XIII.

CHAPITRE VIII.

Faux capitulaire.

CE malheureux compilateur *Benoît Lévite*, n'alla-t'il pas transformer cette loi Wisigothe qui défendoit l'usage du droit Romain, en un capitulaire (*a*)

(a) Capitul. édit. de *Baluze*, liv. VI, ch. CCCXLIII, p. 981, tom. I.

qu'on attribua depuis à *Charlemagne* ? Il fit de cette loi particuliere une loi générale, comme s'il avoit voulu exterminer le droit Romain par tout l'univers.

CHAPITRE IX.

Comment les codes des loix des barbares
& les capitulaires se perdirent.

L E S loix saliques, Ripuaires, Bourguignones & Wisigothes, cesserent peu à peu d'être en usage chez les François; voici comment.

Les fiefs étant devenus héréditaires, & les arriere-fiefs s'étant étendus, il s'introduisit beaucoup d'usages auxquels ces loix n'étoient plus applicables. On en retint bien l'esprit, qui étoit de régler la plupart des affaires par des amendes. Mais les valeurs ayant sans doute changé, les amendes changerent aussi ; & l'on voit beaucoup de (*a*) chartres où les seigneurs fixoient les amendes qui devoient être payées dans leurs petits tri-

(*a*) M. *de la Thaumassiere* en a recueilli plusieurs. Voyez, par exemple, les chapitres LXI, LXVI, & autres.

N ij

bunaux. Ainſi l'on ſuivit l'eſprit de la loi, ſans ſuivre la loi même.

D'ailleurs la France ſe trouvant diviſée en une infinité de petites ſeigneuries, qui reconnoiſſoient plutôt une dépendance féodale qu'une dépendance politique, il étoit bien difficile qu'une ſeule loi pût être autoriſée: en effet, on n'auroit pas pu la faire obſerver. L'uſage n'étoit guere plus qu'on envoyât des officiers (a) extraordinaires dans les provinces, qui euſſent l'œil ſur l'adminiſtration de la juſtice & ſur les affaires politiques; il paroît même par les chartres, que lorſque de nouveaux fiefs s'établiſſoient, les rois ſe privoient du droit de les y envoyer. Ainſi, lorſque tout à peu près fut devenu fief, ces officiers ne purent plus être employés; il n'y eut plus de loi commune, parce que perſonne ne pouvoit faire obſerver la loi commune.

Les loix ſaliques, Bourguignones & Wiſigothes furent donc extrémement négligées à la fin de la ſeconde race; & au commencement de la troiſiéme, on n'en entendit preſque plus parler.

Sous les deux premieres races, on aſ-

[a] M.ſſ. dominici.

fembla souvent la nation, c'eft-à-dire, les feigneurs & les évêques : il n'étoit point encore queftion des communes. On chercha dans ces affemblées à régler le clergé, qui étoit un corps qui fe formoit, pour ainfi dire, fous les conquérans, & qui établiffoit fes prérogatives ; les loix faites dans ces affemblées, font ce que nous appellons les capitulaires. Il arriva quatre chofes ; les loix des fiefs s'établirent, & une grande partie des biens de l'églife fut gouvernée par les loix des fiefs ; les eccléfiaftiques fe féparerent davantage, & négligerent (*a*) des loix de réforme où ils n'avoient pas été les feuls réformateurs ; on recueillit (*b*) les canons des conciles & les dé-

(*a*) Que les évêques, dit *Charles le chauve*, dans le capitulaire de l'an 844, art. 8, fous prétexte qu'ils ont l'autorité de faire des canons, ne s'oppofent pas à cette conftitution, ni ne la négligent. Il femble qu'il en prévoyoit déjà la chûte.

(*b*) On inféra dans le recueil des canons un nombre infini de décrétales des papes ; il y en avoit très-peu dans l'ancienne collection. *Denys le Petit* en mit beaucoup dans la fienne : mais celle d'*Ifidore Mercator* fut remplie de vraies & de fauffes décrétales. L'ancienne collection fut en ufage en France jufqu'à *Charlemagne*. Ce prince reçut des mains du pape *Adrien I* la collection de *Denys le Petit*, & la fit recevoir. La collection d'*Ifidore Mercator* parut en France vers le regne de *Charlemagne* ; on s'en entêta : enfuite vint ce qu'on appelle le *cours du droit canonique*.

N iij

crétales des papes ; & le clergé reçut
ces loix, comme venant d'une fource
plus pure. Depuis l'érection des grands
fiefs, les rois n'eurent plus, comme j'ai
dit, des envoyés dans les provinces,
pour faire obferver des loix émanées
d'eux : ainfi, fous la troifiéme race, on
n'entendit plus parler de capitulaires.

CHAPITRE X.

Continuation du même fujet.

ON ajouta plufieurs capitulaires à la
loi des Lombards, aux loix faliques,
à la loi des Bavarois. On en a cherché
la raifon ; il faut la prendre dans la chofe même. Les capitulaires étoient de
plufieurs efpeces. Les uns avoient du
rapport au gouvernement politique,
d'autres au gouvernement économique,
la plupart au gouvernement eccléfiaftique, quelques-uns au gouvernement
civil. Ceux de cette derniere efpece
furent ajoutés à la loi civile, c'eft-à-dire,
aux loix perfonnelles de chaque nation:
c'eft pour cela qu'il eft dit dans les capitulaires, qu'on n'y a rien ftipulé (*a*)

(a) Voy. l'édit de Piftes, art. 20.

contre la loi Romaine. En effet, ceux qui regardoient le gouvernement éco-nomique, ecclésiastique ou politique, n'avoient point de rapport avec cette loi ; & ceux qui regardoient le gouver-nement civil n'en eurent qu'aux loix des peuples barbares, que l'on expliquoit, corrigeoit, augmentoit & diminuoit. Mais ces capitulaires ajoutés aux loix personnelles, firent, je crois, négliger le corps même des capitulaires : dans des temps d'ignorance, l'abrégé d'un ouvrage fait souvent tomber l'ouvrage même.

CHAPITRE XI.

Autres causes de la chûte des codes des loix des barbares, du droit Romain & des capitulaires.

LORSQUE les nations Germaines conquirent l'empire Romain, elles y trouverent l'usage de l'écriture ; & à l'i-mitation des Romains, elles rédigerent leurs usages (a) par écrit, & en firent

(a) Cela est marqué expressément dans quelques prologues de ces codes. On voit même, dans les loix des Saxons & des Frisons, des dispositions différentes,

N iv

des codes. Les regnes malheureux qui suivirent celui de *Charlemagne*, les invasions des Normands, les guerres intestines, replongerent les nations victorieuses dans les ténèbres dont elles étoient sorties ; on ne sçut plus lire ni écrire. Cela fit oublier en France & en Allemagne les loix barbares écrites, le droit Romain & les capitulaires. L'usage de l'écriture se conserva mieux en Italie, où regnoient les papes & les empereurs Grecs, & où il y avoit des villes florissantes & presque le seul commerce qui se fît pour lors. Ce voisinage de l'Italie fit que le droit Romain se conserva mieux dans les contrées de la Gaule autrefois soumises aux Goths & aux Bourguignons ; d'autant plus que ce droit y étoit une loi territoriale & une espece de privilège. Il y a apparence, que c'est l'ignorance de l'écriture qui fit tomber en Espagne les loix Wisigothes ; & par la chûte de tant de loix, il se for-partout des coutumes.

Les loix personnelles tomberent. Les compositions & ce que l'on appelloit

selon les divers districts. On ajouta à ces usages quelques dispositions particulieres que les circonstances exigerent ; telles furent les loix dures contre les Saxons.

freda (*a*), fe réglerent plus par la coutume que par le texte de ces loix. Ainfi,
comme dans l'établiffement de la monarchie on avoit paffé des ufages des
Germains à des loix écrites, on revint,
quelques fiecles après, des loix écrites
à des ufages non écrits.

(*a*) J'en parlerai ailleurs.

CHAPITRE XII.

*Des coutumes locales ; révolution des loix
des peuples barbares , & du droit Romain.*

On voit, par plufieurs monumens, qu'il
y avoit déjà des coutumes locales dans la
premiere & la feconde race. On y parle
de la *coutume du lieu* (*a*), de l'*ufage ancien*
(*b*) , de la *coutume* (*c*) , des *loix* (*d*)
& des *coutumes*. Des auteurs ont cru
que ce qu'on nommoit des coutumes
étoient les loix des peuples barbares , &
que ce qu'on appelloit la loi étoit le
droit Romain. Je prouve que cela ne

(*a*) Préface des formules de *Marculfe*.
(*b*) Loi des Lombards, liv. II , tit. 58 , §. 3.
(*c*) Loi des Lombards, liv. II , tit. 41 , §. 6.
(*d*) Vie de *S. Leger*.

N v

peut être. Le roi *Pepin* (a) ordonna que
partout où il n'y auroit point de loi,
on suivroit la coutume ; mais que la
coutume ne seroit pas préférée à la loi.
Or dire que le droit Romain eût la préférence sur les codes des loix des barbares, c'est renverser tous les monumens anciens, & surtout ces codes des
loix des barbares qui disent perpétuellement le contraire.

Bien loin que les loix des peuples
brbares fussent ces coutumes, ce furent
ces loix mêmes, qui, comme loix personnelles, les introduisirent. La loi salique, par exemple, étoit une loi personnelle ; mais dans des lieux généralement ou presque généralement habités
par des Francs Saliens, la loi salique,
toute personnelle qu'elle étoit, devenoit,
par rapport à ces Francs Saliens, une loi
territoriale, & elle n'étoit personnelle
que pour les Francs qui habitoient ailleurs. Or, si dans un lieu où la loi salique étoit territoriale, il étoit arrivé que
plusieurs Bourguignons, Allemands ou
Romains même, eussent eu souvent des
affaires, elles auroient été décidées par
les loix de ces peuples ; & un grand

(a) Loi des Lombards, liv. II, tit. 41. S. 6.

nombre de jugemens conformes à quelques-unes de ces loix , auroit dû introduire dans le pays de nouveaux usages.
Et cela explique bien la constitution de
Pepin. Il étoit naturel que ces usages
pussent affecter les Francs mêmes du
lieu, dans les cas qui n'étoient point dé-
cidés par la loi salique ; mais il ne l'é-
toit pas qu'ils pussent prévaloir sur la loi
salique.

Ainsi il y avoit dans chaque lieu une
loi dominante & des usages reçus, qui
servoient de supplément à la loi dominante, lorsqu'ils ne la choquoient pas.

Il pouvoit même arriver qu'ils servis-
sent de supplément à une loi qui n'étoit
point territoriale : & pour suivre le même exemple, si dans un lieu où la loi
salique étoit territoriale , un Bourguignon étoit jugé par la loi des Bourguignons , & que le cas ne se trouvât pas
dans le texte de cette loi , il ne faut pas
douter que l'on ne jugeât suivant la coutume du lieu.

Du temps du roi *Pepin* , les coutumes qui s'étoient formées, avoient moins
de force que les loix ; mais bientôt les
coutumes détruisirent les loix : & comme les nouveaux réglemens sont tou-

N vj

jours des remèdes qui indiquent un mal
préfent, on peut croire que, du temps de
Pepin, on commençoit déjà à préférer
les coutumes aux loix.

Ce que j'ai dit explique comment le
droit Romain commença dès les premiers temps à devenir une loi territoriale, comme on le voit dans l'édit de
Piftes; & comment la loi Gothe ne laif-
fa pas d'y être encore en ufage, comme
il paroît par le fynode de Troies (*a*)
dont j'ai parlé. La loi Romaine étoit devenue la loi perfonnelle générale, & la
loi Gothe la loi perfonnelle particuliere;
& par conféquent la loi Romaine étoit
la loi territoriale. Mais comment l'ignorance fit-elle tomber partout les loix perfonnelles des peuples barbares, tandis
que le droit Romain fubfifta, comme
loi territoriale, dans les provinces Wifi-
gothes & Bourguignones? Je réponds,
que la loi Romaine même eut à peu
près le fort des autres loix perfonnelles:
fans cela nous aurions encore le code
Théodofien dans les provinces où la loi
Romaine étoit loi territoriale, au lieu
que nous y avons les loix de *Juftinien*.
Il ne refta prefque à ces provinces que le

(*a*) Voyez ci-deffus le ch. V.

nom de pays de droit Romain ou de
droit écrit, que cet amour que les peuples ont pour leur loi, furtout quand
ils la regardent comme un privilége,
& quelques difpofitions du droit Romain retenues pour lors dans la mémoire des hommes : mais c'en fut affez pour
produire cet effet, que, quand la compilation de *Juftinien* parut, elle fut reçue dans les provinces du domaine des
Goths & des Bourguignons comme loi
écrite ; au lieu que, dans l'ancien domaine des Francs, elle ne le fut que comme
raifon écrite.

CHAPITRE XIII.

Différence de la loi falique ou des Francs
Saliens, d'avec celle des Francs Ri-
puaires & des autres peuples barbares.

L A loi falique n'admettoit point l'u-
fage des preuves négatives ; c'eft-à-dire
que, par la loi falique, celui qui faifoit
une demande ou une accufation devoit
la prouver, & qu'il ne fuffifoit pas à
l'accufé de la nier : ce qui eft conforme
aux loix de prefque toutes les nations
du monde.

La loi des Francs Ripuaires avoit
tout un autre (*a*) esprit ; elle se conten-
toit des preuves négatives ; & celui contre qui on formoit une demande ou une
accusation, pouvoit, dans la plupart
des cas se justifier, en jurant avec certain nombre de témoins qu'il n'avoit
point fait ce qu'on lui imputoit. Le nombre (*b*) des témoins qui devoient jurer, augmentoit selon l'importance
de la chose ; il alloit quelquefois (*c*)
à soixante-douze. Les loix des Allemands, des Bavarois, des Thuringiens,
celles des Frisons, des Saxons, des Lombards & des Bourguignons, furent faites sur le même plan que celles des Ripuaires.

J'ai dit que la loi salique n'admettoit point les preuves négatives. Il y
avoit pourtant un (*d*) cas où elle les admettoit ; mais dans ce cas elle ne les admettoit point seules & sans le concours

(*a*) Cela se rapporte à ce que dit *Tacite*, que les
peuples Germains avoient des usages communs, &
des usages particuliers.

(*b*) Loi des Ripuaires, tit. 6, 7, 8, & autres.

(*c*) *Ibid.* tit. 11, 12 & 17.

(*d*) C'est celui où un antrustion, c'est-à-dire, un
vassal du roi, en qui on supposoit une plus grande
franchise, étoit accusé ; voyez le tit. 76 du *pactus
legis salicæ.*

des preuves positives. Le demandeur
faisoit (*a*) ouir ses témoins pour établir sa demande ; le défendeur faisoit
ouir les siens pour se justifier ; & le Juge cherchoit la vérité dans les uns &
dans les autres (*b*) témoignages. Cette
pratique étoit bien différente de celle
des loix Ripuaires & des autres loix
barbares, où un accusé se justifioit en
jurant qu'il n'étoit point coupable, &
en faisant jurer ses parens qu'il avoit
dit la vérité. Ces loix ne pouvoient
convenir qu'à un peuple qui avoit de la
simplicité & une certaine candeur naturelle ; il fallut même que les législateurs en prévinssent l'abus, comme on
le va voir tout à l'heure.

(*a*) Voyez le tit. 76 du *Pactus legis salicæ*.
(*b*) Comme il se pratique encore aujourd'hui en
Angleterre.

CHAPITRE XIV.

Autre différence.

Lᴀ loi salique ne permettoit point la
preuve par le combat singulier ; la loi
des Ripuaires (*a*) & presque (*b*) tou-

(*a*) Tit. 32 ; tit. 57, §. 2 ; tit. 59, §. 4.
(*b*) Voyez la note (*a*) de la page suivante.

tes celles des peuples barbares, la ré-
cevoient. Il me paroît que la loi du
combat étoit une fuite naturelle & le remède de la loi qui établiffoit les preuves négatives. Quand on faifoit une
demande, & qu'on voyoit qu'elle alloit être injuftement éludée par un ferment, que reftoit-il à un guerrier (*a*)
qui fe voyoit fur le point d'être confondu, qu'à demander raifon du tort
qu'on lui faifoit & de l'offre même du
parjure ? La loi falique, qui n'admettoit point l'ufage des preuves négatives, n'avoit pas befoin de la preuve par
le combat, & ne la recevoit pas; mais
la loi des Ripuaires (*b*) & celle des autres peuples (*c*) barbares qui admettoient l'ufage des preuves négatives,
furent forcés d'établir la preuve par le
combat.

Je prie qu'on life les deux fameufes
(*d*) difpofitions de *Gondebaud*, roi de

(*a*) Cet efprit paroît bien dans la loi des Ripuaires, tit. 59, §. 4, & tit. 67, §. 5; & le capitulaire
de Louis le débonnaire, ajouté à la loi des Ripuaires, de l'an 803, art. 22.

(*b*) Voyez cette loi.

(*c*) La loi des Frifons, des Lombards, des Bavarois, des Saxons, des Thuringiens & des Bourguignons.

(*d*) Dans la loi des Bourguignons, tit. 8, §. 1 &
2, fur les affaires criminelles, & le tit. 45, qui porte

Bourgogne, fur cette matiere ; on verra qu'elles font tirées de la nature de la chofe. Il falloit, felon le langage des loix des barbares, ôter le ferment des mains d'un homme qui en vouloit abufer.

Chez les Lombards, la loi de *Rhotaris* admit des cas où elle vouloit que celui qui s'étoit défendu par un ferment, ne pût plus être fatigué par un combat. Cet ufage s'étendit (*a*): nous verrons dans la fuite quels maux il en réfulta, & comment il fallut revenir à l'ancienne pratique.

encore fur les affaires civiles. Voyez auffi la loi des Thuringiens, tit. 1, §. 31 ; tit. 7, §. 6 ; & tit. 8 ; & la loi des Allemands, tit. 89 : la loi des Bavarois, tit. 8 , ch. 11 , §. 6 , & ch. 111 , §. 1 ; & tit. 9, ch. 1V, §. 4 : la loi des Frifons, tit. 11 , §. 3 ; & tit. 14, §. 4 : la loi des Lombards, liv. I, tit. 32 , §. 3 ; & tit. 35, §. 1 ; & liv. II, tit. 35 , §. 2.

(*a*) Voyez, ci-deffous, le ch. XVIII, à la fin.

CHAPITRE XV.

Réflexion.

Jᴇ ne dis pas que, dans les changemens qui furent faits au code des loix des barbares, dans les difpofitions qui y furent ajoutées, & dans le corps des

capitulaires, on ne puiſſe trouver quelque texte où dans le fait la preuve du
combat ne ſoit pas une ſuite de la preuve négative. Des circonſtances particulieres ont pu, dans le cours de pluſieurs
ſiecles, faire établir de certaines loix
particulieres. Je parle de l'eſprit général des loix des Germains, de leur
nature & de leur origine ; je parle des
anciens uſages de ces peuples, indiqués
ou établis par ces loix : & il n'eſt ici
queſtion que de cela.

CHAPITRE XVI.

De la preuve par l'eau bouillante, établie par la loi ſalique.

LA loi ſalique (a) admettoit l'uſage
de la preuve par l'eau bouillante ; &
comme cette épreuve étoit fort cruelle, la loi (b) prenoit un tempérament
pour en adoucir la rigueur. Elle permettoit à celui qui avoit été ajourné
pour venir faire la preuve par l'eau bouillante, de racheter ſa main du conſentement de ſa partie. L'accuſateur, moyen-

(a) Et quelques autres loix des barbares auſſi.
(b) Tit. 56.

nant une certaine somme que la loi fixoit, pouvoit se contenter du serment de quelques témoins, qui déclaroient que l'accusé n'avoit pas commis le crime : & c'étoit un cas particulier de la loi salique, dans lequel elle admettoit la preuve négative.

Cette preuve étoit une chose de convention, que la loi souffroit, mais qu'elle n'ordonnoit pas. La loi donnoit un certain dédommagement à l'accusateur qui vouloit permettre que l'accusé se défendît par une preuve négative : il étoit libre à l'accusateur de s'en rapporter au serment de l'accusé, comme il lui étoit libre de remettre le tort ou l'injure.

La loi (*a*) donnoit un tempérament pour qu'avant le jugement, les parties, l'une dans la crainte d'une épreuve terrible, l'autre à la vue d'un petit dédommagement présent, terminassent leurs différends & finissent leurs haines. On sent bien que cette preuve négative une fois consommée, il n'en falloit plus d'autre, & qu'ainsi la pratique du combat ne pouvoit être une suite de cette disposition particuliere de la loi salique.

(a) Ibid. tit. 56.

CHAPITRE XVII.

Maniere de penser de nos peres.

ON sera étonné de voir que nos peres fissent ainsi dépendre l'honneur, la fortune & la vie des citoyens, de choses qui étoient moins du ressort de la raison que du hasard; qu'ils employassent sans cesse des preuves qui ne prouvoient point, & qui n'étoient liées, ni avec l'innocence, ni avec le crime.

Les Germains qui n'avoient jamais été subjugués (*a*) jouissoient d'une indépendance extrême. Les familles se (*b*) faisoient la guerre pour des meurtres, des vols, des injures. On modifia cette coutume, en mettant ces guerres sous des régles; elles se firent par ordre & sous les yeux (*c*) du magistrat: ce qui étoit préférable à une licence générale de se nuire.

(*a*) Cela paroît par ce que dit *Tacite* : *omnibus idem habitus.*

(*b*) *Velleius Paterculus*, liv. II, ch. CXVIII, dit que les Germains décidoient toutes les affaires par le combat.

(*c*) Voyez les codes des loix des barbares; & pour les temps plus modernes, *Beaumanoir*, sur la coutume de Beauvoisis.

Comme aujourd'hui les Turcs, dans leurs guerres civiles, regardent la premiere victoire comme un jugement de dieu qui décide ; ainſi les peuples Germains, dans leurs affaires particulieres, prenoient l'événement du combat pour un arrêt de la providence toujours attentive à punir le criminel ou l'uſùrpateur.

Tacite dit que, chez les Germains, lorſqu'une nation vouloit entrer en guerre avec une autre, elle cherchoit à faire quelque priſonnier qui pût combattre avec un des ſiens ; & qu'on jugeoit, par l'événement de ce combat, du ſuccès de la guerre. Des peuples qui croyoient que le combat ſingulier régleroit les affaires publiques, pouvoient bien penſer qu'il pourroit encore régler les différends des particuliers.

Gondebaud (*a*), roi de Bourgogne, fut de tous les rois celui qui autoriſa le plus l'uſage du combat. Ce prince rend raiſon de ſa loi dans ſa loi même : » C'eſt, dit-il, afin que nos ſujets ne « faſſent plus de ſerment ſur des faits « obſcurs, & ne ſe parjurent point ſur « des faits certains. « Ainſi, tandis que

_____

(*a*) La loi des Bourguignons, ch. XLV.

les eccléfiaftiques (*a*) déclaroient impie
la loi qui permettoit le combat, le roi
des Bourguignons regardoit comme
facrilége celle qui établiffoit le ferment.

La preuve par le combat fingulier
avoit quelque raifon fondée fur l'expérience. Dans une nation uniquement guerriere, la poltronnerie fuppofe d'autres vices : elle prouve qu'on
a réfifté à l'éducation qu'on a reçue,
& que l'on n'a pas été fenfible à
l'honneur, ni conduit par les principes qui ont gouverné les autres hommes ; elle fait voir qu'on ne craint point
leur mépris, & qu'on ne fait point de
cas de leur eftime : pour peu qu'on
foit bien né, on n'y manquera pas
ordinairement de l'adreffe qui doit s'al-
lier avec la force, ni de la force qui
doit concourir avec le courage ; parce
que, faifant cas de l'honneur, on fe fera
toute fa vie exercé à des chofes fans lefquelles on ne peut l'obtenir. De plus,
dans une nation guerriere, où la force,
le courage & la proueffe font en honneur, les crimes véritablement odieux
font ceux qui naiffent de la fourberie,

(*a*) Voyez les œuvres d'*Agobard*.

de la fineſſe & de la ruſe, c'eſt-à-dire,
de la poltronnerie.

Quant à la preuve par le feu, après
que l'accuſé avoit mis la main ſur un
fer chaud ou dans l'eau bouillante, on
enveloppoit la main dans un ſac que l'on
cachetoit : ſi trois jours après il ne paroiſſoit pas de marque de brûlure, on
étoit déclaré innocent. Qui ne voit
que chez un peuple exercé à manier des
armes, la peau rude & caleuſe ne devoit
pas recevoir aſſez l'impreſſion du fer
chaud ou de l'eau bouillante, pour qu'il
y parût trois jours après ? Et s'il y paroiſſoit, c'étoit une marque que celui
qui faiſoit l'épreuve étoit un efféminé.
Nos payſans avec leurs mains caleuſes
manient le fer chaud comme ils veulent ; & quant aux femmes, les mains
de celles qui travailloient, pouvoient
réſiſter au fer chaud. Les dames (*a*) ne
manquoient point de champions pour
les défendre ; & dans une nation où il
n'y avoit point de luxe, il n'y avoit
guere d'état moyen.

Par la loi des Thuringiens (*b*), une

(*a*) Voyez *Beaumanoir*, coutume de *Beauvoiſis*,
ch. ʟxɪ. Voyez auſſi la loi des Angles, ch. xɪᴠ, où
la preuve par l'eau bouillante n'eſt que ſubſidiaire.
(*b*) Tit. 14.

femme accusée d'adultere n'étoit condamnée à l'épreuve par l'eau bouillante, que lorsqu'il ne se présentoit point de champion pour elle; & la loi (*a*) des Ripuaires n'admet cette épreuve que lorsqu'on ne trouve pas de témoins pour se justifier. Mais une femme qu'aucun de ses parens ne vouloit défendre, un homme qui ne pouvoit alléguer aucun témoignage de sa probité, étoient par cela même déjà convaincus.

Je dis donc que, dans les circonstances des temps où la preuve par le combat & la preuve par le fer chaud & l'eau bouillante furent en usage, il y eut un tel accord de ces loix avec les mœurs, que ces loix produisirent moins d'injustices qu'elles ne furent injustes; que les effets furent plus innocens que les causes; qu'elles choquerent plus l'équité qu'elles n'en violerent les droits; qu'elles furent plus déraisonnables que tyranniques.

(*a*) Ch. XXXI, §. 5.

CHAPITRE

CHAPITRE XVIII.

Comment la preuve par le combat s'étendit.

ON pourroit conclurre de la lettre d'*Agobard* à *Louis le débonnaire*, que la preuve par le combat n'étoit point en usage chez les Francs, puisqu'après avoir remontré à ce prince les abus de la loi de *Gondebaud*, il (*a*) demande qu'on juge en Bourgogne les affaires par la loi des Francs. Mais comme on sçait d'ailleurs que dans ce temps-là le combat judiciaire étoit en usage en France, on a été dans l'embarras. Cela s'explique par ce que j'ai dit ; la loi des Francs Saliens n'admettoit point cette preuve, & celle des Francs Ripuaires (*b*) la recevoit.

Mais, malgré les clameurs des ecclésiastiques, l'usage du combat judiciaire s'étendit tous les jours en France; & je vais prouver tout-à-l'heure que ce furent eux-mêmes qui y donnerent lieu en grande partie.

(a) *Si placeret domino nostro ut eos transferret ad legem Francorum.*

(b) Voyez cette loi, tit. 59, §. 4 ; & tit. 67, §. 5.

Tome III. O

C'eſt la loi des Lombards qui nous fournit cette preuve. » Il s'étoit intro-
» duit depuis long-temps une déteſtable
» coutume (eſt-il dit dans le préambule
» de la conſtitution (a) d'Othon II);
» c'eſt que ſi la chartre de quelque héri-
» tage étoit attaquée de faux, celui qui
» la préſentoit faiſoit ſerment ſur les
» évangiles qu'elle étoit vraie ; & ſans
» aucun jugement préalable, il ſe rendoit
» propriétaire de l'héritage : ainſi les par-
» jures étoient ſûrs d'acquérir. « Lorſque
l'empereur Othon I ſe fit couronner à
Rome (b), le pape Jean XII tenant un
concile, tous les ſeigneurs (c) d'Italie
s'écrierent qu'il falloit que l'empereur
fît une loi pour corriger cet indigne
abus. Le pape & l'empereur jugerent
qu'il falloit renvoyer l'affaire au concile qui devoit ſe tenir peu de temps
(d) après à Ravenne. Là les ſeigneurs firent les mêmes demandes, & redouble-
rent leurs cris ; mais ſous prétexte de
l'abſence de quelques perſonnes, on ren-

(a) Loi des Lombards, liv. II, tit. 55, ch. XXXIV.
(b) L'an 962.
(c) Ab Italiæ proceribus eſt proclamatum, ut impe-
rator ſunctus, mutatá lege, facinus indignum deſtrue-
ret. Loi des Lombards, liv. II, tit. 55, ch. XXXIV.
(d) Il fut tenu en l'an 967, en préſence du pape
Jean XIII & de l'empereur Othon I.

voya encore une fois cette affaire. Lorfqu'*Othon II* & *Conrad* (*a*) roi de Bourgogne arriverent en Italie, ils eurent
à Véronne un (*b*) colloque (*c*) avec les
feigneurs d'Italie; & fur leurs inftances
réitérées, l'empereur, du confentement
de tous, fit une loi qui portoit que,
quand il y auroit quelque conteftation
fur des héritages, & qu'une des parties
voudroit fe fervir d'une chartre, & que
l'autre foutiendroit qu'elle étoit fauffe,
l'affaire fe décideroit par le combat; que
la même regle s'obferveroit lorfqu'il
s'agiroit de matieres de fief; que les
églifes feroient fujettes à la même loi, &
qu'elles **combattroient** par leurs champions. On voit que la nobleffe demanda la preuve par le combat, à caufe de
l'inconvénient de la preuve introduite
dans les églifes; que, malgré les cris de
cette nobleffe, malgré l'abus qui crioit
lui-même, & malgré l'autorité d'*Othon*
qui arriva en Italie pour parler & agir
en maître, le clergé tint ferme dans deux
conciles; que le concours de la nobleffe

(*a*) Oncle d'*Othon II*, fils de *Rodolphe*, & roi de la
Bourgogne Transjurane.
(*b*) L'an 988.
(*c*) *Cùm in hoc ab omnibus imperiales aures pulfa-
rentur*. Loi des Lombards, liv. II, tit. 55, ch. XXXIV.

& des princes ayant forcé les eccléfiaftiques à céder, l'ufage du combat judiciaire dut être regardé comme un privilége de la noblefſe, comme un rempart
contre l'injuſtice, & une afſurance de ſa
propriété; & que, dès ce moment, cette
pratique dut s'étendre. Et cela ſe fit
dans un temps où les empereurs étoient
grands & les papes petits; dans un temps
où les *Othons* vinrent rétablir en Italie
la dignité de l'empire.

Je ferai une réflexion qui confirmera
ce que j'ai dit ci-deſſus, que l'établiſſement des preuves négatives entraînoit
après lui la jurifprudence du combat.
L'abus dont on ſe plaignoit devant les
Othons, étoit qu'un homme à qui on
objectoit que ſa chartre étoit fauſſe, ſe
défendoit par une preuve négative, en
déclarant ſur les évangiles qu'elle ne
l'étoit pas. Que fit-on pour corriger l'a-
bus d'une loi qui avoit été tronquée?
on rétablit l'uſage du combat.

Je me ſuis preſſé de parler de la conſtitution d'*Othon II*, afin de donner une
idée claire des démêlés de ces temps-là
entre le clergé & les laïques. Il y avoit
eu auparavant une conſtitution de (*a*)

_____

(*a*) Dans la loi des Lombards, liv. II, tit. 55, §.

Lothaire I. qui, fur les mêmes plaintes
& les mêmes démêlés, voulant afiurer
la propriété des biens, avoit ordonné
que le notaire jureroit que fa chartre
n'étoit pas fauffe ; & que, s'il étoit mort,
on feroit jurer les témoins qui l'avoient
fignée : mais le mal refloit toujours, il
falloit en venir au remède dont je viens
de parler.

Je trouve qu'avant ce temps-là, dans
des affemblées générales tenues par
Charlemagne, la nation lui repréfen-
ta (*a*) que dans l'état des chofes il étoit
très-difficile que l'accufateur ou l'accufé ne fe parjuraffent, & qu'il valoit
mieux rétablir le combat judiciaire ; ce
qu'il fit.

L'ufage du combat judiciaire s'étendit chez les Bourguignons, & celui du
ferment y fut borné. *Théodoric*, roi d'I-
talie, abolit le combat fingulier chez les
Oftrogoths (*b*) : les loix de *Chaindafuin-
de* & de *Récefuinde* femblent en avoir
voulu ôter jufqu'à l'idée. Mais ces loix
furent fi peu reçues dans la Narbon-

33 : Dans l'exemplaire dont s'eft fervi M. *Muratori*,
elle eft attribuée à l'empereur *Guy*.

(*a*) Dans la loi des Lombards, liv. II, tit. 55,
§. 23.

(*b*) Voyez *Caffiodore*, liv. III, lett. 23 & 24.

noife, que le combat y étoit regardé
comme une prérogative (*a*) des Goths.

Les Lombards, qui conquirent l'I-
talie après la deftruction des Oftrogoths
par les Grecs, y rapporterent l'ufage du
combat : mais leurs premieres loix le
reftreignirent (*b*). *Charlemagne* (*c*),
Louis le débonnaire, les *Othons*, firent
diverfes conftitutions générales, qu'on
trouve inférées dans les loix des Lombards, & ajoutées aux loix faliques,
qui étendirent le duel, d'abord dans
les affaires criminelles, & enfuite dans
les civiles. On ne fçavoit comment faire. La preuve négative par le ferment
avoit des inconvéniens ; celle par le
combat en avoit auffi : on changeoit,
fuivant qu'on étoit plus frappé des uns
ou des autres.

D'un côté, les eccléfiaftiques fe plai-
foient à voir, que dans toutes les affaires

(*a*) *In palatio quoque* Bera *comes Barcinonenfis, cùm
impeteretur à quodam vocato* Sunila *& in ïdelitatis ar-
gueretur, cùm eodem fecundùm legem propriam, utpotè
quià uterque Gothus erat, equeftri prælio congreffus eft
& viftus.* L'auteur incertain de la vie de Louis le débonnaire.

(*b*) Voyez dans la loi des Lombards, le liv. I, tit.
4; & tit 9, §. 23; & liv. II, tit. 35, §. 4 & 5; & tit. 55,
§. 1, 2 & 3 : les réglemens de *Rotharis* ; & au §. 15,
celui de *Luitprand.*

(*c*) *Ibid.* liv. II, tit. 55, §. 23.

féculieres, on recourût aux églifes (a)
& aux autels; & de l'autre, une nobleffe fiere aimoit à foutenir fes droits
par fon épée.

Je ne dis point que ce fut le clergé
qui eût introduit l'ufage dont la nobleffe fe plaignoit. Cette coutume dérivoit
de l'efprit des loix des barbares, & de
l'établiffement des preuves négatives.
Mais une pratique qui pouvoit procurer
l'impunité à tant de criminels, ayant
fait penfer qu'il falloit fe fervir de la
fainteté des églifes pour étonner les
coupables & faire pâlir les parjures, les
eccléfiaftiques foutinrent cet ufage & la
pratique à laquelle il étoit joint; car
d'ailleurs ils étoient oppofés aux preuves négatives. Nous voyons dans *Beaumanoir* (b) que ces preuves ne furent
jamais admifes dans les tribunaux eccléfiaftiques; ce qui contribua fans doute beaucoup à les faire tomber, & à af-

(a) Le ferment judiciaire fe faifoit pour lors dans
les églifes; & il y avoit dans la premiere race, dans
le palais des rois, une chapelle exprès pour les affaires qui s'y jugeoient. Voyez les formules de *Marculfe*, liv. 1, ch. XXXVIII; les loix des Ripuaires,
tit. 59, §. 4; tit. 65, §. 5; l'hiftoire de *Grégoire de
Tours*; le capitulaire de l'an 803, ajouté à la loi falique.
(b) Ch. XXXIX, pag. 212.

O iv

foiblir la difpofition des codes des loix des barbares à cet égard.

Ceci fera encore bien fentir la liaifon entre l'ufage des preuves négatives & celui du combat judiciaire dont j'ai tant parlé. Les tribunaux laïques les admirent l'un & l'autre, & les tribunaux clercs les rejetterent tous deux.

Dans le choix de la preuve par le combat, la nation fuivoit fon génie guerrier; car pendant qu'on établiffoit le combat comme un jugement de dieu, on aboliffoit les preuves par la croix, l'eau froide & l'eau bouillante, qu'on avoit regardées auffi comme des jugemens de dieu.

Charlemagne ordonna que, s'il furvenoit quelque différend entre fes enfans, il fut terminé par le jugement de la croix. *Louis* (a) le *débonnaire* borna ce jugement aux affaires eccléfiaftiques: fon fils *Lothaire* l'abolit dans tous les cas; il abolit (b) de même la preuve par l'eau froide.

Je ne dis pas, que dans un temps où il y avoit fi peu d'ufages univerfellement

(a) On trouve fes conftitutions inférées dans la loi des Lombards & à la fuite des loix faliques.

(b) Dans fa conftitution inférée dans la loi des Lombards, liv. II, tit. 55, §. 31.

reçus, ces preuves n'aient été reproduites dans quelques églises, d'autant plus qu'une chartre (*a*) de *Philippe Auguste* en fait mention : mais je dis qu'elles furent de peu d'usage. *Beaumanoir* (*b*) qui vivoit du temps de *saint Louis* & un peu après, faisant l'énumération des différens genres de preuves, parle de celles du combat judiciaire, & point du tout de celles-là.

(*a*) De l'an 1200.
(*b*) Coutume de Beauvoisis, ch. XXXIX.

CHAPITRE XIX.

Nouvelle raison de l'oubli des loix saliques, des loix Romaines & des capitulaires.

J'ai déjà dit les raisons qui avoient fait perdre aux loix saliques, aux loix Romaines, & aux capitulaires, leur autorité ; j'ajouterai que la grande extension de la preuve par le combat en fut la principale cause.

Les loix saliques, qui n'admettoient point cet usage, devinrent en quelque façon inutiles, & tomberent : les loix Romaines, qui ne l'admettoient pas

O v

non plus, périrent de même. On ne fon-
gea plus qu'à former la loi du combat
judiciaire, & à en faire une bonne jurifprudence. Les difpofitions des capitulaires ne devinrent pas moins inutiles.
Ainfi tant de loix perdirent leur autorité, fans qu'on puiffe citer le moment où
elles l'ont perdue ; elles furent oubliées,
fans qu'on en trouve d'autres qui aient
pris leur place.

Une nation pareille n'avoit pas befoin
de loix écrites, & fes loix écrites pouvoient bien aifément tomber dans l'oubli.

Y avoit-il quelque difcuffion entre
deux parties ? on ordonnóit le combat.
Pour cela il ne falloit pas beaucoup de
fuffifance.

Toutes les actions civiles & criminelles fe réduifent en faits. C'eft fur ces
faits que l'on combattoit ; & ce n'étoit
pas feulement le fond de l'affaire qui fe
jugeoit par le combat, mais encore les
incidens & les interlocutoires, comme
le dit *Beaumanoir* (*a*), qui en donne des
exemples.

Je trouve qu'au commencement de la
troifiéme race, la jurifprudence étoit

(*a*) Ch. LXI, pag. 309 & 310.

toute en procédés ; tout fut gouverné
par le point-d'honneur. Si l'on n'avoit
pas obéi au juge, il pourſuivoit ſon of-
fenſe. A Bourges (a), ſi le prevôt avoit
mandé quelqu'un, & qu'il ne fût pas
venu : « Je t'ai envoyé chercher, diſoit-
il, tu as dédaigné de venir ; fais-moi
raiſon de ce mépris ; « & l'on combattoit. *Louis le gros* réforma (b) cette
coutume.

Le combat judiciaire étoit en uſage
(c) à Orléans dans toutes demandes de
dettes. *Louis le jeune* déclara que cette
coutume n'auroit lieu que lorſque la demande excéderoit cinq ſols. Cette ordonnance étoit une loi locale ; car du
temps de *ſaint Louis* (d), il ſuffiſoit que
la valeur fût de plus de douze deniers.
Beaumanoir (e) avoit oui dire à un ſeigneur de loi, qu'il y avoit autrefois en
France cette mauvaiſe coutume, qu'on
pouvoit louer pendant un certain temps
un champion pour combattre dans ſes

(a) Chartre de *Louis le gros*, de l'an 1145, dans
le recueil des ordonnances.
(b) *Ibid.*
(c) Chartre de *Louis le jeune*, de l'an 1168, dans le
recueil des ordonnances.
(d) Voyez *Beaumanoir*, ch. LXIII, pag. 325.
(e) Voyez la coutume de Beauvoiſis, ch. XXVIII,
pag. 203.

affaires. Il falloit que l'ufage du combat
judiciaire eût pour lors une prodigieufe
extenfion.

CHAPITRE XX.

Origine du point-d'honneur.

ON trouve des énigmes dans les codes des loix des barbares. La loi (a) des
Frifons ne donne qu'un demi fol de
compofition à celui qui a reçu des coups
de bâton ; & il n'y a fi petite bleffure
pour laquelle elle n'en donne davantage.
Par la loi falique, fi un ingénu donnoit
trois coups de bâton à un ingénu, il
payoit trois fols; s'il avoit fait couler
le fang, il étoit puni comme s'il avoit
bleffé avec le fer, & il payoit quinze
fous ; la peine fe mefuroit par la grandeur des bleffures. La loi des Lombards
(b) établit différentes compofitions pour
un coup, pour deux, pour trois, pour
quatre. Aujourd'hui un coup en vaut
cent mille.

La conftitution de *Charlemagne* inférée dans la loi (c) des Lombards, veut

(a) *Additio fapientium Wilemari*, tit. 5.
(b) Liv. I, tit. 6, §. 3.
(c) Liv. II, tit. 5, §. 23.

que ceux à qui elle permet le duel, combattent avec le bâton. Peut-être que ce
fut un ménagement pour le clergé; peut-
être que, comme on étendoit l'uſage
des combats, on voulut les rendre moins
ſanguinaires. Le capitulaire (*a*) de *Louis
le débonnaire* donne le choix de combattre avec le bâton ou avec les armes.
Dans la ſuite il n'y eut que les ſerfs qui
combattiſſent avec le bâton (*b*).

Déjà je vois naître & ſe former les ar-
ticles particuliers de notre point-d'honneur. L'accuſateur commençoit par déclarer devant le juge, qu'un tel avoit
commis une telle action; & celui-ci ré-
pondoit qu'il en avoit menti (*c*); ſur
cela le juge ordonnoit le duel. La maxime s'établit que, lorſqu'on avoit reçu
un démenti, il falloit ſe battre.

Quand un homme (*d*) avoit déclaré
qu'il combattroit, il ne pouvoit plus
s'en départir; & s'il le faiſoit, il étoit
condamné à une peine. De-là ſuivit cette regle, que quand un homme s'étoit
engagé par ſa parole, l'honneur ne lui
permettoit plus de la rétracter.

(*a*) Ajoûté à la loi ſalique ſur l'an 819.
(*b*) Voyez *Beaumanoir*, ch. LXIV, pag. 323.
(*c*) *Ibid.* pag. 329.
(*d*) Voyez *Beaumanoir*, ch. III, pag. 25 & 329.

Les gentilshommes (*a*) se battoient entr'eux à cheval & avec leurs armes, & les villains (*b*) se battoient à pied & avec le bâton. De-là il suivit que le bâton étoit l'instrument des outrages (*c*), parce qu'un homme qui en avoit été battu, avoit été traité comme un villain.

Il n'y avoit que les villains qui combattissent à visage découvert (*d*); ainsi il n'y avoit qu'eux qui pussent recevoir des coups sur la face. Un soufflet devint une injure, qui devoit être lavée par le sang, parce qu'un homme qui l'avoit reçu, avoit été traité comme un villain.

Les peuples Germains n'étoient pas moins sensibles que nous au point-d'honneur; ils l'étoient même plus. Ainsi les parens les plus éloignés prenoient une part très-vive aux injures, & tous leurs codes sont fondés là-dessus. La loi des Lombards (*e*) veut que celui qui, ac-

(*a*) Voyez, sur les armes des combattans, *Beaumanoir*, ch. LXI, p. 308, & ch. LXIV, p. 328.

(*b*) *Ibib.* ch. LXIV, pag. 328 : voyez aussi les chartres de *saint-Aubin* d'Anjou, rapportées par *Galland*, pag. 263.

(*c*) Chez les Romains, les coups de bâton n'étoient point infâmes. *Lege lætus fustium. De iis qui notantur infamiâ.*

(*d*) Il n'avoient que l'écu & le bâton, *Beaumanoir*, ch. LXIV, pag. 328.

(*e*) Liv. 1, tit. 6, §. 1.

compagné de ses gens, va battre un homme qui n'est point sur ses gardes, afin de le couvrir de honte & de ridicule, paye la moitié de la composition qu'il auroit due s'il l'avoit tué; & que (a) si, par le même motif, il le lie, il paye les trois quarts de la même composition.

Disons-donc que nos peres étoient extrémement sensibles aux affronts; mais que les affronts d'une espece particuliere, de recevoir des coups d'un certain instrument sur une certaine partie du corps, & donnés d'une certaine maniere, ne leur étoient pas encore connus. Tout cela étoit compris dans l'affront d'être battu; & dans ce cas, la grandeur des excès faisoit la grandeur des outrages.

(a) *Ibid.* §. 2.

CHAPITRE XXI.

Nouvelle réflexion sur le point-d'honneur chez les Germains.

» C'ÉTOIT chez les Germains, dit «
Tacite (a), une grande infamie d'a- «
voit abandonné son bouclier dans le «

(a) *De morib. German.*

» combat ; & plufieurs, après ce malheur,
» s'étoient donné la mort. « Auffi l'ancienne loi (*a*) falique donne-t'elle quinze fols de compofition à celui à qui on
avoit dit par injure qu'il avoit abandonné fon bouclier.

Charlemagne (*b*) corrigeant la loi falique, n'établit dans ce cas que trois fols
de compofition. On ne peut pas foup-
çonner ce prince d'avoir voulu affoiblir
la difcipline militaire : il eft clair que ce
changement vint de celui des armes ; &
c'eft à ce changement des armes que l'on
doit l'origine de bien des ufages.

(*a*) Dans le *paĉlus legis falicæ.*
(*b* Nous avons l'ancienne loi, & celle qui fut corrigée par ce prince.

CHAPITRE XXII.
Des mœurs relatives aux combats.

NOTRE liaifon avec les femmes eft
fondée fur le bonheur attaché aux plaifirs des fens , fur le charme d'aimer
& d'être aimé, & encore fur le defir
de leur plaire , parce que ce font des juges très-éclairés fur une partie des chofes qui conftituent le mérite perfonnel.
Ce defir général de plaire produit la ga-

lanterie, qui n'eſt point l'amour, mais
le délicat, mais le léger, mais le perpétuel menſonge de l'amour.

Selon les circonſtances différentes dans
chaque nation & dans chaque ſiécle,
l'amour ſe porte plus vers une de ces
trois choſes, que vers les deux autres.
Or je dis que, dans le temps de nos combats, ce fut l'eſprit de galanterie qui dut
prendre des forces.

Je trouve dans la loi des Lombards,
que (a) ſi un des deux champions avoit
ſur lui des herbes propres aux enchante-
mens, le juge les lui faiſoit ôter, & le
faiſoit jurer qu'il n'en avoit plus. Cette
loi ne pouvoit être fondée que ſur l'o-
pinion commune; c'eſt la peur, qu'on a
dit avoir inventé tant de choſes, qui fit
imaginer ces ſortes de preſtiges. Comme dans les combats particuliers les
champions étoient armés de toutes pié-
ces, & qu'avec des armes peſantes, of-
fenſives & défenſives, celles d'une certaine trempe & d'une certaine force,
donnoient des avantages infinis; l'opinion des armes enchantées de quelques
combattans, dut tourner la tête à bien
des gens.

(a) Lɪᴠ. II, tit. 55, §. 11.

De-là naquit le fyftême merveilleux de la chevalerie. Tous les efprits s'ouvrirent à ces idées. On vit dans les romans des paladins, des négromans, des fées, des chevaux aîlés où intelligens, des hommes invifibles ou invulnérables, des magiciens qui s'intéreffoient à la naiffance ou à l'éducation des grands perfonnages, des palais enchantés & défenchantés ; dans notre monde un monde nouveau,& le cours ordinaire de la nature laiffé feulement pour les hommes vulgaires.

Des paladins toujours armés dans une partie du monde pleine de châteaux, de fortereffes & de brigands, trouvoient de l'honneur à punir l'injuftice & à défendre la foibleffe. De-là encore dans nos romans la galanterie fondée fur l'idée de l'amour, jointe à celle de force & de protection.

Ainfi naquit la galanterie, lorfqu'on imagina des hommes extraordinaires, qui voyant la vertu jointe à la beauté & à la foibleffe, furent portés à s'expofer pour elle dans les dangers, & à lui plaire dans les actions ordinaires de la vie.

Nos romans de chevalerie flatterent

ce defir de plaire, & donnerent à une partie de l'Europe cet efprit de galanterie que l'on peut dire avoir été peu connu par les anciens.

Le luxe prodigieux de cette immenfe ville de Rome, flatta l'idée des plaifirs des fens. Une certaine idée de tranquillité dans les campagnes de la Grèce, fit décrire (*a*) les fentimens de l'amour. L'idée des paladins, protecteurs de la vertu & de la beauté des femmes, conduifit à celle de galanterie.

Cet efprit fe perpétua par l'ufage des tournois, qui uniffant enfemble les droits de la valeur & de l'amour, donnerent encore à la galanterie une grande importance.

(*a*) On peut voir les romans Grecs du moyen âge.

CHAPITRE XXIII.

De la jurifprudence du combat judiciaire.

Oɴ aura peut-être de la curiofité à voir cet ufage monftrueux du combat judiciaire réduit en principe, & à trouver le corps d'une jurifprudence fi finguliere. Les hommes, dans le fond raifonnables, mettent fous des regles leurs

préjugés mêmes. Rien n'étoit plus contraire au bon fens que le combat judiciaire : mais ce point une fois pofé, l'e-
xécution s'en fit avec une certaine prudence.

Pour fe mettre bien au fait de la jurifprudence de ces temps-là, il faut lire
avec attention les reglemens de *S. Louis*,
qui fit de fi grands changemens dans
l'ordre judiciaire. *Défontaines* étoit con-
temporain de ce prince; *Beaumanoir*
écrivoit après (*a*) lui; les autres ont vé-
cu depuis lui. Il faut donc chercher l'ancienne pratique dans les corrections
qu'on en a faites.

(*a*) En l'an 1283.

CHAPITRE XXIV.

Regles établies dans le combat judiciaire.

Lorsqu'il (*a*) y avoit plufieurs
accufateurs, il falloit qu'ils s'accordaf-
fent, pour que l'affaire fût pourfuivie
par un feul; & s'ils ne pouvoient convenir, celui devant qui fe faifoit le plaid,
nommoit un d'entr'eux qui pourfuivoit
la querelle.

(*a*) *Beaumanoir*, ch. VI, pag. 40 & 41.

Quand (*a*) un gentilhomme appelloit un villain, il devoit se présenter à pied, & avec l'écu & le bâton : & s'il venoit à cheval & avec les armes d'un gentilhomme, on lui ôtoit son cheval & ses armes ; il restoit en chemise, & étoit obligé de combattre en cet état contre le villain.

. Avant le combat, la justice (*b*) faisoit publier trois bans. Par l'un, il étoit ordonné aux parens des parties de se retirer ; par l'autre, on avertissoit le peuple de garder le silence ; par le troisiéme, il étoit défendu de donner du secours à une des parties sous de grosses peines, & même celle de mort, si par ce secours un des combattans avoit été vaincu.

Les gens de justice gardoient (*c*) le parc ; & dans le cas où une des parties auroit parlé de paix, ils avoient grande attention à l'état actuel où elles se trouvoient toutes les deux dans ce moment, pour qu'elles fussent remises (*d*) dans la même situation, si la paix ne se faisoit pas.

(a) *Beaumanoir*, ch. LXIV, p. 328.
(b) *Ibid.* pag. 330.
(c) *Ibid.*
(d) *Ibid.*

Quand les gages étoient reçus pour crime ou pour faux jugement, la paix ne pouvoit se faire sans le consentement du seigneur; & quand une des parties avoit été vaincue, il ne pouvoit plus y avoir de paix que de l'aveu du comte (*a*); ce qui avoit du rapport à nos lettres de grace.

Mais si le crime étoit capital, & que le seigneur corrompu par des présens, consentît à la paix, il payoit une amende de soixante livres; & le droit (*b*) qu'il avoit de faire punir le malfaiteur, étoit dévolu au comte.

Il y avoit bien des gens qui n'étoient en état d'offrir le combat ni de le recevoir. On permettoit, en connoissance de cause, de prendre un champion; & pour qu'il eût le plus grand intérêt à défendre sa partie, il avoit le poing coupé, s'il étoit vaincu (*c*).

Quand on a fait dans le siecle passé

(*a*) Les grands vassaux avoient des droits particuliers.

(*b*) *Beaumanoir*, ch. LXIV, pag. 330, dit : Il perdroit sa justice. Ces paroles, dans les auteurs de ces temps-là, n'ont pas une signification générale, mais restreinte à l'affaire dont il s'agit; *Désontaines*, ch. XXI, art. 29.

(*c*) Cet usage que l'on trouve dans les capitulaires subsistoit du temps de *Beaumanoir* ; voyez le chap. LXI, pag. 315.

dès loix capitales contre les duels, peut-être auroit-il suffi d'ôter à un guerrier sa qualité de guerrier par la perte de la main, n'y ayant rien ordinairement de plus triste pour les hommes que de survivre à la perte de leur caractere.

Lorsque (a) dans un crime capital le combat se faisoit par champions, on mettoit les parties dans un lieu d'où elles ne pouvoient voir la bataille : chacune d'elles étoit ceinte de la corde qui devoit servir à son supplice, si son champion étoit vaincu.

Celui qui succomboit dans le combat, ne perdoit pas toujours la chose contestée ; si, par exemple (b), l'on combattoit sur un interlocutoire, l'on ne perdoit que l'interlocutoire.

(a) Beaum. ch. XLIV, p. 330.
(b) Ibid. ch. LXI, page 309.

CHAPITRE XXV.

Des bornes que l'on mettoit à l'usage du combat judiciaire.

QUAND les gages de bataille avoient été reçus sur une affaire civile de peu d'importance, le feigneur obligeoit les parties à les retirer.

Si un fait étoit notoire (a) ; par exemple , ffi un homme avoit été affaffiné en plein marché, on n'ordonnoit ni la preuve par témoin ni la preuve par le combat; le juge prononçoit fur la publicité.

Quand, dans la cour du feigneur, on avoit fouvent jugé de la même maniere, & qu'ainfi l'ufage étoit connu (b), le feigneur refufoit le combat aux parties, afin que les coutumes ne fuffent pas changées par les divers événemens des combats.

On ne pouvoit demander le combat que pour (c) foi, où pour quelqu'un de fon lignage, ou pour fon feigneur-lige.

Quand un accufé avoit été abfous (d), un autre parent ne pouvoit demander le combat ; autrement les affaires n'auroient point eu de fin.

Si celui dont les parens vouloient venger la mort venoit à reparoître , il n'étoit plus queftion du combat : il

(a) *Beaum.* ch. LXI , p. 308. *Ibid.* ch. XLIII , p. 239.
(b) *Ibid.* ch. LXI , pag. 314 : voyez auffi *Défontaines*, ch. XXII , art. 24.
(c) *Ibid.* ch. LXIJI , p. 322.
(d) *Ibid.*

en

en étoit de même (*a*) si, par une absence notoire, le fait se trouvoit impossible.

Si un homme (*b*) qui avoit été tué,
avoit, avant de mourir, disculpé celui
qui étoit accusé, & qu'il eût nommé
un autre, on ne procédoit point au combat ; mais s'il n'avoit nommé personne,
on ne regardoit sa déclaration que comme un pardon de sa mort : on continuoit
les poursuites ; & même, entre gentilshommes, on pouvoit faire la guerre.

Quand il y avoit une guerre, &
qu'un des parens donnoit ou recevoit
les gages de bataille, le droit de la
guerre cessoit; on pensoit que les parties
vouloient suivre le cours ordinaire de
la justice ; & celle qui auroit continué
la guerre, auroit été condamnée à réparer les dommages.

Ainsi la pratique du combat judiciaire avoit cet avantage, qu'elle pouvoit
changer une querelle générale en une
querelle particuliere, rendre la force
aux tribunaux, & remettre dans l'état
civil ceux qui n'étoient plus gouvernés que par le droit des gens.

(*a*) *Beaum.* ch. LXIII, p. 322.
(*b*) *Ibid.* pag. 323.

Tome III.   P

Comme il y a une infinité de chofes fages qui font menées d'une maniere très-folle, il y a auffi des folies qui font conduites d'une maniere très-fage.

Quand (*a*) un homme appellé pour un crime, montroit vifiblement que c'étoit l'appellant même qui l'avoit commis, il n'y avoit plus de gages de bataille : car il n'y a point de coupable qui n'eût préféré un combat douteux à une punition certaine.

Il n'y avoit (*b*) point de combat dans les affaires qui fe décidoient par des arbitres ou par les cours eccléfiaftiques ; il n'y en avoit pas non plus, lorfqu'il s'agiffoit du douaire des femmes.

Femme , dit BEAUMANOIR, *ne fe puet combattre.* Si une femme appelloit quelqu'un fans nommer fon champion, on ne recevoit point les gages de bataille. Il falloit encore qu'une femme fût autorifée par fon (*c*) baron, c'eft-à-dire, fon mari, pour appeller ; mais fans cette autorité elle pouvoit être appellée.

(*a*) *Beaum.* ch. LXIII, p. 324.
(*b*) *Ibid.* pag. 321.
(*c*) *Ibid.*

Si l'appellant (*a*) ou l'appellé avoient moins de quinze ans, il n'y avoit point de combat. On pouvoit pourtant l'ordonner dans les affaires de pupiles, lorsque le tuteur ou celui qui avoit la baillie, vouloit courir les risques de cette procédure.

Il me semble que voici les cas où il étoit permis au serf de combattre. Il combattoit contre un autre serf; il combattoit contre une personne franche, & même contre un gentilhomme, s'il étoit appellé; mais s'il (*b*) l'appelloit, celui-ci pouvoit refuser le combat; & même le seigneur du serf étoit en droit de le retirer de la cour. Le serf pouvoit, par une chartre du seigneur (*c*), ou par usage, combattre contre toutes personnes franches; & l'église (*d*) prétendoit ce même droit pour ses serfs, comme une marque (*e*) de respect pour elle.

(*a*) *Beaum.* pag. 323. Voyez aussi ce que j'ai dit au liv. XVIII.

(*b*) *Ibid.* ch. XLIII, p. 327.

(*c* *Défontaines*, ch. XXII, art. 7.

(*d*) *Habeant bellandi & testificandi licentiam,* chartre de *Louis le gros,* de l'an 1118.

(*e*) *Ibid.*

CHAPITRE XXVI.

Du combat judiciaire entre une des parties & un des témoins.

BEAUMANOIR (*a*) dit qu'un homme qui voyoit qu'un témoin alloit déposer contre lui, pouvoit éluder le second, en disant (*b*) aux juges que sa partie produisoit un témoin faux & calomniateur; & si le témoin vouloit soutenir la querelle, il donnoit les gages de bataille. Il n'étoit plus question de l'enquête; car si le témoin étoit vaincu, il étoit décidé que la partie avoit produit un faux témoin, & elle perdoit son procès.

Il ne falloit pas laisser jurer le second témoin; car il auroit prononcé son témoignage, & l'affaire auroit été finie par la déposition de deux témoins. Mais en arrêtant le second, la déposition du premier devenoit inutile.

Le second témoin étant ainsi rejetté,

( ) Ch. LXI, pag. 315.
(*b*) Leur doit-on demander, avant qu'ils fassent nul serment, pour qui ils veulent témoigner; car l'enques gist li point d'aus lever de faux témoignage. *Beaumanoir*, ch. XXXIX, p. 218.

la partie ne pouvoit en faire ouïr d'autres, & elle perdoit fon procès : mais, dans le cas où il n'y avoit point de gages (*a*) de bataille, on pouvoit produire d'autres témoins.

Beaumanoir dit (*b*) que le témoin pouvoit dire à fa partie avant de dépofer : » Je ne me hée pas à combattre pour votre querelle, ne à entrer en plet au mien ; mais fe vous me voulez défendre, volontiers dirai ma vérité. « La partie fe trouvoit obligée à combattre pour le témoin ; & fi elle étoit vaincue, elle ne perdoit (*c*) point le corps, mais le témoin étoit rejetté.

Je crois que ceci étoit une modification de l'ancienne coutume ; & ce qui me le fait penfer, c'eft que cet ufage d'appeller les témoins, fe trouve établi dans la loi des Bavarois (*d*), & dans celle des Bourguignons (*e*), fans aucune reftriction.

J'ai déjà parlé de la conftitution de *Gondebaud*, contre laquelle *Agobard* (*f*)

(*a*) *Ibid.* ch. LXI, pag. 316.
(*b*) Ch. VI, pag. 39 & 40.
(*c*) Mais fi le combat fe faifoit par champions, le champion vaincu avoit le poing coupé.
(*d*) Tit. 16, §. 2.
(*e*) Tit. 45.
(*f*) Lettre à *Louis le débonnaire*.

& *faint Avit* (*a*) fe récrierent tant:
» Quand l'accufé, dit ce prince, préfen-
» te des témoins pour jurer qu'il n'a pas
» commis le crime, l'accufateur pourra
» appeller au combat un des témoins; car
» il eft jufte que celui qui a offert de jurer,
» & qui a déclaré qu'il fçavoit la vérité,
» ne fafle point de difficulté de combat-
» tre pour la foutenir. « Ce roi ne laiffoit
aux témoins aucun fubterfuge pour éviter le combat.

(*a*) Vie de S. *Avit.*

CHAPITRE XXVII.

Du combat judiciaire entre une partie &
un des pairs du feigneur. Appel de faux
jugement.

LA nature de la décifion par le combat, étant de terminer l'affaire pour toujours, & n'étant point compatible (*a*)
avec un nouveau jugement & de nouvelles pourfuites; l'appel, tel qu'il eft
établi par les loix Romaines & par les

(*a*) » Car en la cour où l'on va par la raifon de
» l'appel pour les gages maintenir, fe bataille eft fai-
» te, la querelle eft venue à fin, fi que il n'y a métier
» de plus d'apiaux. « *Beaumanoir*, ch. 11, p. 22.

loix canoniques, c'est-à-dire, à un tribunal supérieur, pour faire réformer le jugement d'un autre, étoit inconnu en France.

Une nation guerriere, uniquement gouvernée par le point-d'honneur, ne connoissoit pas cette forme de procéder ; & suivant toujours le même esprit, elle prenoit contre les juges les voies (a) qu'elle auroit pu employer contre les parties.

L'appel, chez cette nation, étoit un défi à un combat par armes, qui devoit se terminer par le sang ; & non pas cette invitation à une querelle de plume qu'on ne connut qu'après.

Aussi *St Louis* dit-il, dans ses établissemens (b), que l'appel contient félonie & iniquité. Aussi *Beaumanoir* nous dit-il, que si un homme (c) vouloit se plaindre de quelque attentat commis contre lui par son seigneur, il devoit lui dénoncer qu'il abandonnoit son fief ; après quoi il l'appelloit devant son seigneur suzerain, & offroit les gages de bataille. De même le seigneur re-

(a) *Ibid.* ch. LXI, p. 212, & ch. LXVII, p. 338.
(b) Liv. II. ch. XV
(c) *Beaum.* ch. LXI, p. 310 & 311 ; & ch. LXVII, p. 337.

nonçoit à l'hommage, s'il appelloit son homme devant le comte.

Appeller son seigneur de faux jugement, c'étoit dire que son jugement avoit été faussement & méchamment rendu : or avancer de telles paroles contre son seigneur, c'étoit commettre une espece de crime de félonie.

Ainsi, au lieu d'appeller pour faux jugement le seigneur qui établissoit & régloit le tribunal, on appelloit les pairs qui formoient le tribunal même : on évitoit par-là le crime de félonie; on n'insultoit que ses pairs, à qui on pouvoit toujours faire raison de l'insulte.

On s'exposoit (a) beaucoup, en faussant le jugement des pairs. Si l'on attendoit que le jugement fût fait & prononcé, on étoit obligé de les combattre (b) tous, lorsqu'ils offroient de faire le jugement bon. Si l'on appelloit avant que tous les juges eussent donné leur avis, il falloit combattre tous ceux qui étoient convenus (c) du même avis. Pour éviter ce danger, on supplioit le seigneur (d) d'ordonner que chaque

(a) *Beaum.* ch. LXI, p. 313.
(b) *Ibid.* p. 314.
(c) Qui s'étoient accordés au jugement.
(d) *Beaum.* ch. LXI, p. 314.

pair dît tout haut son avis ; & lorsque
le premier avoit prononcé , & que le
second alloit en faire de même , on lui
disoit qu'il é oit faux, méchant & calomniateur ; & ce n'étoit plus que contre lui qu'on devoit se battre.

Défontaines (*a*) vouloit qu'avant de
fausser (*b*), on laissât prononcer trois
juges ; & il ne dit point qu'il fallût les
combattre tous trois , & encore moins
qu'il y eût des cas où il fallût combattre
tous ceux qui s'étoient déclarés pour
leur avis. Ces différences viennent de
ce que dans ces temps-là il n'y avoit
guere d'usage qui fussent précisément
les mêmes. *Beaumanoir* rendoit compte
de ce qui se passoit dans le comté de
Clermont, *Défontaines* de ce qui se
pratiquoit en Vermandois.

Lorsqu'un (*c*) des pairs ou homme
de fief avoit déclaré qu'il soutiendroit
le jugement, le juge faisoit donner les
gages de bataille , & de plus prenoit sureté de l'appellant qu'il soutiendroit
son appel. Mais le pair qui étoit appellé , ne donnoit point de suretés , parce

(*a*) Ch. XXII , art. 1, 10, & 11. Il dit seulement
qu'on leur payoit à chacun une amende.
(*b*) Appeller le faux jurement.
(*c*) *Beaum.* ch. LXI , p. 314.

P. y.

qu'il étoit homme du feigneur, & devoit défendre l'appel, ou payer au feigneur une amende de foixante livres.

Si celui (*a*) qui appelloit, ne prouvoit
pas que le jugement fût mauvais, il payoit
au feigneur une amende de foixante livres, la même amende (*b*) au pair qu'il
avoit appellé, autant à chacun de ceux
qui avoient ouvertement confenti au jugement.

Quand un homme violemment foup-
çonné d'un crime qui méritoit la mort,
avoit été pris & condamné, il ne pouvoit appeller (*c*) de faux jugement : car
il auroit toujours appellé, ou pour pro-
longer fa vie, ou pour faire la paix.

Si quelqu'un (*d*) difoit que le jugement étoit faux & mauvais, & n'offroit
pas de le faire tel, c'eft-à-dire, de combattre, il étoit condamné à dix fols d'a-
mende s'il étoit gentilhomme, & à cinq
fols s'il étoit ferf, pour les vilaines paroles qu'il avoit dites.

Les juges (*e*) ou pairs qui avoient

(*a*) *Beaum.* Ibid. *Défont.* ch. XXII, art. 9.
(*b*) *Défont. ibid.*
(*c*) *Beaumanoir*, ch. LXI. p. 316 ; & *Défontaines*,
c. XXII, art. 21.
(*d*) *Beaum*, ch. LXI, p. 314.
(*e*) *Défont.* ch. XXII, art 7,

été vaincus, ne devoient perdre ni la vie ni les membres ; mais celui qui les appelloit étoit puni de mort, lorfque l'affaire étoit capitale (*a*).

Cette maniere d'appeller les hommes de fief pour faux jugement, étoit pour éviter d'appeller le feigneur même. Mais (*b*) fi le feigneur n'avoit point de pairs, où n'en avoit pas affez, il pouvoit à fes frais emprunter (*c*) des pairs de fon feigneur fuzerain : mais ces pairs n'étoient point obligés de juger s'ils ne le vouloient ; ils pouvoient déclarer qu'ils n'étoient venus que pour donner leur confeil : & dans ce cas (*d*) particulier, le feigneur jugeant & prononçant lui-même le jugement, fi on appelloit contre lui de faux jugement, c'étoit à lui à foutenir l'appel.

Si le feigneur (*e*) étoit fi pauvre qu'il ne fût pas en état de prendre des pairs

(*a*) Voyez *Défont.* ch. XXI, art. 11, 12 & fuivantes, qui diftingue les cas où le fauffeur perdoit la vie, la chofe conteftée, ou feulement l'interlocutoire.

(*b*) *Beaum.* ch. LXII, p. 322. *Défont.* ch. XXII, art. 3.

(*c*) Le comte n'étoit pas obligé d'en prêter. *Beaum.* ch. LXVII, p. 337.

(*d*) Nul ne peut faire jugement en fa cour, dit *Baum.* ch. LXVII, p. 336 & 337.

(*e*) *Ibid.* ch. LXII, p. 322.

de son seigneur suzerain, ou qu'il né-
gligeât de lui en demander, ou que celui-
ci refusât de lui en donner, le seigneur
ne pouvant pas juger seul, & personne-
ne n'étant obligé de plaider devant un
tribunal où l'on ne peut faire jugement,
l'affaire étoit portée à la cour du seigneur suzerain.

Je crois que ceci fut une des grandes
causes de la séparation de la justice
d'avec le fief, d'où s'est formée la régle
des jurisconsultes François : *Autre chose
est le fief, autre chose est la justice.* Car
y ayant une infinité d'hommes de fief
qui n'avoient point d'hommes sous eux,
ils ne furent point en état de tenir leur
cour; toutes les affaires furent portées
à la cour de leur seigneur suzerain; ils
perdirent le droit de justice, parce qu'ils
n'eurent ni le pouvoir ni la volonté de
le réclamer.

Tous les juges (*a*) qui avoient été
du jugement, devoient être présens
quand on le rendoit, afin qu'ils pussent
ensuivre & dire *Oil* à celui qui voulant
fausser, leur demandoit s'ils ensuivoient;
car, dit *Defontaines* (*b*), » c'est une

(*a*) Défon. ch. XXI, art. 27 & 28.
(*b*) Ibid. art. 28.

affaire de courtoifie & de loyauté, & il ne
n'y a point là de fuite ni de remife.
Je crois que c'eft de cette maniere de
penfer qu'eft venu l'ufage que l'on fuit
encore aujourd'hui en Angleterre, que
tous les jurés-foient de même avis pour
condamner à mort.

Il falloit donc fe déclarer pour l'avis
de la plus grande partie; & s'il y avoit
partage, on prononçoit, en cas de crime,
pour l'accufé; en cas de dettes, pour
le débiteur; en cas d'héritages, pour le
défendeur.

Un pair, dit *Défontaines* (*a*), ne
pouvoit pas dire qu'il ne jugeroit pas
s'ils n'étoient que quatre, (*b*), ou s'ils
n'y étoient tous, ou fi les plus fages n'y
étoient; c'eft comme s'il avoit dit, dans
la mêlée, qu'il ne fecourroit pas fon feigneur, parce qu'il n'avoit auprès de lui
qu'une partie de fes hommes. Mais c'é-
toit au feigneur à faire honneur à fa
cour, & à prendre fes plus vaillans hommes & les plus fages. Je cite ceci pour
faire fentir le devoir des vaffaux, combattre & juger; & ce devoir étoit même

---

(*a*) Ch. XXI, art. 37.
(*b*) Il falloit ce nombre au moins, *Défontaines*,
ch. XXI, art. 36.

tel, que juger c'étoit combattte.

Un feigneur (*a*) qui plaidoit à fa cour contre fon vaffal, & qui y étoit condamné, pouvoit appeller un de fes hommes de faux jugement. Mais à caufe du refpeĉt que celui-ci devoit à fon feigneur pour la foi donnée, & la bienveillance que le feigneur devoit à fon vaffal pour la foi reçue, on faifoit une diftinction : ou le feigneur difoit en général, que le jugememt (*b*) étoit faux & mauvais ; ou il imputoit à fon homme des prévarications (*c*) perfonnelles. Dans le premier cas il offenfoit fa propre cour, & en quelque façon lui-même, & il ne pouvoit y avoir de gages de bataille : il y en avoit dans le fecond, parce qu'il attaquoit l'honneur de fon vaffal ; & celui des deux qui étoit vaincu, perdoit la vie & les biens, pour maintenir la paix publique.

Cette diftinction, néceffaire dans ce cas particulier, fut étendue. *Beaumánoir* dit que, lorfque celui qui appelloit de

(*a*) Voyez *Beaum.* ch. LXXVII, p. 337.

(*b*) Chi jugement eft faux & mauvais: *Ibid.* ch. LXVII, p. 337.

(*c* Vous avez fait ce jugement faux & mauvais comme mauvais que vous êtes, ou par lovier ou par p: ameffe. *Beaum.* ch. LXVII, pag. 337.

faux jugement, attaquoit un des hommes par des imputations perfonnelles, il y avoit bataille; mais que s'il n'attaquoit que le jugement, il étoit libre (a) à celui des pairs qui étoit appellé, de faire juger l'affaire par bataille ou par droit. Mais comme l'efprit qui regnoit du temps de *Beaumanoir*, étoit de reftreindre l'ufage du combat judiciaire, & que cette liberté donnée au pair appellé, de défendre par le combat le jugement, ou non, eft également contraire aux idées de l'honneur établi dans ces temps-là, & à l'engagement où l'on étoit envers fon feigneur de défendre fa cour, je crois que cette diftinction de *Beaumanoir* étoit une jurifprudence nouvelle chez les François.

Je ne dis pas que tous les appels de faux jugement fe décidaffent par bataille; il en étoit de cet appel comme de tous les autres. On fe fouvient des exceptions dont j'ai parlé au chapitre XXV. Ici, c'étoit au tribunal fuzerain à voir s'il falloit ôter, ou non, les gages de bataille.

On ne pouvoit point fauffer les jugemens rendus dans la cour du roi; car

(a) Ibid. pag. 337 & 338.

le roi n'ayant perſonne qui lui fût égal, il n'y avoit perſonne qui pût l'appeller; & le roi n'ayant point de ſupérieur, il n'y avoit perſonne qui pût appeller de ſa cour.

Cette loi fondamentale, néceſſaire comme loi politique, diminuoit encore, comme loi civile, les abus de la pratique judiciaire de ces temps-là. Quand un ſeigneur craignoit (a) qu'on ne fauſ-ſât ſa cour, ou voyoit qu'on ſe préſen-toit pour la fauſſer; s'il étoit du bien de la juſtice qu'on ne la fauſſât pas, il pouvoit demander des hommes de la cour du roi, dont on ne pouvoit fauſſer le jugement; & le roi *Philippe*, dit *Dé-fontaines* (b), envoya tout ſon conſeil pour juger une affaire dans la cour de l'abbé de Corbie.

Mais ſi le ſeigneur ne pouvoit avoir des juges du roi, il ne pouvoit mettre ſa cour dans celle du roi, s'il relevoit nuement de lui; & s'il y avoit des ſei-gneurs intermédiaires, il s'adreſſoit à ſon ſeigneur ſuzerain, allant de ſeigneur en ſeigneur juſqu'au roi.

Ainſi, quoiqu'on n'eût pas dans ces

(a) *Défont.* ch. XXII, art. 14.
(b) *Ibid.*

temps-là, la pratique ni l'idée même des appels d'aujourd'hui, on avoit recours au roi, qui étoit toujours la source d'où tous les fleuves partoient, & la mer où ils revenoient.

CHAPITRE XXVIII.

De l'appel de défaute de droit.

ON appelloit de défaute de droit, quand, dans la cour d'un feigneur, on différoit, on évitoit, ou l'on refufoit de rendre la juftice aux parties.

Dans la feconde race, quoique le comte eût plufieurs officiers fous lui, la perfonne de ceux-ci étoit fubordonnée, mais la jurifdiction ne l'étoit pas. Ces officiers, dans leurs plaids, affifes ou placites, jugeoient en dernier reffort comme le comte même; toute la différence étoit dans le partage de la jurifdiction : par exemple, le comte (a) pouvoit condamner à mort, juger de la liberté & de la reftitution des biens; & le centenier ne le pouvoit pas.

(a) Capitulaire III, de l'an 812, art. 3, édit. de Baluze, pag. 497, & de Charles-le-chauve, ajouté à la loi des Lombards, liv. II, art. 3.

Par la même raison, il y avoit des caufes majeures (*a*) qui étoient réfervées
au roi; c'étoient celles qui intéreffoient
directement l'ordre politique. Telles
étoient les difcuffions qui étoient entre
les évêques, les abbés, les comtes &
autres grands, que les rois jugeoient
avec les grands vaffaux (*b*).

Ce qu'ont dit quelques auteurs, qu'on
appelloit du comte à l'envoyé du roi,
ou *miffus dominicus*, n'eft pas fondé.
Le comte & le *miffus* avoient une jurifdiction égale & indépendante l'une de
l'autre (*c*) : toute la différence (*d*)
étoit que le *miffus* tenoit fes placites
quatre mois de l'année, & le comte les
huit autres.

Si quelqu'un (*e*) condamné dans une
affife (*f*), y demandoit qu'on le re-
jugeât, & fuccomboit encore, il payoit
une amende de quinze fols, ou recevoit
quinze coups de la main des juges qui
avoient décidé l'affaire.

(*a*) Capitulaire III, de l'an 812, art 2, édition de
Baluze, pag. 497.
(*b*) *Cum fidelibus* ; capitulaire de *Louis le débon-*
naire, édit. de *Baluze*, pag. 667.
(*c*) Voyez le capitulaire de *Charles le chauve*,
ajouté à la loi des Lombards, liv. II, article 3.
(*d*) Capitulaire III, de l'an 812, art. 8.
(*e*) Capitulaire ajouté à la loi des Lombards, liv.
II, tit. 59.   (*f*) *Placitum.*

Lorfque les comtes ou les envoyés du roi ne fe fentoient pas affez de force pour réduire les grands à la raifon, ils leur faifoient donner caution (*a*) qu'ils fe préfenteroient devant le tribunal du roi : c'étoit pour juger l'affaire, & non pour la rejuger. Je trouve dans le capitulaire de Metz (*b*) l'appel de faux jugement à la cour du roi établi, & toutes autres fortes d'appels profcrits & punis.

Si l'on n'acquiefcoit (*c*) pas au jugement des échevins (*d*), & qu'on ne réclamât pas, on étoit mis en prifon jufqu'à ce qu'on eût acquiefcé ; & fi l'on réclamoit, on étoit conduit fous une fûre garde devant le roi, & l'affaire fe difcutoit à fa cour. *

Il ne pouvoit guere être queftion de l'appel de défaute de droit. Car bien loin que dans ces temps-là on eût coutume de fe plaindre que les comtes &

(*a*) Cela paroît par les formules, les chartres & les capitulaires.

(*b*) De l'an 757, édit. de *Baluze*, pag. 180, art. 9 & 10 ; & le fynode *apud Vernas*, de l'an 755, art 29, édit. de *Baluze*, p. 175. Ces deux capitulaires furent faits fous le roi *Pepin*.

(*c*) Capitulaire XI de *Charlemagne*, de l'an 805, édit, de *Baluze*, p. 413 ; & loi de *Lothaire*, dans la loi des Lombards, liv. II, tit. 52, art 23.

(*d*) Officiers fous le comte : *fcabini*.

autres gens qui avoient droit de tenir
des affifes, ne fuffent pas exacts à tenir
leur cour, on fe plaignoit (*a*) au contraire qu'ils l'étoient trop ; & tout eft
plein d'ordonnances qui défendent aux
comtes & autres officiers de juftice quel-
conques, de tenir plus de trois affifes
par an. Il falloit moins corriger leur négligence, qu'arrêter leur activité.

Mais, lorfqu'un nombre innombrable de petites feigneuries fe formerent,
que différens dégrés de vaffelage furent
établis, la négligence de certains vaffaux à tenir leur cour, donna naiffance
à ces fortes d'appels (*b*) ; d'autant plus
qu'il en revenoit au feigneur fuzerain des
amendes confidérables.

L'ufage du combat judiciaire s'éten-
dant de plus en plus, il y eut des lieux,
des cas, des temps, où il fut difficile
d'affembler les pairs, & où par conféquent on négligea de rendre la juftice.
L'appel de défaute de droit s'introduifit ; & ces fortes d'appels ont été fouvent des points remarquables de notre

(*a*) Voyez la loi des Lombards, liv. II, tit. 52 ;
art. 22.

(*b*) On voit des appels de défaute de droit dès le
temps de *Philippe Auguste*.

histoire, parce que la plupart des guerres de ces temps-là avoient pour motif
la violation du droit politique, comme
nos guerres d'aujourd'hui ont ordinairement pour cause, ou pour prétexte,
celle du droit des gens.

Beaumanoir (*a*) dit que, dans le cas
de défaute de droit, il n'y avoit jamais
de bataille ; en voici les raisons. On ne
pouvoit pas appeller au combat le seigneur lui-même, à cause du respect dû
à sa personne : on ne pouvoit pas appeller les pairs du seigneur, parce que la
chose étoit claire, & qu'il n'y avoit qu'à
compter les jours des ajournemens ou
des autres délais : il n'y avoit point de
jugement, & on ne faussoit que sur un
jugement : enfin le délit des pairs offensoit le seigneur comme le partie ; & il
étoit contre l'ordre qu'il y eût un combat entre le seigneur & ses pairs.

Mais (*b*), comme devant le tribunal
suzerain, on prouvoit la défaute par témoins, on pouvoit appeller au combat
les témoins ; & par-là on n'offensoit ni
le seigneur, ni son tribunal.

Dans les cas où la défaute venoit de

(*a*) Ch. LXI, pag. 315.
(*b*) Beaum. ibid.

la part des hommes ou pairs du seigneur qui avoient différé de rendre la justice, ou évité de faire le jugement après les délais passés, c'étoient les pairs du seigneur qu'on appelloit de défaute de droit devant le suzerain ; & s'ils succomboient, ils (*a*) payoient une amende à leur seigneur. Celui-ci ne pouvoit porter aucun secours à ses hommes ; au contraire il saisissoit leur fief, jusqu'à ce qu'ils lui eussent payé chacun une amende de soixante livres.

2°. Lorsque la défaute venoit de la part du seigneur, ce qui arrivoit lorsqu'il n'y avoit pas assez d'hommes à sa cour pour faire le jugement, ou lorsqu'il n'avoit pas assemblé ses hommes, ou mis quelqu'un à sa place pour les assembler, on demandoit la défaute devant le seigneur suzerain : mais à cause du respect dû au seigneur, on faisoit ajourner la partie (*b*), & non pas le seigneur.

Le seigneur demandoit sa cour devant le tribunal suzerain ; & s'il gagnoit la défaute, on lui renvoyoit l'affaire, & on lui payoit une amende de soixante

(*a*) Défont. ch. XX, art. 74.
(*b*) Ibid. ch. XXI, art. 32.

livres (a) : mais si la défaute étoit prouvée, la peine (b) contre lui étoit de
perdre le jugement de la chose contestée, le fond étoit jugé dans le tribunal
suzerain ; en effet, on n'avoit demandé
la défaute que pour cela.

3°. Si l'on plaidoit (c) à la cour de
son seigneur contre lui, ce qui n'avoit
lieu que pour les affaires qui concernoient le fief ; après avoir laissé passer
tous les délais, on sommoit le seigneur
(d) même devant bonnes gens ; & on le
faisoit sommer par le souverain, dont
on devoit avoir permission. On n'ajour-
noit point par pairs, parce que les pairs
ne pouvoient ajourner leur seigneur ;
mais ils pouvoient ajourner (e) pour
leur seigneur.

Quelquefois (f) l'appel de défaute
de droit étoit suivi d'un appel de faux
jugement, lorsque le seigneur, malgré

(a) *Beaum.* ch. LXI, pag. 312.
(b) *Défont.* ch. XXI, art. 1, 29.
(c) Sous le règne de Louis VIII, le sire de Nele
plaidoit contre Jeanne Comtesse de Flandres ; il la
somma de le faire juger dans quarante jours, & il
l'appella ensuite de défaute de droit à la cour du roi.
Elle repondit qu'elle le feroit juger par ses pairs en
Flandre. La cour du roi prononça qu'il n'y seroit
point renvoyé, & que la comtesse seroit ajournée.
(d) *Défont.* ch. XXI, art. 14.
(e) *Ibid.* art. 9.
(f) *Beaum.* ch. LXI, p. 312.

la défaute, avoit fait rendre le jugement.

Le vaffal (a) qui appelloit à tort fon feigneur de défaute de droit, étoit condamné à lui payer une amende à fa volonté.

Les Gantois (b) avoient appellé de défaute de droit le comte de Flandre devant le roi, fur ce qu'il avoit différé de leur faire rendre jugement en fa cour. Il fe trouva qu'il avoit pris encore moins de délais que n'en donnoit la coutume du pays. Les Gantois lui furent renvoyés ; il fit faifir de leurs biens jufqu'à la valeur de foixante mille livres. Ils revinrent à la cour du roi, pour que cette amende fût modérée ; il fut décidé que le comte pouvoit prendre cette amende, & même plus, s'il vouloit. *Beaumanoir* avoit affiflé à ces jugemens.

4°. Dans les affaires que le feigneur pouvoit avoir contre le vaffal pour raifon du corps ou de l'honneur de celui-ci, ou des biens qui n'étoient pas du fief ; il n'étoit point queftion d'appel de défaute de droit ; puifqu'on ne jugeoit

(a) *Ibid.* p. 31*. Mais celui qui n'auroit été homme, ni tenant du feigneur, ne lui payoit qu'une amende de 50 livres, *ibid.*

(b) *Ibid.* pag. 318.

point

point à la cour du feigneur, mais à la cour de celui de qui il tenoit ; les hommes, dit *Défontaines* (*a*), n'ayant pas droit de faire jugement fur le corps de leur feigneur.

J'ai travaillé à donner une idée claire de ces chofes, qui, dans les auteurs de ces temps-là, font fi confufes & fi obfcures, qu'en vérité les tirer du cahos où elles font, c'eft les découvrir.

(*a*) Ch. XXI, art. 35.

CHAPITRE XXIX.

Epoque du regne de faint Louis.

S **AINT** L **OUIS** abolit le combat judiciaire dans les tribunaux de fes domaines, comme il paroît par l'ordonnance (*a*) qu'il fit là-deffus, & par les *établiffemens* (*b*).

Mais il ne l'ôta point dans les cours de fes (*c*) barons, excepté dans le cas d'appel de faux jugement.

On ne pouvoit fauffer (*d*) la cour de

(*a*) En 1260.
(*b*) Liv. I, ch. II & VII ; liv. II, ch. X & XI.
(*c*) Comme il paroît partout dans les établiffemens ; & *Beaumanoir*, ch. LXI, pag. 309.
(*d*) C'eft-à-dire, appeller de faux jugement.

Tome III. Q

fon feigneur, fans demander le combat judiciaire contre les juges qui avoient prononcé le jugement. Mais *faint Louis* introduifit (*a*) l'ufage de fauffer fans combattre ; changement qui fut une efpece de révolution.

Il déclara (*b*) qu'on ne pourroit point fauffer les jugemens rendus dans les feigneuries de fes domaines, parce que c'étoit un crime de félonie. Effectivement, fi c'étoit une efpece de crime de félonie contre le feigneur, à plus forte raifon en étoit-ce un contre le roi. Mais il voulut que l'on pût demander amendement (*c*) des jugemens rendus dans fes cours ; non pas parce qu'ils étoient fauffement ou méchamment rendus, mais parce qu'ils faifoient quelque préjudice (*d*). Il voulut, au contraire, qu'on fût contraint de fauffer (*e*) les jugemens des cours des barons, fi l'on vouloit s'en plaindre.

On ne pouvoit point, fuivant les établiffemens, fauffer les cours des domai-

---

(*a*) Etabliffemens, liv. I, chap. VI ; & liv. II, ch. XV.
(*b*) *Ibid.* liv. II, ch. XV.
(*c*) *Ibid.* liv. I, ch. LXXVIII : & liv. II, ch. XV.
(*d*) *Ibid.* liv. I, ch. LXXVIII.
(*e*) *Ibid.* liv. II, ch. XV.

nes du roi, comme on vient de le dire.
Il falloit demander amendement devant
le même tribunal : & en cas que le bailli
ne voulût pas faire l'amendement requis,
le roi permettoit de faire appel à (*a*) sa
cour ; ou plutôt, en interprétant les établiffemens par eux-mêmes, de lui préfenter (*b*) une requête ou fupplication.

A l'égard des cours des feigneurs,
faint Louis, en permettant de les fauffer,
voulut que l'affaire fût portée (*c*) au
tribunal du roi ou du feigneur fuzerain,
non (*d*) pas pour y être décidée par le
combat, mais par témoins, fuivant une
forme de procéder dont il donna des
regles (*e*).

Ainfi, foit qu'on pût fauffer, comme
dans les cours des feigneurs ; foit qu'on
ne le pût pas, comme dans les cours de
fes domaines ; il établit qu'on pourroit
appeller, fans courir le hazard d'un
combat.

(*a*) Etabliffemens, liv. I, ch. LXXVIII.
(*b*) *Ibid.* liv. II, ch. XV.
(*c*) Mais fi on ne fauffoit pas, & qu'on voulût appeller, on n'étoit point reçu. Etabliffemens, liv. II,
ch. XV. *Li fire en auroit le recort de fa cour droit faifant.*
(*d*) *Ibid.* liv. I, ch. VI & LXVII ; & liv. II, ch. XV,
& *Beaum.* ch. XI, pag. 58.
(*e*) Etabliff. liv. I, ch. I, II & III.

Défontaines (*a*) nous rapporte les deux premiers exemples qu'il ait vus, où l'on ait ainſi procédé ſans combat judiciaire : l'un dans une affaire jugée à la cour de ſaint Quentin , qui étoit du domaine du roi; & l'autre dans la cour de Ponthieu, où le comte, qui étoit préſent, oppoſa l'ancienne juriſprudence : mais ces deux affaires furent jugées par droit.

On demandera peut-être pourquoi *ſaint Louis* ordonna pour les cours de ſes barons une maniere de procéder différente de celle qu'il établiſſoit dans les tribunaux de ſes domaines : en voici la raiſon. *Saint Louis* ſtatuant pour les cours de ſes domaines , ne fut point gêné dans ſes vues: mais il eut des ménagemens à garder avec les ſeigneurs, qui jouiſſoient de cette ancienne prérogative , que les affaires n'étoient jamais tirées de leurs cours , à moins qu'on ne s'expoſât aux dangers de les fauſſer. *Saint Louis* maintint cet uſage de fauſſer ; mais il voulut qu'on pût fauſſer ſans combattre; c'eſt-à-dire , que, pour que le changement ſe fît moins ſentir, il ôta la choſe, & laiſſa ſubſiſter les termes.

Ceci ne fut pas univerſellement reçu

(*a*) Ch. XXII, art. 16 & 17.

dans les cours des seigneurs. *Beaumanoir* (*a*) dit que de son temps il y avoit
deux manieres de juger, l'une suivant
l'établissement-le-roi, & l'autre suivant
la pratique ancienne : que les seigneurs
avoient droit de suivre l'une ou l'autre
de ces pratiques ; mais que, quand dans
une affaire on en avoit choisi une, on
ne pouvoit plus revenir à l'autre. Il ajoute (*b*) que le comte de Clermont suivoit la nouvelle pratique, tandis que ses
vassaux se tenoient à l'ancienne : mais
qu'il pourroit, quand il voudroit, rétablir l'ancienne ; sans quoi il auroit moins
d'autorité que ses vassaux.

Il faut sçavoir que la France étoit
pour lors (*c*) divisée en pays du domaine du roi, & en ce que l'on appelloit
pays des barons ou en baronnies ; &,
pour me servir des termes des établissemens de *S. Louis*, en pays de l'obéis-
sance-le-roi, & en pays hors l'obéis-
sance-le-roi. Quand les rois faisoient des
ordonnances pour les pays de leurs domaines, ils n'employoient que leur seule
autorité : mais quand ils en faisoient qui

(*a*) Ch. LXI, pag. 309.
(*b*) *Ibid.*
(*c*) Voyez *Beaumanoir* ; *Défontaines* ; & les établissemens, liv. II, ch. X, XI, XV & autres.

regardoient auſſi les pays de leurs barons, elles étoient faites (*a*) de concert avec eux, ou ſcellées ou ſouſcri-
tes d'eux : ſans cela, les barons les recevoient ou ne les recevoient pas, ſuivant
qu'elles leur paroiſſoient convenir ou
non au bien de leurs ſeigneuries. Les
arriere-vaſſaux étoient dans les mêmes
termes avec les grands vaſſaux. Or les
établiſſemens ne furent pas donnés du
conſentement des ſeigneurs, quoiqu'ils
ſtatuaſſent ſur des choſes qui étoient
pour eux d'une grande importance : ainſi
ils ne furent reçus que par ceux qui crurent qu'il leur étoit avantageux de les
recevoir. *Robert*, fils de *S. Louis*, les
admit dans ſa comté de Clermont ; &
ſes vaſſaux ne crurent pas qu'il leur con-
vînt de les faire pratiquer chez eux.

(*a*) Voyez les ordonnances du commencement de
la troiſiéme race, dans le recueil de *Lauriere*, ſurtout celles de *Philippe Auguſte* ſur la juriſdiction
eccléſiaſtique, & celle de *Louis VIII* ſur les Juifs ; &
les chartres rapportées par M. *Bruſſel*, notamment
celle de *S. Louis* ſur le bail & le rachat des terres,
& la majorité féodale des filles, tom. II, liv. III,
pag. 35 ; & *ibid.* l'ordonnance de *Philippe Auguſte*,
pag. 7.

CHAPITRE XXX.

Observation sur les appels.

ON conçoit que des appels, qui étoient des provocations à un combat, devoient se faire sur le champ. » S'il se part de court sans appeller, dit *Beaumanoir* (*a*), « il perd son appel, & tient le jugement » pour bon. « Ceci subsista, même après qu'on eut restreint l'usage (*b*) du combat judiciaire.

(5) Ch. LXIII, pag. 327 ; *Ibid.* ch. LXI, p. 312.
(*b* Voyez les établissemens de *S. Louis*, liv. II, ch. XV ; l'ordonnance de *Charles VII*, de 1453.

CHAPITRE XXXI.

Continuation du même sujet.

LE villain ne pouvoit pas fausser la cour de son seigneur : nous l'apprenons de *Défontaines* (*a*); & cela est confirmé par les établissemens (*b*). » Aussi, dit « encore *Défontaines* (*c*), n'y a-t-il en- » tre toi seigneur & ton villain autre juge « fors dieu. «

(*a*) Ch. XXI, art. 21 & 22.
(*b*) Liv. I, ch. CXXXVI.
(*c*) Ch. 11, art. 8.

Q iv

C'étoit l'usage du combat judiciaire qui avoit exclus les villains de pouvoir fausser la cour de leur seigneur ; & cela est si vrai, que les villains qui, par chartre (*a*) ou par usage, avoient droit de combattre, avoient aussi droit de fausser la cour de leur seigneur, quand même les hommes qui avoient jugé auroient été (*b*) chevaliers ; & *Défontaines* (*c*) donne des expédiens pour que ce scandale du villain, qui, en faussant le jugement, combattroit contre un chevalier, n'arrivât pas.

La pratique des combats judiciaires commençant à s'abolir, & l'usage des nouveaux appels à s'introduire, on pensa qu'il étoit déraisonnable que les personnes franches eussent un remede contre l'injustice de la cour de leurs seigneurs, & que les villains ne l'eussent pas ; & le parlement reçut leurs appels comme ceux des personnes franches.

(*a*) *Défont.* ch. XXII, art. 7. Cet article & le 2ᵉ du ch. XXII du même auteur, ont été jusqu'ici très-mal expliqués. *Défontaines* ne met point en opposition le jugement du seigneur avec celui du chevalier, puisque c'étoit le même ; mais il oppose le villain ordinaire à celui qui avoit le privilége de combattre.

(*b*) Les chevaliers peuvent toujours être du nombre des juges. *Défont.* ch. XXI, art. 48.

(*c*) Ch. XXII, art. 14.

CHAPITRE XXXII.

Continuation du même sujet.

LORSQU'ON fauſſoit la cour de ſon ſeigneur, il venoit en perſonne devant le ſeigneur ſuzerain, pour défendre le jugement de ſa cour. De même (*a*), dans le cas d'appel de défaute de droit, la partie ajournée devant le ſeigneur ſuzerain menoit ſon ſeigneur avec elle, afin que, ſi la défaute n'étoit pas prouvée, il pût r'avoir ſa cour.

Dans la ſuite, ce qui n'étoit que deux cas particuliers étant devenu général pour toutes les affaires, par l'introduction de toutes ſortes d'appels, il parut extraordinaire que le ſeigneur fût obligé de paſſer ſa vie dans d'autres tribunaux que les ſiens, & pour d'autres affaires que les ſiennes. *Philippe de Valois* (*b*) ordonna que les baillis ſeuls ſeroient ajournés. Et quand l'uſage des appels devint encore plus fréquent, ce fut aux parties à défendre à l'appel; le fait (*c*)

(*a*) *Défont.* ch. XXI, art. 33.
(*b*) En 1332.
(*c*) Voyez quel étoit l'état des choſes du temps de *Boutillier*, qui vivoit en l'an 1402. Somme rurale, liv. I, pag. 19 & 20.

Q v

du juge devint le fait de la partie.

J'ai dit (a) que, dans l'appel de défaute de droit, le seigneur ne perdoit
que le droit de faire juger l'affaire en
sa cour. Mais si le seigneur étoit at-
taqué lui - même comme (b) partie,
ce qui devint très - fréquent (c), il
payoit au roi, ou au seigneur suzerain
devant qui on avoit appellé, une amende de soixante livres. De-là vint cet
usage, lorsque les appels furent univer-
sellement reçus, de faire payer l'amende au seigneur lorsqu'on réformoit la
sentence de son juge : usage qui subsista
longtemps, qui fut confirmé par l'ordonnance de Roussillon, & que son ab-
surdité a fait périr.

(a) Ci-dessus, ch. XXX.
(b) *Beaum.* ch. LXI, pag. 312 & 318.
(c) *Ibid.*

CHAPITRE XXXIII.

Continuation du même sujet.

DANS la pratique du combat judiciaire, le fausseur, qui avoit appellé un
des juges, pouvoit perdre (a) par le

(a) *Défont.* ch. XXI, art. 14.

combat son procès, & ne pouvoit pas le gagner. En effet, la partie qui avoit un jugement pour elle, n'en devoit pas être privée par le fait d'autrui. Il falloit donc que le faufleur qui avoit vaincu, combattît encore contre la partie, non pas pour sçavoir si le jugement étoit bon ou mauvais; il ne s'agifloit plus de ce jugement, puisque le combat l'avoit anéanti; mais pour décider si la demande étoit légitime ou non; & c'eft sur ce nouveau point que l'on combattoit. De-là doit être venue notre maniere de prononcer les arrêts : *La cour met l'appel au néant ; la cour met l'appel & ce dont a été appellé au néant.* En effet, quand celui qui avoit appellé de faux jugement étoit vaincu, l'appel étoit anéanti ; quand il avoit vaincu, le jugement étoit anéanti, & l'appel même : il falloit procéder à un nouveau jugement.

Ceci eft si vrai, que, lorfque l'affaire se jugeoit par enquêtes, cette maniere de prononcer n'avoit pas lieu. M. *de la Roche-Flavin* nous dit (*a*) que la chambre des enquêtes ne pouvoit ufer de cette forme dans les premiers temps de sa création.

(*a*) Des parlemens de France, liv. I, ch. XVI.

CHAPITRE XXXIV.

Comment la procédure devint secrette.

LES duels avoient introduit une forme de procédure publique; l'attaque & la défense étoient également connues. « Les témoins, dit (*a*) *Beaumanoir*, » doivent dire leur témoignage devant » tous. «

Le commentateur de *Boutillier* dit avoir appris d'anciens praticiens & de quelques vieux procès écrits à la main, qu'anciennement, en France, les procès criminels se faisoient publiquement, & en une forme non guere différente des jugemens publics des Romains. Ceci étoit lié avec l'ignorance de l'écriture, commune dans ces temps-là. L'usage de l'écriture arrête les idées, & peut faire établir le secret: mais quand on n'a point cet usage, il n'y a que la publicité de la procédure qui puisse fixer ces mêmes idées.

Et comme il pouvoit y avoir de l'incertitude sur (*b*) ce qui avoit été jugé

(*a*) Ch. LXI, pag. 315.
(*b*) Comme dit *Beaum.* ch. XXXIX. pag. 209.

par hommes, ou plaidé devant hommes, on poúvoit en rappeller la mémoire toutes les fois qu'on tenoit la
cour, par ce qui s'appelloit la procédure par record (*a*); & dans ce cas, il
n'étoit pas permis d'appeller les témoins
au combat; car les affaires n'auroient
jamais eu de fin.

Dans la fuite, il s'introduifit une forme de procéder fecrette. Tout étoit public: tout devint caché; les interroga-
toires, les informations, le récollement,
la confrontation, les conclufions de la
partie publique; & c'eft l'ufage d'aujourd'hui. La premiere forme de procéder convenoit au gouvernement d'a-
lors, comme la nouvelle étoit propre au
gouvernement qui fut établi depuis.

Le commentateur de *Boutillier* fixe à
l'ordonnance de 1539 l'époque de ce
changement. Je crois qu'il fe fit peu à
peu, & qu'il paffa de feigneurie en feigneurie, à mefure que les feigneurs re-
noncerent à l'ancienne pratique de juger, & que celle tirée des établiffemens
de *S. Louis* vint à fe perfectionner. En
effet, *Beaumanoir* (*b*) dit que ce n'étoit

(*a*) On prouvoit par témoins ce qui s'étoit déjà
paffé, dit, ou ordonné en juftice.
(*b*) Ch. XXXIX, pag. 218.

que dans les cas où on pouvoit donner des gages de bataille, qu'on entendoit publiquement les témoins : dans les autres, on les oyoit en fecret, & on rédigeoit leurs dépofitions par écrit. Les procédures devinrent donc fecrettes, lorfqu'il n'y eut plus de gages de bataille.

CHAPITRE XXXV.

Des dépens.

ANCIENNEMENT en France, il n'y avoit point de condamnation de dépens (a) en cour laye. La partie qui fuccomboit étoit aſſez punie par des condamnations d'amende envers le feigneur & fes pairs. La maniere de procéder par le combat judiciaire faifoit que, dans les crimes, la partie qui fuccomboit, & qui perdoit la vie & les biens, étoit punie autant qu'elle pouvoit l'être : & dans les autres cas du combat judiciaire, il y avoit des amendes quelquefois fixes, quelquefois dé-

---

(a) Défont. dans fon confeil. ch. XXII, art. 3 & 8 ; & Beaum. ch. XXXIII; Etabliſſemens, liv. I, ch. XC.

pendantes de la volonté du seigneur, qui faisoient assez craindre les événemens des procès. Il en étoit de même dans les affaires qui ne se décidoient que par le combat. Comme c'étoit le seigneur qui avoit les profits principaux, c'étoit lui aussi qui faisoit les principales dépenses, soit pour assembler ses pairs, soit pour les mettre en état de procéder au jugement. D'ailleurs, les affaires finissant sur le lieu même, & toujours presque sur le champ, & sans ce nombre infini d'écritures qu'on vit depuis, il n'étoit pas nécessaire de donner des dépens aux parties.

C'est l'usage des appels qui doit naturellement introduire celui de donner des dépens. Aussi *Défontaines* (*a*) dit-il que, lorsqu'on appelloit par loi écrite, c'est-à-dire quand on suivoit les nouvelles loix de *saint Louis*, on donnoit des dépens ; mais que, dans l'usage ordinaire, qui ne permettoit point d'appeller sans fausser, il n'y en avoit point ; on n'obtenoit qu'une amende, & la possession d'an & jour de la chose contestée, si l'affaire étoit renvoyée au seigneur.

(*a*) Ch. XXII, art. 8.

Mais, lorſque de nouvelles facilités d'appeller augmenterent·le nombre des appels (*a*) ; que, par le fréquent uſage de ces appels d'un tribunal à un autre, les parties furent ſans ceſſe tranſportées hors du lieu de leur ſéjour ; quand l'art nouveau de la procédure multiplia & éterniſa les procès ; lorſque la ſcience d'éluder les demandes les plus juſtes ſe fut rafinée ; quand un plaideur ſçut fuir, uniquement pour ſe faire ſuivre ; lorſque la demande fut ruineuſe, & la défenſe tranquille ; que les raiſons ſe perdirent dans des volumes de paroles & d'écrits ; que tout fut plein de ſuppôts de juſtice, qui ne devoient point rendre la juſtice ; que la mauvaiſe foi trouva des conſeils, là où elle ne trouva pas des appuis ; il fallut bien arrêter les plaideurs par la crainte des dépens. Ils durent les payer pour la déciſion, & pour les moyens qu'ils avoient employés pour l'éluder. *Charles le bel* fit là-deſſus une ordonnance (*b*) générale.

(*a*) A préſent que l'on eſt ſi enclin à appeller, *dit Boutillier*, ſomme rurale, liv. I, tit. 3, pag. 16.
(*b*) En 1324.

CHAPITRE XXXVI.
De la partie publique.

Comme, par les loix saliques & Ripuaires, & par les autres loix des peuples barbares, les peines des crimes étoient pécuniaires ; il n'y avoit point pour lors, comme aujourd'hui parmi nous, de partie publique qui fût chargée de la poursuite des crimes. En effet, tout se réduisoit en réparations de dommages ; toute poursuite étoit en quelque façon civile, & chaque particulier pouvoit la faire. D'un autre côté, le droit Romain avoit des formes populaires pour la poursuite des crimes, qui ne pouvoient s'accorder avec le ministere d'une partie publique.

L'usage des combats judiciaires ne répugnoit pas moins à cette idée ; car, qui auroit voulu être la partie publique ; & se faire champion de tous contre tous ?

Je trouve, dans un recueil de formules que M. *Muratori* a inférées dans les loix des Lombards, qu'il y avoit dans la seconde race un *avoué* de la (*a*) par-

(*a*) *Advocatus de parte publicâ.*

tie publique. Mais, ſi on lit le recueil
entier de ces formules, on verra qu'il y
avoit une différence totale entre ces officiers, & ce que nous appellons aujour-
d'hui la partie publique, nos procureurs
généraux, nos procureurs du roi ou des
ſeigneurs. Les premiers étoient plutôt
les agens du public pour la manutention
politique & domeſtique, que pour la manutention civile. En effet, on ne voit
point, dans ces formules, qu'ils fuſſent
chargés de la pourſuite des crimes, &
des affaires qui concernoient les mineurs, les égliſes, ou l'état des perſonnes.

J'ai dit que l'établiſſement d'une partie publique répugnoit à l'uſage du combat judiciaire. Je trouve pourtant, dans
une de ces formules, un avoué de la
partie publique qui a la liberté de combattre. M. *Muratori* l'a miſe à la ſuite
de la conſtitution (*a*) d'*Henri I* pour
laquelle elle a été faite. Il eſt dit dans
cette conſtitution, que » ſi quelqu'un tue
» ſon pere, ſon frere, ſon neveu, ou quel-
» qu'autre de ſes parens, il perdra leur
» ſucceſſion, qui paſſera aux autres parens;

(*a*) Voyez cette conſtitution & cette formule, dans
le ſecond volume des hiſtoriens d'Italie, pag. 175.

& que la sienne propre appartiendra au
fisc. « Or c'est pour la poursuite de cette succession dévolue au fisc, que l'a-
voué de la partie publique, qui en soutenoit les droits, avoit la liberté de
combattre : ce cas rentroit dans la régle
générale.

Nous voyons, dans ces formules, l'a-
voué de la partie publique agir contre
(a) celui qui avoit pris un voleur, &
ne l'avoit pas mené au comte; contre
celui (b) qui avoit fait un soulevement
ou une assemblée contre le comte; contre celui (c) qui avoit sauvé la vie à un
homme que le comte lui avoit donné
pour le faire mourir; contre l'avoué des
églises (d), à qui le comte avoit ordonné de lui présenter un voleur, & qui
n'avoit point obéi; contre celui (e) qui
avoit révélé le secret du roi aux étrangers; contre celui (f) qui, à main armée, avoit poursuivi l'envoyé de l'empereur; contre celui (g) qui avoit mé-

---

(a) Recueil de *Muratori*, pag. 104, sur la loi 89
de *Charlemagne*, liv. 1, tit. 26, §. 78.
(b) Autre formule, *ibid.* p. 87.
(c) *Ibid.* pag. 104.
(d) *Ibid.* pag. 95.
(e) *Ibid.* pag. 88.
(f) *Ibid.* pag. 98.
(g) *Ibid.* pag. 112.

prisé les lettres de l'empereur , & il
étoit pourfuivi par l'avoué de l'empereur , ou par l'empereur lui-même ; contre celui (*a*) qui n'avoit pas voulu recevoir la monnoie du prince : enfin, cet
avoué demandoit les chofes que la loi
adjugeoit au fifc (*b*).

Mais dans la pourfuite des crimes ;
on ne voit point d'avoué de la partie
publique ; même quand on emploie les
duels (*c*); même quand il s'agit d'in-
cendie (*d*); même lorfque le juge eft
tué (*e*) fur fon tribunal ; même lorfqu'il s'agit de l'état des perfonnes (*f*), de la liberté & de la fervi-
tude (*g*).

Ces formules font faites , non feulement pour les loix des Lombards, mais
pour les capitulaires ajoutés ; ainfi il ne
faut pas douter que , fur cette matiere ,
elles ne nous donnent la pratique de la
feconde race.

Il eft clair que ces avoués de la partie
publique durent s'éteindre avec la fe-

(*a*) Formule , pag. 132.
(*b*) *Ibid.* pag. 137.
(*c*) *Ibid.* pag. 147.
(*d*) *Ibid.*
(*e*) *Ibid.* pag. 168.
(*f*) *Ibid.* pag. 134.
(*g*) *Ibid.* pag. 107.

conde race, comme les envoyés du roi
dans les provinces ; par la raison qu'il
n'y eut plus de loi générale, ni de fisc
général ; & par la raison qu'il n'y eut
plus de comte dans les provinces, pour
tenir les plaids ; & par conséquent plus
de ces sortes d'officiers dont la principale fonction étoit de maintenir l'autorité du comte.

L'usage des combats, devenu plus
fréquent dans la troisiéme race, ne permit pas d'établir une partie publique.
Aussi *Boutillier*, dans sa somme rurale,
parlant des officiers de justice, ne cite-
t'il que les baillis, hommes féodaux &
sergens. Voyez les établissemens (*a*),
& *Beaumanoir* (*b*) sur la maniere
dont on faisoit les poursuites dans ces
temps-là.

Je trouve dans les loix (*c*) de *Jacques II* roi de Majorque, une création
de l'emploi de procureur (*d*) du roi,
avec les fonctions qu'ont aujourd'hui les
nôtres. Il est visible qu'ils ne vinrent

(*a* Liv. I, ch. 1 ; & liv. II, ch. XI & XIII.

(*b*) Ch. 1, & ch. LXI.

(*c*) Voyez ces loix dans les vies des saints du mois
de juin, tom. III, p. 26.

(*d*) Qui continuè nostram sacram curiam sequi te-
neatur, instituatur qui facta & causas in ipsâ curiâ pro-
moveat atque prosequatur.

qu'après que la forme judiciaire eut changé parmi nous.

CHAPITRE XXXVII.

Comment les établissemens de saint Louis tomberent dans l'oubli.

CE fut le destin des *établissemens*, qu'ils naquirent, vieillirent, & moururent en très-peu de temps.

Je ferai là-dessus quelques réflexions. Le code que nous avons sous le nom d'établissemens de *saint Louis*, n'a jamais été fait pour servir de loi à tout le royaume, quoique cela soit dit dans la préface de ce code. Cette compilation est un code général, qui statue sur toutes les affaires civiles, les dispositions des biens par testament ou entre-vifs, les dots & les avantages des femmes, les profits & les prérogatives des fiefs, les affaires de police, &c. Or, dans un temps où chaque ville, bourg ou village, avoit sa coutume, donner un corps général de loix civiles, c'étoit vouloir renverser dans un moment toutes les loix particulieres, sous lesquelles on vivoit dans chaque lieu du royaume. Faire une coutume générale de toutes les coutu-

mes particulieres, seroit une chose in-
considérée, même dans ce temps-ci, où
les princes ne trouvent partout que de
l'obéiffance. Car, s'il eft vrai qu'il ne
faut pas changer lorfque les inconvéniens égalent les avantages, encore
moins le faut-il lorfque les avantages
font petits & les inconvéniens immenfes. Or, fi l'on fait attention à l'état où
étoit pour lors le royaume, où chacun
s'enyvroit de l'idée de fa fouveraineté
& de fa puiffance, on voit bien qu'en-
treprendre de changer partout les loix
& les ufages reçus, c'étoit une chofe
qui ne pouvoit venir dans l'efprit de
ceux qui gouvernoient.

Ce que je viens de dire prouve encore que ce code des établiffemens ne
fut pas confirmé en parlement par les
barons & gens de loi du royaume, comme il eft dit dans un manufcrit de l'hô-
tel de ville d'Amiens, cité par M. *Ducange* (a). On voit, dans les autres ma-
nufcrits, que ce code fut donné par *faint
Louis* en l'année 1270, avant qu'il par-
tît pour Tunis : ce fait n'eft pas plus
vrai ; car *faint Louis* eft parti en 1269,
comme l'a remarqué M. *Ducange* ; d'où

_____

(a) Préface fur les établiffemens.

il conclut que ce code auroit été publié en son absence. Mais je dis que cela ne peut pas être. Comment *saint Louis* auroit-il pris le temps de son absence, pour faire une chose qui auroit été une semence de troubles, & qui eût pu produire, non pas des changemens, mais des révolutions? Une pareille entreprise avoit besoin, plus qu'une autre, d'être suivie de près; & n'étoit point l'ouvrage d'une régence foible, & même composée de seigneurs qui avoient intérêt que la chose ne réussît pas. C'étoit *Matthieu*, abbé de S. Denys; *Simon de Clermont*, comte de Nelle; & en cas de mort, *Philippe*, évêque d'Evreux; & *Jean*, comte de Ponthieu. On a vu ci-dessus (*a*), que le comte de *Ponthieu* s'opposa dans sa seigneurie à l'exécution d'un nouvel ordre judiciaire.

Je dis en troisième lieu, qu'il y a grande apparence que le code que nous avons est une chose différente des établissemens de *saint Louis* sur l'ordre judiciaire. Ce code cite les établissemens; il est donc un ouvrage sur les établissemens, & non pas les établissemens. De plus, *Beaumanoir*, qui parle souvent

(*a*) Ch. XXIX.

des

des établissemens de *saint Louis*, ne cite
que des établissemens particuliers de ce
prince ; & non pas cette compilation
des établissemens. *Défontaines* (*a*), qui
écrivoit sous ce prince, nous parle des
deux premieres fois que l'on exécuta ses
établissemens sur l'ordre judiciaire, comme d'une chose reculée. Les établissemens de *saint Louis* étoient donc anté-
rieurs à la compilation dont je parle,
qui, à la rigueur, & en adoptant les
prologues erronés mis par quelques
ignorans à la tête de cet ouvrage, n'auroit paru que la derniere année de la vie
de *saint Louis*, ou même après la mort
de ce prince.

(*a*) Voyez ci-dessus le ch. XXIX.

CHAPITRE XXXVIII.

Continuation du même sujet.

QU'EST-CE donc que cette compilation que nous avons sous le nom
d'établissemens de *saint Louis* ? Qu'est-
ce que ce code obscur, confus, & am-
bigu, où l'on mêle sans cesse la jurisprudence Françoise avec la loi Romaine;
où l'on parle comme un législateur, &

Tome III. R

où l'on voit un jurisconsulte ; où l'on trouve un corps entier de jurisprudence sur tous les cas, sur tous les points du droit civil ? Il faut se transporter dans ces temps-là.

Saint Louis, voyant les abus de la jurisprudence de son temps, chercha à en dégoûter les peuples ; il fit plusieurs réglemens pour les tribunaux de ses domaines , & pour ceux de ses barons ; & il eut un tel succès, que *Beaumanoir* (a), qui écrivoit très-peu de temps après la mort de ce prince, nous dit que la maniere de juger établie par *saint Louis* étoit pratiquée dans un grand nombre de cours des seigneurs.

Ainsi ce prince remplit son objet, quoique ses réglemens pour les tribunaux des seigneurs n'eussent pas été faits pour être une loi générale du royaume, mais comme un exemple que chacun pourroit suivre , & que chacun même auroit intérêt de suivre. Il ôta le mal, en faisant sentir le meilleur. Quand on vit dans ses tribunaux, quand on vit dans ceux des seigneurs une maniere de procéder plus naturelle, plus raisonnable, plus conforme à la morale, à la

(a) Ch. LXI, pag. 309.

religion, à la tranquillité publique, à la sureté de la personne & des biens, on la prit, & on abandonna l'autre.

Inviter quand il ne faut pas contraindre, conduire quand il ne faut pas commander, c'est l'habileté suprême. La raison a un empire naturel ; elle a même un empire tyrannique : on lui résiste, mais cette résistance est son triomphe ; encore un peu de temps, & l'on sera forcé de revenir à elle.

Saint Louis, pour dégoûter de la jurisprudence Françoise, fit traduire les livres du droit Romain, afin qu'ils fussent connus des hommes de loi de ces temps-là. *Défontaines*, qui est le premier (*a*) auteur de pratique que nous ayons, fit un grand usage de ces loix Romaines : son ouvrage est en quelque façon un résultat de l'ancienne jurisprudence Françoise, des loix ou établissemens de *saint Louis*, & de la loi Romaine. *Beaumanoir* fit peu d'usage de la loi Romaine ; mais il concilia l'ancienne jurisprudence Françoise avec les reglemens de *saint Louis*.

C'est dans l'esprit de ces deux ou-

(*a*) Il dit lui-même dans son prologue : *Nus luy ent prit onques mais cette chose dont j'ay.*

vrages ,. & furtout de celui de *Défontaines*, que quelque bailli , je crois , fit
l'ouvrage de jurifprudence que nous appellons les établiffemens. Il eft dit, dans
le titre de cet ouvrage, qu'il eft fait felon l'ufage de Paris , & d'Orléans , &
de cour de baronie ; & dans le prologue , qu'il y eft traité des ufages de
tout le royaume, & d'Anjou, & de cour
de baronie. Il eft vifible que cet ouvrage fut fait pour Paris , Orléans, & Anjou, comme les ouvrages de *Beaumanoir* & de *Défontaines* furent faits pour
les comtés de Clermont & de Vermandois : & comme il paroît, par *Beaumanoir* , que plufieurs loix de *faint Louis*
avoient pénétré dans les cours de baronie , le compilateur a eu quelque raifon
de dire que fon ouvrage (*a*) regardoit
auffi les cours de baronie.

Il eft clair que celui qui fit cet ouvrage compila les coutumes du pays
avec les loix & les établiffemens de *S.
Louis.* Cet ouvrage eft très-précieux ;

(*a*) Il n'y a rien de fi vague que le titre & le prologue. D'abord ce font les ufages de Paris', & d'Orléans , & de cour de baronnie ; enfuite ce font les ufages de toutes les cours layes du royaume, & de la pré-
vôté de France ; enfuite ce font les ufages de tout le
royaume, & d'Anjou , & de cour de baronnie.

parce qu'il contient les anciennes coutumes d'Anjou & les établiſſemens de *ſaint Louis*, tels qu'ils étoient alors pratiqués, & enfin ce qu'on y pratiquoit de l'ancienne juriſprudence Françoiſe.

La différence de cet ouvrage d'avec ceux de *Défontaines* & de *Beaumanoir*, c'eſt qu'on y parle en termes de commandement, comme les légiſlateurs ; & cela pouvoit être ainſi, parce qu'il étoit une compilation de coutumes écrites ; & de loix.

Il y avoit un vice intérieur dans cette compilation : elle formoit un code amphibie, où l'on avoit mêlé la juriſprudence Françoiſe avec la loi Romaine ; on rapprochoit des choſes qui n'avoient jamais de rapport, & qui ſouvent étoient contradictoires.

Je ſçais bien que les tribunaux François des hommes ou des pairs, les jugemens ſans appel à un autre tribunal, la maniere de prononcer par ces mots *je condamne* (a) ou *j'abſous*, avoient de la conformité avec les jugemens populaires des Romains. Mais on fit peu d'uſage de cette ancienne juriſprudence ; on ſe ſervit plutôt de celle qui fut intro-

(a) Etabliſſemens, liv. II, ch. xv.

R iij

duite depuis par les empereurs, qu'on employa partout dans cette compilation, pour régler, limiter, corriger, étendre la jurisprudence Françoise.

CHAPITRE XXXIX.

Continuation du même sujet.

LES formes judiciaires introduites par *saint Louis* cesserent d'être en usage. Ce prince avoit eu moins en vue la chose même, c'est-à-dire la meilleure maniere de juger, que la meilleure maniere de suppléer à l'ancienne pratique de juger. Le premier objet étoit de dégoûter de l'ancienne jurisprudence, & le second d'en former une nouvelle. Mais les inconvéniens de celle-ci ayant paru, on en vit bientôt succéder une autre.

Ainsi les loix de *saint Louis* changerent moins la jurisprudence Françoise, qu'elles ne donnerent des moyens pour la changer; elles ouvrirent de nouveaux tribunaux, ou plutôt des voies pour y arriver; & quand on put parvenir aisément à celui qui avoit une autorité générale, les jugemens, qui auparavant ne faisoient que les usages d'une sei-

gneurie particuliere, formerent une jurisprudence universelle. On étoit parvenu, par la force des établissemens, à
avoir des décisions générales, qui manquoient entiérement dans le royaume :
quand le bâtiment fut construit, on laissa tomber l'échafaud.

Ainsi les loix que fit *saint Louis* eurent des effets qu'on n'auroit pas dû attendre du chef-d'œuvre de la législation. Il faut quelquefois bien des siécles
pour préparer les changemens ; les événemens meurissent, & voilà les révolutions.

Le parlement jugea en dernier ressort
de presque toutes les affaires du royaume. Auparavant il ne jugeoit que de
celles (*a*) qui étoient entre les ducs ,
comtes , barons , évêques , abbés , ou
entre le roi & ses vassaux (*b*) , plutôt
dans le rapport qu'elles avoient avec
l'ordre politique, qu'avec l'ordre civil.
Dans la suite, on fut obligé de le rendre sédentaire, & de le tenir toujours
assemblé ; & enfin, on en créa plusieurs,

(*a*) Voy. *Dutillet*, sur la cour des pairs. Voy. aussi
la Roche-Flavin, liv. I, ch. III ; *Budée*, & *Paul Emile*.
(*b*) Les autres affaires étoient décidées par les tribunaux ordinaires.

pour qu'ils puſſent ſuffire à toutes les affaires.

A peine le parlement fut-il un corps fixe, qu'on commença à compiler ſes arrêts. *Jean de Monluc*, ſous le regne de *Philippe le bel*, fit le recueil qu'on appelle aujourd'hui les regiſtres *olim* (*a*).

(*a*) Voyez l'excellent ouvrage de M. le préſident *Hénault*, ſur l'an 1313.

CHAPITRE XL.

Comment on prit les formes judiciaires des décrétales.

Mais d'où vient qu'en abandonnant les formes judiciaires établies, on prit celles du droit canonique, plutôt que celles du droit Romain ? C'eſt qu'on avoit toujours devant les yeux les tribunaux clercs, qui ſuivoient les formes du droit canonique, & que l'on ne connoiſſoit aucun tribunal qui ſuivît celles du droit Romain. De plus, les bornes de la juriſdiction eccléſiaſtique & de la ſéculiere étoient dans ces temps-là très-peu connues : il y avoit (*a*) des gens (*b*)

(*a*) *Beaum.* ch. xi, pag. 58.
(*b*) Les femmes veuves, les croiſés, ceux qui te

qui plaidoient indifféremment dans les deux cours ; il y avoit des matieres pour lefquelles on plaidoit de même. Il femble (*a*) que la jurifdiction laye ne fe fût gardé, privativement à l'autre, que le jugement des matieres féodales (*b*), & des crimes commis par les laïcs dans les cas qui ne choquoient pas la religion. Car (*c*) fi, pour raifon des conventions & des contrats, il falloit aller à la juftice laye, les parties pouvoient volontairement procéder devant les tribunaux clercs, qui, n'étant pas en droit d'obliger la juftice laye à faire exécuter la fentence, contraignoient d'y obéir par voie d'excommunication. Dans ces circonftances, lorfque, dans les tribunaux laïcs, on voulut changer de pratique, on prit celle des clercs, parce qu'on la fçavoit ; & on ne prit pas celle du droit Romain, parce qu'on ne la fçavoit point : car, en fait de pratique, on ne fçait que ce que l'on pratique.

noient les biens des églifes pour raifon de ces biens. *Ibid.*

(*a*) Voyez tout le chap. XI de *Beaum.*

(*b*) Les tribunaux clercs, fous prétexte du ferment, s'en étoient même faifis, comme on le voit par le fameux concordat paffé entre *Philippe Augufte,* les clercs & les barons, qui fe trouve dans les ordonnances de *Lauriere.*

(*c*) *Beaum.* ch. XI, pag. 600.

R v

CHAPITRE XLI.

*Flux & reflux de la jurifdiction eccléfiaf-
tique & de la jurifdiction laye.*

LA puiffance civile étant entre les
mains d'une infinité de feigneurs, il
avoit été aifé à la jurifdiction eccléfiaftique de fe donner tous les jours plus
d'étendue : mais, comme la jurifdiction
eccléfiaftique énerva la jurifdiction des
feigneurs, & contribua par-là à donner
des forces à la jurifdiction royale, la jurifdiction royale reftreignit peu à peu la
jurifdiction eccléfiaftique, & celle-ci recula devant la première. Le parlement,
qui avoit pris dans fa forme de procéder
tout ce qu'il y avoit de bon & d'utile
dans celle des tribunaux des clercs, ne
vit bientôt plus que fes abus ; & la jurifdiction royale fe fortifiant tous les
jours, elle fut toujours plus en état de
corriger ces mêmes abus. En effet, ils é-
toient intolérables ; & fans en faire l'énumération, je renverrai à (*a*) *Beaumanoir*,

_____

(*a*) Voyez *Boutillier*, fomme rurale · tit. 9, quelles
perfonnes ne peuvent faire demande en cour laye ;
& *Beaum*, ch, XI, pag. 56 ; & les réglemens de *Phi-*

à *Boutillier*, aux ordonnances de nos rois.
Je ne parlerai que de ceux qui intéres-
foient plus directement la fortune publique. Nous connoiſſons ces abus par
les arrêts qui les réformerent. L'épaiſſe
ignorance les avoit introduits ; une eſpece de clarté parut, & ils ne furent
plus. On peut juger, par le ſilence du
clergé, qu'il alla lui-même au-devant
de la correction ; ce qui, vu la nature
de l'eſprit humain, mérite des louanges.
Tout homme qui mouroit ſans donner
une partie de ſes biens à l'égliſe, ce qui
s'appelloit mourir *déconfés*, étoit privé de la communion & de la ſépulture.
Si l'on mouroit ſans faire de teſtament,
il falloit que les parens obtinſſent de l'é-
vêque qu'il nommât, concurremment
avec eux, des arbitres, pour fixer ce
que le défunt auroit dû donner, en cas
qu'il eût fait un teſtament. On ne pouvoit pas coucher enſemble la premiere
nuit des noces, ni même les deux ſui-
vantes, ſans en avoir acheté la permiſſion : c'étoit bien ces trois nuits-là qu'il
falloit choiſir ; car pour les autres on

lippe *Augufte* à ce ſujet ; & l'établiſſement de *Philippe Augufte* fait entre les clercs, le roi & les barons.

R vj

n'auroit pas donné beaucoup d'argent. Le parlement corrigea tout cela : on trouve, dans le gloſſaire (a) du droit françois de *Ragau*, l'arrêt qu'il rendit (b) contre l'évêque d'Amiens.

Je reviens au commencement de mon chapitre. Lorſque, dans un ſiécle ou dans un gouvernement, on voit les divers corps de l'état chercher à augmenter leur autorité, & à prendre les uns ſur les autres de certains avantages, on ſe tromperoit ſouvent ſi l'on regardoit leurs entrepriſes comme une marque certaine de leur corruption. Par un malheur attaché à la condition humaine, les grands hommes modérés ſont rares ; & comme il eſt toujours plus aiſé de ſuivre ſa force que de l'arrêter, peut-être, dans la claſſe des gens ſupérieurs, eſt-il plus facile de trouver des gens extrémement vertueux, que des hommes extrémement ſages.

L'ame goûte tant de délices à dominer les autres ames ; ceux même qui aiment le bien s'aiment ſi fort eux-mêmes, qu'il n'y a perſonne qui ne ſoit aſſez malheureux pour avoir encore à

(a Au mot *exécuteurs teſtamentaires*.
(b) Du 19 mars 1409.

se défier de ses bonnes intentions : & en vérité, nos actions tiennent à tant de choses, qu'il est mille fois plus aisé de faire le bien, que de le bien faire.

CHAPITRE XLII.

Renaissance du droit Romain, & ce qui en résulta. Changemens dans les tribu-naux.

LE digeste de *Justinien* ayant été retrouvé vers l'an 1137, le droit Romain sembla prendre une seconde naissance. On établit des écoles en Italie où on l'enseignoit : on avoit déjà le code *Justinien* & les *novelles.* J'ai déjà dit que ce droit y prit une telle faveur, qu'il fit éclipser la loi des Lombards.

Des docteurs Italiens porterent le droit de *Justinien* en France, où l'on n'avoit connu (*a*) que le code *Théodosien*, parce que ce ne fut (*b*) qu'après

(*a*) On suivoit en Italie le code de Justinien : c'est pour cela que le pape *Jean VIII*, dans sa constitution donnée après le synode de Troyes, parle de ce code, non pas parce qu'il étoit connu en France, mais parce qu'il le connoissoit lui-même ; & sa constitution étoit générale.

(*b*) Le code de cet empereur fut publié vers l'an 530.

l'établissement des barbares dans les Gaules, que les loix de *Justinien* furent faites. Ce droit reçut quelques oppositions; mais il se maintint, malgré les excommunications des papes qui protégeoient (*a*) leurs canons. *Saint Louis* chercha à l'accréditer, par les traductions qu'il fit faire des ouvrages de *Justinien*, que nous avons encore manuscrites dans nos bibliothèques; & j'ai déjà dit qu'on en fit un grand usage dans les établissemens. *Philippe le bel* (*b*) fit enseigner les loix de *Justinien*, seulement comme raison écrite, dans les pays de la France qui se gouvernoient par les coutumes; & elles furent adoptées comme loi, dans les pays où le droit Romain étoit la loi.

J'ai dit ci-dessus que la maniere de procéder par le combat judiciaire demandoit dans ceux qui jugeoient trèspeu de suffisance; on décidoit les affaires dans chaque lieu, selon l'usage de chaque lieu, & suivant quelques coutumes simples, qui se recevoient par tradition.

(*a*) Décrétales, liv. **V**, tit. *de privilegiis*, capite *super specula.*

(*b*) Par une chartre de l'an 1312, en faveur de l'université d'Orléans, rapportée par *Dutillet.*

Il y avoit, du temps de *Beaumanoir* (*a*), deux différentes manieres de rendre la justice : dans des lieux, on jugeoit par pairs (*b*) ; dans d'autres, on jugeoit par baillis : quand on suivoit la premiere forme, les pairs jugeoient selon l'usage (*c*) de leur jurisdiction ; dans la seconde, c'étoient des prud'hommes ou vieillards qui indiquoient au baillif le même usage. Tout ceci ne demandoit aucunes lettres, aucune capacité, aucune étude. Mais, lorsque le code obscur des établissemens & d'autres ouvrages de jurisprudence parurent ; lorsque le droit Romain fut traduit ; lorsqu'il commença à être enseigné dans les écoles ; lorsqu'un certain art de la procédure, & qu'un certain art de la jurisprudence commencerent à se former ; lorsqu'on vit naître des praticiens & des jurisconsultes, les pairs & les prud'hommes ne

(*a*) Coutume de Beauvoisis, ch. 1, de l'office des Baillis.

(*b*) Dans la commune, les bourgeois étoient jugés par d'autres bourgeois, comme les hommes de fief se jugeoient entr'eux. Voyez *la Thaumassiere*, ch. XIX.

(*c*) Aussi toutes les requêtes commençoient-elles par ces mots : » Sire juge, il est d'usage qu'en votre jurisdiction, &c. « comme il paroît par la formule rapportée dans *Bouillier*, somme rurale, liv. 1, tit. 21.

furent plus en état de juger ; les pairs
commencerent à se retirer des tribunaux
du seigneur ; les seigneurs furent peu
portés à les assembler : d'autant mieux
que les jugemens, au lieu d'être une action éclatante, agréable à la noblesse,
intéressante pour les gens de guerre,
n'étoient plus qu'une pratique qu'ils ne
sçavoient, ni ne vouloient sçavoir. La
pratique de juger par pairs devint moins
(*a*) en usage ; celle de juger par baillis
s'étendit. Les baillis ne jugeoient (*b*)
pas ; ils faisoient l'instruction, & pro-
nonçoient le jugement des prud'hommes : Mais les prud'hommes n'étant plus

(*a* Le changement fut insensible. On trouve encore les pairs employés du temps de *Boutillier*, qui
vivoit en 1402, date de son testament, qui rapporte
cette formule au liv. I, tit. 21. » Sire juge, en ma
justice haute, moyenne & basse, que j'ai en tel lieu,
cour, plaids, baillis, hommes féodaux & sergens. «
Mais il n'y avoit plus que les matieres féodales qui se
jugeassent par pairs. *Ibid.* liv. I, tit. I, p. 16.

(*b* Comme il paroît par la formule des lettres que
le seigneur leur donnoit, rapportée par *Boutillier*,
somme rurale, liv. I, tit. 14. Ce qui se prouve encore
par *Beaumanoir*, coutume de Beauvoisis, ch. I, des
baillis. Ils ne faisoient que la procédure. » Le bailli
est tenu en la présence des hommes à prendre les paroles de chaux qui plaident, & doit demander as parties se ils veulent avoir droit selon les raisons que
ils ont dites ; & se ils disent, *Sire*, *oïl*, le bailli
doit contraindre les hommes que ils fassent le jugement. « Voyez aussi les établissemens de *S. Louis*,
liv. I, ch. CV ; & liv. II, ch. XV ; » Li juge, si ne
doit pas faire le jugement. «

en état de juger, les baillis jugerent eux-mêmes.

Cela se fit d'autant plus aisément, qu'on avoit devant les yeux la pratique des juges d'église : le droit canonique & le nouveau droit civil concoururent également à abolir les pairs.

Ainsi se perdit l'usage constamment observé dans la monarchie, qu'un juge ne jugeoit jamais seul, comme on le voit par les loix saliques, les capitulaires, & par les premiers écrivains (*a*) de pratique de la troisiéme race. L'abus contraire, qui n'a lieu que dans les justices locales, a été modéré, & en quelque façon corrigé par l'introduction en plusieurs lieux d'un lieutenant du juge, que celui-ci consulte, & qui représente les anciens prud'hommes ; par l'obligation où est le juge de prendre deux gradués, dans les cas qui peuvent mériter une peine afflictive ; & enfin il est devenu nul, par l'extrême facilité des appels.

(*a*) *Beaumanoir*, ch. LXVII, pag. 336 ; & ch. LXI, p. 315 & 316 : les établissemens, liv. II, ch. XV.

CHAPITRE XLIII.

Continuation du même sujet.

AINSI ce ne fut point une loi qui défendit aux seigneurs de tenir eux-mêmes leur cour; ce ne fut point une loi qui abolit les fonctions que leurs pairs y avoient; il n'y eut point de loi qui ordonnât de créer des baillis; ce ne fut point par une loi qu'ils eurent le droit de juger. Tout cela se fit peu à peu, & par la force de la chose. La connoissance du droit Romain, des arrêts des cours, des corps de coutumes nouvellement écrites, demandoient une étude, dont les nobles & le peuple sans lettres n'étoient point capables.

La seule ordonnance que nous ayons (a) sur cette matiere, est celle qui obligea les seigneurs de choisir leurs baillis dans l'ordre des laïques. C'est mal-à-propos qu'on l'a regardée comme la loi de leur création; mais elle ne dit que ce qu'elle dit. De plus, elle fixe ce qu'elle prescrit par les raisons qu'elle en donne : C'est afin, est-il dit, que les baillis

(a) Elle est de l'an 1287.

puiſſent être punis (*a*) de leurs prévarications, qu'il faut qu'ils ſoient pris
dans l'ordre des laïques. « On ſçait les
priviléges des eccléſiaſtiques dans ces
temps-là.

Il ne faut pas croire que les droits
dont les ſeigneurs jouiſſoient autrefois,
& dont ils ne jouiſſent plus aujourd'hui,
leur aient été ôtés comme des uſurpa-
tions : pluſieurs de ces droits ont été
perdus par négligence ; & d'autres ont
été abandonnés, parce que divers changemens s'étant introduits dans le cours
de pluſieurs ſiécles, ils ne pouvoient ſubſiſter avec ces changemens.

(*a*) *Ut ſi ibi delinquant, ſuperiores ſui poſſint animad-
vertere in eoſdem.*

CHAPITRE XLIV.

De la preuve par témoins.

L e s juges, qui n'avoient d'autres régles que les uſages, s'en enquéroient ordinairement par témoins, dans chaque
queſtion qui ſe préſentoit.

Le combat judiciaire devenant moins
en uſage, on fit les enquêtes par écrit.
Mais une preuve vocale miſe par écrit

n'eſt jamais qu'une preuve vocale; cela ne faiſoit qu'augmenter les frais de la procédure. On fit des réglemens qui rendirent la plupart de ces enquêtes (a) inutiles; on établit des regiſtres publics, dans leſquels la plupart des faits ſe trouvoient prouvés, la nobleſſe, l'âge, la légitimité, le mariage. L'écriture eſt un témoin qui eſt difficilement corrompu. On fit rédiger par écrit les coutumes. Tout cela étoit bien raiſonnable : il eſt plus aiſé d'aller chercher dans les regiſtres de baptême, ſi Pierre eſt fils de Paul, que d'aller prouver ce fait par une longue enquête. Quand, dans un pays, il y a un très-grand nombre d'uſages, il eſt plus aiſé de les écrire tous dans un code, que d'obliger les particuliers à prouver chaque uſage. Enfin, on fit la fameuſe ordonnance qui défendit de recevoir la preuve par témoins pour une dette au-deſſus de cent livres, à moins qu'il n'y eût un commencement de preuve par écrit.

(a) Voyez comment on prouvoit l'âge & la pareté, établiſſemens, liv. 1, ch. LXXI & LXXII.

CHAPITRE XLV.
Des coutumes de France.

LA FRANCE étoit régie, comme j'ai dit, par des coutumes non écrites; & les usages particuliers de chaque seigneurie formoient le droit civil. Chaque seigneurie avoit son droit civil, comme le dit *Beaumanoir* (*a*); & un droit si particulier, que cet auteur, qu'on doit regarder comme la lumiere de ce temps-là, & une grande lumiere, dit qu'il ne croit pas que, dans tout le royaume, il y eût deux seigneuries qui fussent gouvernées de tout point par la même loi.

Cette prodigieuse diversité avoit une premiere origine, & elle en avoit une seconde. Pour la premiere, on peut se souvenir de ce que j'ai dit ci-dessus (*b*) au chapitre des coutumes locales; & quant à la seconde, on la trouve dans les divers évenemens des combats judiciaires; des cas continuellement fortuits devant introduire naturellement de nouveaux usages.

(*a*) Prologue sur la coutume de Beauvoisis.
(*b*) Ch. XII.

Ces coutumes-là étoient conservées dans la mémoire des vieillards : mais il se forma peu à peu des loix ou des coutumes écrites.

1°. Dans le commencement (a) de la troisiéme race, les rois donnerent des chartres particulieres, & en donnerent même de générales, de la maniere dont je l'ai expliqué ci-dessus : tels font les établissemens de *Philippe Auguste*, & ceux que fit *saint Louis*. De même, les grands vassaux, de concert avec les seigneurs qui tenoient d'eux, donnerent, dans les assises de leurs duchés ou comtés, de certaines chartres ou établissemens, selon les circonstances : telles furent l'assise de *Geofroi*, comte de Bretagne, sur le partage des nobles ; les coutumes de Normandie, accordées par le duc *Raoul* ; les coutumes de Champagne, données par le roi *Thibault* ; les loix de *Simon*, comte de *Montfort* ; & autres. Cela produisit quelques loix écrites, & même plus générales que celles que l'on avoit.

2°. Dans le commencement de la troisiéme race, presque tout le bas peu-

(a) Voyez le recueil des ordonnances de *Laurière.*

ple étoit serf ; plusieurs raisons obligerent les rois & les seigneurs de les affranchir.

Les seigneurs, en affranchissant leurs serfs, leur donnerent des biens ; il fallut leur donner des loix civiles pour régler la disposition de ces biens. Les seigneurs, en affranchissant leurs serfs, se priverent de leurs biens ; il fallut donc régler les droits que les seigneurs se réservoient, pour l'équivalent de leur bien. L'une & l'autre de ces choses furent réglées par les chartres d'affranchissement; ces chartres formerent une partie de nos coutumes, & cette partie se trouva rédigée par écrit. (n)

3°. Sous le régne de *saint Louis* & les suivans, des praticiens habiles, tels que *Défontaines, Beaumanoir*, & autres, rédigerent par écrit les coutumes de leurs bailliages. Leur objet étoit plutôt de donner une pratique judiciaire, que les usages de leur temps sur la disposition des biens. Mais tout s'y trouve; & quoique ces auteurs particuliers n'eussent d'autorité que par la vérité & la publicité des choses qu'ils disoient, on ne peut douter qu'elles n'aient beaucoup servi à la renaissance de notre droit Fran-

çois. Tel étoit, dans ces temps-là, no=
tre droit coutumier écrit.

Voici la grande époque. *Charles VII*
& ses successeurs firent rédiger par écrit
dans tout le royaume les diverses coutumes locales, & prescrivirent des formalités qui devoient être observées à
leur rédaction. Or, comme cette rédaction se fit par provinces ; & que, de
chaque seigneurie, on venoit déposer,
dans l'assemblée générale de la province, les usages écrits ou non écrits de
chaque lieu ; on chercha à rendre les
coutumes plus générales, autant que
cela se put faire sans blesser les intérêts
des particuliers qui furent (*a*) réservés.
Ainsi nos coutumes prirent trois caracteres ; elles furent écrites, elles furent
plus générales, elles reçurent le sceau
de l'autorité royale.

Plusieurs de ces coutumes ayant été
de nouveau rédigées, on y fit plusieurs
changemens, soit en ôtant tout ce qui
ne pouvoit compatir avec la jurisprudence actuelle, soit en ajoutant plusieurs
choses tirées de cette jurisprudence.

(*a*) Cela se fit ainsi lors de la rédaction des coutu=
mes de Berry & de Paris. Voyez *la Thaumassiere*,
ch. III.

Quoique le droit coutumier soit regardé parmi nous comme contenant
une espece d'opposition avec le droit
Romain, de sorte que ces deux droits
divisent les territoires; il est pourtant
vrai que plusieurs dispositions du droit
Romain sont entrées dans nos coutumes,
surtout lorsqu'on en fit de nouvelles ré-
dactions, dans des temps qui ne sont pas
fort éloignés des nôtres, où ce droit
étoit l'objet des connoissances de tous
ceux qui se destinoient aux emplois civils; dans des temps où l'on ne faisoit
pas gloire d'ignorer ce que l'on doit sçavoir, & de sçavoir ce que l'on doit ignorer; où la facilité de l'esprit servoit plus
à apprendre sa profession, qu'à la faire;
& où les amusemens continuels n'é-
toient pas même l'attribut des femmes.

Il auroit fallu que je m'étendisse davantage à la fin de ce livre; & qu'entrant
dans de plus grands détails, j'eusse suivi
tous les changemens insensibles, qui,
depuis l'ouverture des appels, ont formé le grand corps de notre jurisprudence Françoise. Mais j'aurois mis un
grand ouvrage dans un grand ouvrage.
Je suis comme cet antiquaire (a) qui

(a) Dans le spectateur Anglois.

Tome III.   S

partit de son pays, arriva en Egypte,
jetta un coup d'œil sur les pyramides,
& s'en retourna.

✿✿✿✿✿✿✿✿✿✿✿✿✿✿

LIVRE XXIX.

De la maniere de compofer les loix.

CHAPITRE PREMIER.

De l'efprit du légiflateur.

Jᴇ le dis, & il me femble que je n'aî fait cet ouvrage que pour le prouver : L'efprit de modération doit être celuï du légiflateur ; le bien politique, comme le bien moral, fe trouve toujours entre deux limites. En voici un exemple.

Les formalités de la juftice font né-ceffaires à la liberté. Mais le nombre en pourroit être fi grand, qu'il choqueroit le but des loix mêmes qui les auroient établies : les affaires n'auroient point de fin ; la propriété des biens refteroit in-certaine ; on donneroit à l'une des par-ties le bien de l'autre fans examen, ou on les ruineroit toutes les deux à force d'examner.

S ij

Les citoyens perdroient leur libe
& leur fureté ; les accufateurs n'auroi
plus les moyens de convaincre, ni
accufés le moyen de fe juftifier.

CHAPITRE II.

Continuation du même sujet.

Cecilius, dans *Aulugelle* (a), d
courant fur la loi des douze tables, q
permettoit au créancier de couper
morceaux le débiteur infolvable, la ju
tifie par fon atrocité même, qui (b) en
pêchoit qu'on n'empruntât au-delà c
fes facultés. Les loix les plus cruelle
feront donc les meilleures ? Le bien fer
l'excès ? & tous les rapports des chofe
feront détruits ?

(a) Liv. XX, ch. I.
(b) *Cécilius* dit qu'il n'a jamais vu ni lu que cett
peine eût été infligée : mais il y a apparence qu'ell
n'a jamais été établie. L'opinion de quelques jurif
confultes, que la loi des douze tables ne parloit que
de la divifion du prix du débiteur vendu, eft très-
vraifemblable.

CHAPITRE III.

Que les loix qui paroiffent s'éloigner des vues du légiflateur, y font fouvent conformes.

La loi de *Solon* qui déclaroit infâmes tous ceux qui, dans une fédition, ne prendroient aucun parti, a paru bien extraordinaire : mais il faut faire attention aux circonftances dans lefquelles la Grèce fe trouvoit pour lors. Elle étoit partagée en de très-petits états : il étoit à craindre que, dans une république travaillée par des diffenfions civiles, les gens les plus prudens ne fe miffent à couvert, & que par-là les chofes ne fuffent portées à l'extrémité.

Dans les féditions qui arrivoient dans ces petits états, le gros de la cité entroit dans la querelle, ou la faifoit. Dans nos grandes monarchies, les partis font formés par peu de gens, & le peuple voudroit vivre dans l'inaction. Dans ce cas, il eft naturel de rappeller les féditieux au gros des citoyens, non pas le gros des citoyens aux féditieux : dans l'autre, il faut faire rentrer le petit nombre de gens

fages & tranquilles parmi les féditieux :
c'eft ainfi que la fermentation d'une li-
queur peut être arrêtée par une feule
goutte d'une autre.

CHAPITRE IV.

Des loix qui choquent les vues du légifla-
teur.

IL y a des loix que le légiflateur a fi
peu connues, qu'elles font contraires
au but même qu'il s'eft propofé. Ceux
qui ont établi chez les François que,
lorfqu'un des deux prétendans à un bénéfice meurt, le bénéfice refte à celui
qui furvit, ont cherché fans doute à
éteindre les affaires : mais il en réfulte
un effet contraire ; on voit les eccléfiaftiques s'attaquer & fe battre comme des
dogues Anglois jufqu'à la mort.

CHAPITRE V.

Continuation du même sujet.

LA loi dont je vais parler se trouve
dans ce serment, qui nous a été conser-
vé par *Eschines* (a). » Je jure que je ne
détruirai jamais une ville des Amphic- «
tions, & que je ne détournerai point ses «
eaux courantes; si quelque peuple ose «
faire quelque chose de pareil, je lui dé- «
clarerai la guerre, & je détruirai ses vil- «
les. « Le dernier article de cette loi,
qui paroît confirmer le premier, lui
est réellement contraire. *Amphiction*
veut qu'on ne détruise jamais les villes
Grecques, & sa loi ouvre la porte à la
destruction de ces villes. Pour établir un
bon droit des gens parmi les Grecs, il
falloit les accoutumer à penser que c'é-
toit une chose atroce de détruire une
ville Grecque; il ne devoit donc pas
détruire même les destructeurs. La loi
d'*Amphiction* étoit juste, mais elle n'é-
toit pas prudente; cela se prouve par
l'abus même que l'on en fit. *Philippe* ne
se fit-il pas donner le pouvoir de détruire

(a) *De falsá legatione.*

S iv

les villes, fous prétexte qu'elles avoient
violé les loix des Grecs ? *Amphiction* auroit pu infliger d'autres peines : ordonner, par exemple, qu'un certain nombre
de magiftrats de la ville deftructrice, ou
de chefs de l'armée violatrice, feroient
punis de mort ; que le peuple deftructeur cefferoit pour un temps de jouir des
priviléges des Grecs ; qu'il paieroit une
amende jufqu'au rétabliffement de la
ville. La loi devoit furtout porter fur la
réparation du dommage.

CHAPITRE VI.

Que les loix qui paroiffent les mêmes, *n'ont pas toujours le même effet.*

CÉSAR (a) défendit de garder chez
foi plus de foixante fefterces. Cette loi
fut regardée à Rome comme très-propre à concilier les débiteurs avec les
créanciers ; parce qu'en obligeant les riches à prêter aux pauvres, elle mettoit
ceux-ci en état de fatisfaire les riches.
Une même loi faite en France, du temps
du fyftême, fut très-funefte : c'eft que
la circonftance dans laquelle on la fit ;

(a) *Dion*, liv. XLI.

étoit affreufe. Après avoir ôté tous les moyens de placer fon argent, on ôta même la reffource de le garder chez foi ; ce qui étoit égal à un enlévement fait par violence. *Céfar* fit fa loi pour que l'argent circulât parmi le peuple ; le miniftre de France fit la fienne pour que l'argent fût mis dans une feule main. Le premier donna pour de l'argent des fonds de terre, ou des hypothèques fur des particuliers ; le fecond propofa pour de l'argent des effets qui n'avoient point de valeur, & qui n'en pouvoient avoir par leur nature, par la raifon que fa loi obligeoit de les prendre.

CHAPITRE VII.

Continuation du même fujet. Néceffité de bien compofer les loix.

Lᴀ loi de l'oftracifme fut établie à Athènes, à Argos (a) & à Syracufe. A Syracufe, elle fit mille maux, parce qu'elle fut faite fans prudence. Les principaux citoyens fe banniffoient les uns les autres, en fe mettant une feuille

(a) *Ariftote*, républ. liv. V, ch. ɪɪɪ.

S v

de figuier (*a*) à la main; de forte que ceux qui avoient quelque mérite, quitterent les affaires. A Athènes, où le législateur avoit senti l'extension & les bornes qu'il devoit donner à sa loi, l'ostracisme fut une chose admirable: on n'y soumettoit jamais qu'une seule personne; il falloit un si grand nombre de suffrages, qu'il étoit difficile qu'on exilât quelqu'un dont l'absence ne fût pas nécessaire.

On ne pouvoit bannir que tous les cinq ans : en effet, dès que l'ostracisme ne devoit s'exercer que contre un grand personnage, qui donneroit de la crainte à ses concitoyens, ce ne devoit pas être une affaire de tous les jours.

(*a*) *Plutarque*, vie de *Denys*.

CHAPITRE VIII.

Que les loix qui paroissent les mêmes, n'ont pas toûjours eu le même motif.

ON reçoit en France la plupart des loix des Romains sur les substitutions; mais les substitutions y ont tout un autre motif que chez les Romains. Chez ceux-ci, l'hérédité étoit jointe à de certains (a) sacrifices qui devoient être faits par l'héritier, & qui étoient réglés par le droit des pontifes ; cela fit qu'ils tinrent à déshonneur de mourir sans héritier, qu'ils prirent pour héritiers leurs esclaves, & qu'ils inventerent les subftutions. La fubftitution vulgaire, qui fut la premiere inventée, & qui n'avoit lieu que dans le cas où l'héritier inftitué n'accepteroit pas l'hérédité, en eft une grande preuve : elle n'avoit point pour objet de perpétuer l'héritage dans une famille du même nom , mais de trouver quelqu'un qui acceptât l'héritage.

(a) Lorfque l'hérédité étoit trop chargée, on éludoit le droit des pontifes par de certaines ventes, d'où vint le mot *fine facris hæreditas.*

CHAPITRE IX.

Que les loix Greques & Romaines ont puni l'homicide de foi-même, fans avoir le même motif.

Un homme, dit *Platon* (a), qui a tué celui qui lui eft étroitement lié, c'eft-à-dire lui-même , non par ordre du magiftrat, ni pour éviter l'ignominie,

(a) Liv. IX des loix.

mais par foiblesse, sera puni. La loi Romaine punissoit cette action, lorsqu'elle
n'avoit pas été faite par foiblesse d'ame,
par ennui de la vie, par impuissance de
souffrir la douleur, mais par le désef-
poir de quelque crime. La loi Romaine absolvoit dans le cas où la Grecque
condamnoit, & condamnoit dans le
cas où l'autre absolvoit.

La loi de *Platon* étoit formée sur les
institutions Lacédémoniennes, où les
ordres du magistrat étoient totalement
absolus, où l'ignominie étoit le plus
grand des malheurs, & la foiblesse le
plus grand des crimes. La loi Romaine
abandonnoit toutes ces belles idées ;
elle n'étoit qu'une loi fiscale.

Du temps de la république, il n'y
avoit point de loi à Rome qui punît
ceux qui se tuoient eux-mêmes : cette
action, chez les historiens, est toujours
prise en bonne part, & l'on n'y voit jamais de punition contre ceux qui l'ont
faite.

Du temps des premiers empereurs,
les grandes familles de Rome furent sans
cesse exterminées par des jugemens. La
coutume s'introduisit de prévenir la condamnation par une mort volontaire. On

y trouvoit un grand avantage. On obtenoit (*a*) l'honneur de la sépulture, &
les testamens étoient exécutés ; cela venoit de ce qu'il n'y avoit point de loi civile à Rome contre ceux qui se tuoient
eux - mêmes. Mais, lorsque les empereurs devinrent aussi avares qu'ils
avoient été cruels, ils ne laisserent plus
à ceux dont ils vouloient se défaire le
moyen de conserver leurs biens, & ils
déclarerent que ce seroit un crime de
s'ôter la vie par les remords d'un autre
crime.

Ce que je dis du motif des empereurs
est si vrai, qu'ils consentirent que les
biens (*b*) de ceux qui se feroient tués
eux-mêmes ne fussent pas confisqués,
lorsque le crime pour lequel ils s'étoient
tués n'assujettissoit point à la confisca-
tion.

(*a*) *Eorum qui de se statuebant, humabantur corpo-*
ra, manebant testamenta, pretium festinandi. Tacite.
(*b*) Rescript de l'empereur *Pie*, dans la loi III,
§. 1 & 2, ff. *de bonis eorum qui ante sententiam mor-*
tem sibi consciverunt.

CHAPITRE X.

Que les loix qui paroissent contraires dérivent quelquefois du même esprit.

ON va aujourd'hui dans la maison d'un homme pour l'appeller en jugement; cela ne pouvoit se faire chez les (*a*) Romains.

L'appel en jugement étoit une action (*b*) violente, & comme une espece de contrainte par corps (*c*); & on ne pouvoit pas plus aller dans la maison d'un homme pour l'appeller en jugement, qu'on ne peut aujourd'hui aller contraindre par corps dans sa maison un homme qui n'est condamné que pour des dettes civiles.

Les loix Romaines (*d*) & les nôtres admettent également ce principe, que chaque citoyen a sa maison pour asyle, & qu'il n'y doit recevoir aucune violence.

(*a*) Leg. XVIII, ff. *de in jus vocando.*
(*b*) Voyez la loi des douze tables.
(*c*) *Rapit in jus*, Hor. sat. 9. C'est pour cela qu'on ne pouvoit appeller en jugement ceux à qui on devoit un certain respect.
(*d*) Voyez la loi XVIII, ff. *de in jus vocando.*

CHAPITRE XI.

De quelle maniere deux loix diverses peu-
vent être comparées.

En France, la peine contre les faux
témoins est capitale ; en Angleterre,
elle ne l'est point. Pour juger laquelle
de ces deux loix est la meilleure, il faut
ajouter : En France, la question contre
les criminels est pratiquée, en Angleterre elle ne l'est point ; & dire encore :
En France, l'accusé ne produit point
ses témoins, & il est très-rare qu'on y
admette ce que l'on appelle les faits jus-
tificatifs ; en Angleterre, l'on reçoit les
témoignages de part & d'autre. Les
trois loix Françoises forment un système
très-lié & très-suivi ; les trois loix An-
gloises en forment un qui ne l'est pas
moins. La loi d'Angleterre, qui ne connoît point la question contre les criminels, n'a que peu d'espérance de tirer
de l'accusé la confession de son crime ;
elle appelle donc de tous côtés les témoignages étrangers, & elle n'ose les
décourager par la crainte d'une peine
capitale. La loi Françoise, qui a une res-

source de plus, ne craint pas tant d'intimider les témoins; au contraire, la raison demande qu'elle les intimide: elle n'écoute que les témoins d'une (*a*) part; ce sont ceux que produit la partie publique; & le destin de l'accusé dépend de leur seul témoignage. Mais en Angleterre on reçoit les témoins des deux parts; & l'affaire est, pour ainsi dire, discutée entr'eux; le faux témoignage y peut donc être moins dangereux; l'accusé y a une ressource contre le faux témoignage, au lieu que la loi Françoise n'en donne point. Ainsi, pour juger lesquelles de ces deux loix sont les plus conformes à la raison, il ne faut pas comparer chacune de ces loix à chacune; il faut les prendre toutes ensemble, & les comparer toutes ensemble.

(*a*) Par l'ancienne jurisprudence Françoise, les témoins étoient ouis des deux parts. Aussi voit-on, dans les établissemens de *S. Louis*, liv. 1, ch. VII, que la peine contre les faux témoins en justice étoit pécuniaire.

CHAPITRE XII.

Que les loix qui paroiffent les mêmes ;
font réellement quelquefois différentes.

Les loix Grecques & Romaines punif-
foient le (*a*) receleur du vol comme le
voleur : la loi Françoife fait de même.
Celles-là étoient raifonnables , celle-ci
ne l'eft pas. Chez les Grecs & chez les
Romains, le voleur étant condamné à
une peine pécuniaire, il falloit punir le
receleur de la même peine : car tout
homme qui contribue de quelque façon
que ce foit à un dommage, doit le réparer. Mais , parmi nous, la peine du vol
étant capitale, on n'a pas pu, fans ou-
trer les chofes , punir le receleur comme le voleur. Celui qui reçoit le vol
peut en mille occafions le recevoir inno-
cemment ; celui qui vole eft toujours
coupable : l'un empêche la conviction
d'un crime déjà commis, l'autre com-
met ce crime : tout eft paffif dans l'un,
il y a une action dans l'autre : il faut que
le voleur furmonte plus d'obftacles , &

(*a*) Leg. I , ff. *de receptatoribus.*

que son ame se roidisse plus longtemps contre les loix.

Les jurisconsultes ont été plus loin : ils ont regardé le receleur comme plus odieux (*a*) que le voleur ; car sans eux, disent-ils, le vol ne pourroit être caché long-temps. Cela, encore une fois, pouvoit être bon, quand la peine étoit pécuniaire ; il s'agissoit d'un dommage, & le receleur étoit ordinairement plus en état de le réparer : mais la peine devenue capitale, il auroit fallu se régler sur d'autres principes.

(*a*) Leg. 1, ff. *de receptatoribus.*

CHAPITRE XIII.

Qu'il ne faut point séparer les loix de l'objet pour lequel elles sont faites. Des loix Romaines sur le vol.

LORSQUE le voleur étoit surpris avec la chose volée, avant qu'il l'eût portée dans le lieu où il avoit résolu de la cacher, cela étoit appellé chez les Romains un vol manifeste ; quand le voleur n'étoit découvert qu'après, c'étoit un vol non manifeste.

La loi des douze tables ordonnoit

que le voleur manifeſte fût battu de verges, & réduit en ſervitude, s'il étoit
pubere; ou ſeulement battu de verges,
s'il étoit impubere : elle ne condamnoit le voleur non manifeſte qu'au
paiement du double de la choſe volée.

Lorſque la loi Porcia eût aboli l'uſage de battre de verges les citoyens, &
de les réduire en ſervitude, le voleur
manifeſte fut condamné au (a) quadru-
ple, & on continua à punir du double
le voleur non manifeſte.

Il paroît bizarre que ces loix miſſent
une telle différence dans la qualité de
ces deux crimes, & dans la peine qu'elles infligeoient : en effet, que le voleur
fût ſurpris avant, ou après avoir porté
le vol dans le lieu de ſa deſtination,
c'étoit une circonſtance qui ne changeoit point la nature du crime. Je ne
ſçaurois douter que toute la théorie des
loix Romaines ſur le vol ne fût tirée
des inſtitutions Lacédémoniennes. Lycurgue, dans la vue de donner à ſes citoyens de l'adreſſe, de la ruſe & de
l'activité, voulut qu'on exerçât les enfans au larcin, & qu'on fouettât rude-

_____

(a) Voyez ce que dit *Favorinus* ſur Aulugelle,
liv. XX, ch. I.

ment ceux qui s'y laifferoient furpren-
dre : cela établit chez les Grecs, & enfuite chez les Romains, une grande différence entre le vol manifefte , & le vol
non manifefte (*a*).

Chez les Romains, l'efclave qui avoit
volé étoit précipité de la roche Tar-
péienne. Là, il n'étoit point queftion
des inftitutions Lacédémoniennes ; les
loix de *Lycurgue* fur le vol n'avoient
point été faites pour les efclaves ; c'é-
toit les fuivre que de s'en écarter en ce
point.

A Rome, lorfqu'un impubere avoit
été furpris dans le vol, le préteur le faifoit battre de verges à fa volonté , comme on faifoit à Lacédémone. Tout ceci
venoit de plus loin. Les Lacédémoniens
avoient tiré ces ufages des Crétois ; &
Platon (*b*), qui veut prouver que les
inftitutions des Crétois étoient faites
pour la guerre, cite celle ci : » la facul-
» té de fupporter la douleur dans les com-
» bats particuliers , & dans les larcins qui
» obligent de fe cacher. «

Comme les loix civiles dépendent

(*a*) Conférez ce que dit *Plutarque*, vie de *Lycurgue*, avec les loix du digefte, au titre *de furtis* ; &
les inftitutes, liv. IV , tit 1 , §. 1 , 2 & 3.
(*b*) Des loix, liv. I.

des loix politiques, parce que c'est toujours pour une société qu'elles sont faites, il seroit bon que, quand on veut
porter une loi civile d'une nation chez
une autre, on examinât auparavant si
elles ont toutes les deux les mêmes
inftitutions & le même droit politique.

Ainfi, lorsque les loix fur le vol pafferent des Crétois aux Lacédémoniens,
comme elles y pafferent avec le gouvernement & la conftitution même, ces
loix furent auffi fenfées chez un de ces
peuples qu'elles l'étoient chez l'autre.
Mais lorfque de Lacédémone elles furent portées à Rome, comme elles n'y
trouverent pas la même conftitution,
elles y furent toujours étrangeres, &
n'eurent aucune liaifon avec les autres
loix civiles des Romains.

CHAPITRE XIV.

Qu'il ne faut point séparer les loix, des circonstances dans lesquelles elles ont été faites.

UNE loi d'Athènes vouloit que, lorsque la ville étoit assiégée, on fît mourir tous les gens inutiles (*a*). C'étoit une abominable loi politique, qui étoit une suite d'un abominable droit des gens. Chez les Grecs, les habitans d'une ville prise perdoient la liberté civile, & étoient vendus comme esclaves. La prise d'une ville emportoit son entiere destruction ; & c'est l'origine non seulement de ces défenses opiniâtres & de ces actions dénaturées, mais encore de ces loix atroces que l'on fit quelquefois.

Les loix (*b*) Romaines vouloient que les médecins pussent être punis pour leur négligence ou pour leur impéritie. Dans ces cas, elles condamnoient à la déportation le médecin d'une condi-

(*a*) *Inutilis ætas occidatur*, Syrian in Hermog.
(*b*) La loi Cornelia, *de sicariis* ; institut. liv. IV ; tit. 3 ; *de lege Aquiliâ*, §. 7.

tion un peu relevée, & à la mort celui qui étoit d'une condition plus baffe.
Par nos loix, il en eft autrement. Les loix
de Rome n'avoient pas été faites dans
les mêmes circonftances que les nôtres :
à Rome, s'ingéroit de la médecine qui
vouloit ; mais, parmi nous, les médecins
font obligés de faire des études, & de
prendre certains grades ; ils font donc
cenfés connoître leur art.

CHAPITRE XV.
Qu'il eft bon quelquefois qu'une loi fe cor-
rige elle-même.

L A loi des douze tables (*a*) permet-
mettoit de tuer le voleur de nuit, auffi
bien que le voleur de jour, qui, étant
pourfuivi, fe mettoit en défenfe : mais
elle vouloit que celui qui tuoit le voleur (*b*) criât & appellât les citoyens ;
& c'eft une chofe que les loix qui permettent de fe faire juftice foi-même,
doivent toujours exiger. C'eft le cri de
l'innocence, qui, dans le moment de
l'action, appelle des témoins, appelle

(*a*) Voyez la loi IV, ff. *ad leg. Aquil.*
(*b*) *Ibid.* Voyez le décret de Taffillon, ajouté à la
loi des Bavarois, *de popularibus leg.* art. 4.

des juges. Il faut que le peuple prenne
connoissance de l'action , & qu'il en
prenne connoissance dans le moment
qu'elle a été faite ; dans un temps où
tout parle, l'air, le visage , les passions , le silence , & où chaque parole condamne ou justifie. Une loi qui
peut devenir si contraire à la sureté
& à la liberté des citoyens , doit être
exécutée dans la présence des citoyens.

CHAPITRE XVI.

Choses à observer dans la composition des loix.

CEUX qui ont un génie assez étendu
pour pouvoir donner des loix à leur nation ou à une autre , doivent faire de
certaines attentions sur la maniere de les
former.

Le style en doit être concis. Les loix
des douze tables sont un modèle de
précision : les enfans les (a) apprenoient
par cœur. Les *novelles* de Justinien sont
si diffuses, qu'il fallut les abréger (b).

Le style des loix doit être simple ;

(a) *Ut carmen necessarium.* Cicéron, *de legibus*, liv. II.
(b) C'est l'ouvrage d'*Irnerius.*

l'expression

l'expreſſion directe s'entend toujours
mieux que l'expreſſion réfléchie. Il n'y
a point de majeſté dans les loix du bas
empire; on y fait parler les princes comme des rhéteurs. Quand le ſtyle des loix
eſt enflé, on ne les regarde que comme
un ouvrage d'oſtentation.

Il eſt eſſentiel que les paroles des loix
réveillent chez tous les hommes les mêmes idées. Le cardinal de (a) Richelieu
convenoit que l'on pouvoit accuſer un
miniſtre devant le roi; mais il vouloit
que l'on fût puni ſi les choſes qu'on
prouvoit n'étoient pas conſidérables : ce
qui devoit empêcher tout le monde de
dire quelque vérité que ce fût contre
lui, puiſqu'une choſe conſidérable eſt
entiérement relative, & que ce qui eſt
conſidérable pour quelqu'un ne l'eſt pas
pour un autre.

La loi d'*Honorius* puniſſoit de mort
celui qui achetoit comme ſerf un affranchi, ou qui auroit voulu (b) l'inquiéter. Il
ne falloit point ſe ſervir d'une expreſſion
ſi vague : l'inquiétude que l'on cauſe à

(a) Teſtament politique.
(b) *Aut qualibet manumiſſione donatum inquietare
voluerit.* Appendice au code Théodoſien, dans le
premier tome des œuvres du pere Sirmond, p. 737.

un homme dépend entiérement du dégré de fa fenfibilité.

Lorfque la loi doit faire quelque vexation, il faut, autant qu'on le peut,
éviter de la faire à prix d'argent. Milles
caufes changent la valeur de la monnoie; & avec la même dénomination,
on n'a plus la même chofe. On fçait
l'hiftoire de cet impertinent (a) de Rome, qui donnoit des foufflets à tous
ceux qu'il rencontroit, & leur faifoit
préfenter les vingt-cinq fous de la loi
douze tables.

Lorfque, dans une loi, l'on a bien fixé les idées des chofes, il ne faut point
revenir à des expreffions vagues. Dans
l'ordonnance criminelle de (b) *Louis
XIV*, après qu'on a fait l'énumération
exacte des cas royaux, on ajoute ces
mots : » Et ceux dont de tous temps les
» juges royaux ont jugé ; « ce qui fait
rentrer dans l'arbitraire dont on venoit
de fortir.

Charles VII (c) dit qu'il apprend que
des parties font appel, trois, quatre &

(a) *Aulugelle*, liv. XX, ch. I.
(b) On trouve, dans le procès-verbal de cette ordonnance, les motifs que l'on eut pour cela.
(c) Dans fon ordonnance de Montel-lès Tours,
l'an 1453.

six mois après le jugement, contre la coutume du royaume en pays coutumier : il ordonne qu'on appellera incontinent, à moins qu'il n'y ait fraude ou dol du procureur (a), ou qu'il n'y ait grande & évidente cause de relever l'appellant. La fin de cette loi détruit le commencement ; & elle le détruisit si bien, que dans la suite on a appellé pendant trente ans (b).

La loi (c) des Lombards ne veut pas qu'une femme qui a pris un habit de religieuse, quoiqu'elle ne soit pas consacrée, puisse se marier : » car, dit-elle, « si un époux qui a engagé à lui une femme seulement par un anneau, ne peut « pas sans crime en épouser une autre, à « plus forte raison l'épouse de dieu ou de « la sainte vierge.... « Je dis que, dans les loix, il faut raisonner de la réalité à la réalité ; & non pas de la réalité à la figure, ou de la figure à la réalité.

Une loi (d) de *Constantin* veut que le témoignage seul de l'évêque suffise,

---

(a) On pouvoit punir le procureur, sans qu'il fût néseffaire de troubler l'ordre public.

(b) L'ordonnance de 1667 a fait des réglemens là-deffus.

(c) Liv. II, tit. 37.

(d) Dans l'appendice du P. Sirmond au code Théodosien, tome I.

T ij

fans ouir d'autres témoins. Ce prince prenoit un chemin bien court ; il jugeoit des affaires par les perfonnes, & des perfonnes par les dignités.

Les loix ne doivent point être fubtiles ; elles font f   pour des gens de médiocre entendement : elles ne font point un art de logique, mais la raifon fimple d'un pere de famille.

Lorfque, dans une loi, les exceptions, limitations, modifications, ne font point néceffaires, il vaut beaucoup mieux n'en point mettre ; de pareils détails jettent dans de nouveaux détails.

Il ne faut point faire de changement dans une loi, fans une raifon fuffifante. *Juftinien* ordonna qu'un mari pourroit être répudié, fans que la femme perdît fa dot, fi pendant deux (*a*) ans il n'avoit pu confommer le mariage. Il changea fa loi, & donna trois ans (*b*) au pauvre malheureux. Mais, dans un cas pareil, deux ans en valent trois, & trois n'en valent pas plus que deux.

Lorfqu'on fait tant que de rendre raifon d'une loi, il faut que cette rai-

(*a*) Leg I, cod. *de repudiis.*
(*b*) Voyez l'autentique *fed hodie*, au cod. *de repudiis.*

l'on foit digne d'elle. Une loi (a) Romaine décide qu'un aveugle ne peut pas
plaider, parce qu'il ne voit pas les or-
nemens de la magiftrature. Il faut l'avoir
fait exprès, pour donner une fi mauvaife raifon, quand il s'en préfentoit
tant de bonnes.

Le jurifconfulte (b) *Paul* dit que l'enfant naît parfait au feptiéme mois, &
que la raifon des nombres de *Pythagore* femble le prouver. Il eft fingulier
qu'on juge ces chofes fur la raifon des
nombres de *Pythagore*.

Quelques jurifconfultes François ont
dit que, lorfque le roi acquéroit quelque
pays, les églifes y devenoient fujettes
au droit de régale, parce que la couronne du roi eft ronde. Je ne difcuterai
point ici les droits du roi, & fi dans ce
cas la raifon de la loi civile ou eccléfiaftique doit céder à la raifon de la loi
politique : mais je dirai que des droits fi
refpectables doivent être défendus par
des maximes graves. Qui a jamais vu
fonder fur la figure d'un figne d'une dignité, les droits réels de cette dignité ?

(a) Leg. I, ff. *de poftulando.*
(b) Dans fes fentences, liv. IV, tit. 96.

Davila (*a*) dit que *Charles IX* fut déclaré majeur au parlement de Rouen à quatorze ans commencés, parce que les loix veulent qu'on compte le temps du moment au moment, lorsqu'il s'agit de la restitution & de l'administration des biens du pupile : au lieu qu'elle regarde l'année commencée comme une année complette, lorsqu'il s'agit d'acquérir des honneurs. Je n'ai garde de censurer une disposition qui ne paroît pas avoir eu jusqu'ici d'inconvénient ; je dirai seulement que la raison alléguée par le chancelier de l'Hôpital n'étoit pas la vraie : il s'en faut bien que le gouvernement des peuples ne soit qu'un honneur.

En fait de présomption, celle de la loi vaut mieux que celle de l'homme. La loi Françoise regarde (*b*) comme frauduleux tous les actes faits par un marchand dans les dix jours qui ont précédé sa banqueroute : c'est la présomption de la loi. La loi Romaine infligeoit des peines au mari qui gardoit sa femme après l'adultere, à moins qu'il n'y fût déterminé par la crainte de l'événement

(*a*) *Della guerra civile di Francia*, pag. 96.
(*b*) Elle est du mois de novembre 1, 020.

d'un procès, ou par la négligence de
sa propre honte; & c'est la présomption
de l'homme. Il falloit que le juge pré-
sumât les motifs de la conduite du mari,
& qu'il se déterminât sur une maniere de
penser très-obscure. Lorsque le juge
présume, les jugemens deviennent arbi-
traires; lorsque la loi présume, elle donne au juge une regle fixe.

La loi de *Platon* (a), comme j'ai dit,
vouloit qu'on punît celui qui se tueroit,
non pas pour éviter l'ignominie, mais
par foiblesse. Cette loi étoit vicieuse,
en ce que, dans le seul cas où l'on ne
pouvoit pas tirer du criminel l'aveu du
motif qui l'avoit fait agir, elle vouloit
que le juge se déterminât sur ces motifs.

Comme les loix inutiles affoiblissent
les loix nécessaires, celles qu'on peut
éluder affoiblissent la législation. Une
loi doit avoir son effet, & il ne faut pas
permettre d'y déroger par une convention particuliere.

La loi Falcidie ordonnoit, chez les
Romains, que l'héritier eût toujours la
quatriéme partie de l'hérédité : une autre (b) loi permit au testateur de défen-

(a) Liv. IX des loix.
(b) C'est l'authentique, sed cùm testator.

dre à l'héritier de retenir cette quatriéme partie : c'eſt ſe jouer des loix. La loi Falcidie devenoit inutile : car, ſi le teſtateur vouloit favoriſer ſon héritier, celui-ci n'avoit pas beſoin de la loi Falcidie ; & s'il ne vouloit pas le favoriſer, il lui défendoit de ſe ſervir de la loi Falcidie.

Il faut prendre garde que les loix ſoient conçues de maniere qu'elles ne choquent point la nature des choſes. Dans la proſcription du prince d'Orange, Philippe II promet à celui qui le tuera de donner à lui, ou à ſes héritiers, vingt-cinq mille écus & la nobleſſe ; & cela en parole de roi, & comme ſerviteur de dieu. La nobleſſe promiſe pour une telle action ! une telle action ordonnée en qualité de ſerviteur de dieu ! Tout cela renverſe également les idées de l'honneur, celles de la morale, & celles de la religion.

Il eſt rare qu'il faille défendre une choſe qui n'eſt pas mauvaiſe, ſous prétexte de quelque perfection qu'on imagine.

Il faut dans les loix une certaine candeur. Faites pour punir la méchanceté des hommes, elles doivent avoir elles-

mêmes la plus grande innocence. On
peut voir dans la loi (a) des Wifigoths
cette requête ridicule, par laquelle on
fit obliger les Juifs à manger toutes les
chofes apprêtées avec du cochon, pour-
vu qu'ils ne mangeaſſent pas du cochon
même. C'étoit une grande cruauté : on
les ſoumettoit à une loi contraire à la
leur ; on ne leur laiſſoit garder de la leur
que ce qui pouvoit être un ſigne pour
les reconnoître.

(a) Liv. XII, tit. 2, §. 16.

CHAPITRE XVII.

Mauvaiſe maniere de donner des loix.

L ES empereurs Romains manifeſtoient,
comme nos princes leurs volontés par
des décrets & des édits : mais ce que
nos princes ne font pas, ils permirent
que les juges ou les particuliers, dans
leurs différends, les interrogeaſſent par
lettres ; & leurs réponſes étoient appellées des reſcripts. Les décrétales des
papes font, à proprement parler, des
reſcripts. On fent que c'eſt une mauvaiſe forte de légiſlation. Ceux qui demandent ainſi des loix font de mauvais

guides pour le légiflateur ; les faits font
toujours mal expofés. *Trajan*, dit Jules
Capitolin (*a*), refufa fouvent de donner de ces fortes de refcripts, afin qu'on
n'étendît pas à tous les cas une décifion
& fouvent une faveur particuliere. *Ma-
crin* (*b*) avoit réfolu d'abolir tous ces
refcripts ; il ne pouvoit fouffrir qu'on
regardât comme des loix les réponfes
de *Commode*, de *Caracalla*, & de tous
ces autres princes pleins d'impéritie.
Juftinien penfa autrement, & il en remplit fa compilation.

Je voudrois que ceux qui lifent les
loix Romaines diftinguaffent bien ces
fortes d'hypothèfes d'avec les fénatus-
confultes, les plébifcites, les conftitutions générales des empereurs, & toutes
les loix fondées fur la nature des chofes, fur la fragilité des femmes, la foibleffe des mineurs, & l'utilité publique.

(*a*) Voyez Jules Capitolin, *in Macrino.*
(*b*) *Ibid.*

CHAPITRE XVIII.
Des idées d'uniformité.

Il y a de certaines idées d'uniformité qui saisissent quelquefois les grands esprits (car elles ont touché *Charlemagne*), mais qui frappent infailliblement les petits. Ils y trouvent un genre de perfection qu'ils reconnoissent, parce qu'il est impossible de ne le pas découvrir; les mêmes poids dans la police, les mêmes mesures dans le commerce, les mêmes loix dans l'état, la même religion dans toutes ses parties. Mais cela est-il toujours à propos, sans exception ! Le mal de changer est-il toujours moins grand que le mal de souffrir ? Et la grandeur du génie ne consisteroit-elle pas mieux à sçavoir dans quel cas il faut l'uniformité, & dans quel cas il faut des différences ? A la Chine, les Chinois sont gouvernés par le cérémonial Chinois, & les Tartares, par le cérémonial Tartare : c'est pourtant le peuple du monde qui a le plus la tranquillité pour objet. Lorsque les citoyens suivent les loix, qu'importe qu'ils suivent la même ?

CHAPITRE XIX.

Des législateurs.

ARISTOTE vouloit satisfaire, tantôt sa jalousie contre *Platon*, tantôt sa passion pour *Alexandre*. *Platon* étoit indigné contre la tyrannie du peuple d'Athènes. *Machiavel* étoit plein de son idole, le duc de Valentinois. *Thomas More*, qui parloit plutôt de ce qu'il avoit lu que de ce qu'il avoit pensé, vouloit (*a*) gouverner tous les états avec la simplicité d'une ville Grecque. *Arrington* ne voyoit que la république d'Angleterre, pendant qu'une foule d'écrivains trouvoient le désordre partout où ils ne voyoient point de couronne. Les loix rencontrent toujours les passions & les préjugés du législateur. Quelquefois elles passent au travers, & s'y teignent; quelquefois elles y restent, & si incorporent.

(*a*) Dans son *Utopie*.

Fin du troisiéme volume.

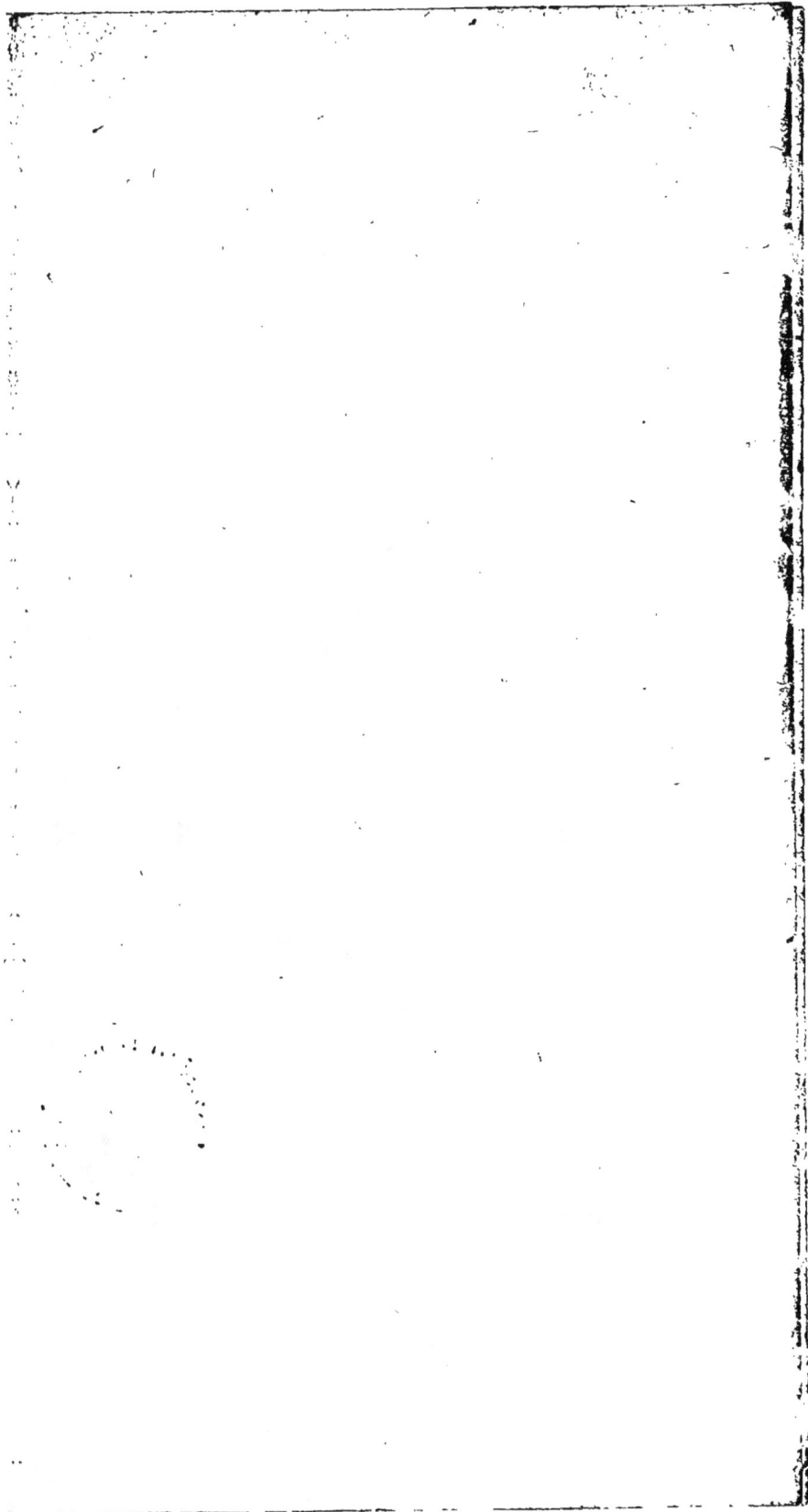

www.ingramcontent.com/pod-product-compliance
Lightning Source LLC
Chambersburg PA
CBHW050555270326
41926CB00012B/2058